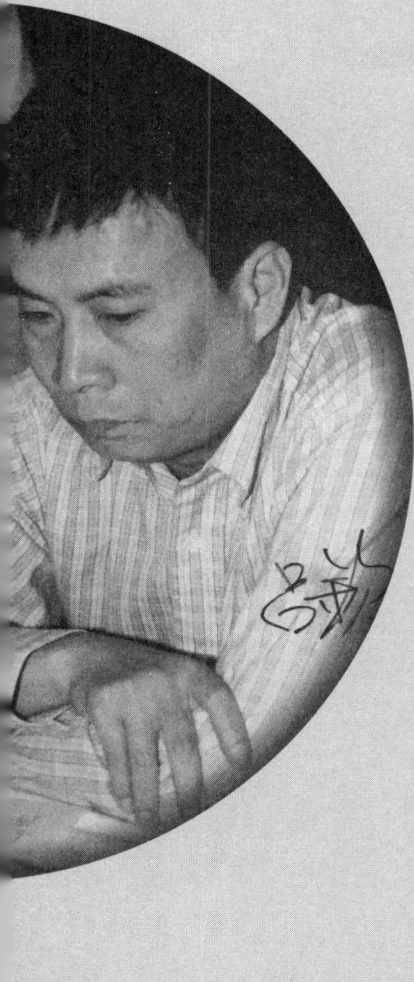

特级大师吕钦巧手妙着

LUQING QIAOSHOUMIAOZHUO

黄少龙 段雅丽 编著

成都时代出版社
CHENGDU TIMES PRESS

图书在版编目（CIP）数据

特级大师吕钦巧手妙着 / 黄少龙，段雅丽编著. —成都：成都时代出版社，2018.11

ISBN 978-7-5464-2217-6

Ⅰ. ①特… Ⅱ. ①黄… ②段… Ⅲ. ①中国象棋-对局（棋类运动）—研究 Ⅳ. ①G891.2

中国版本图书馆 CIP 数据核字（2018）第 235465 号

特级大师吕钦巧手妙着

TEJI DASHI LUQIN QIAOSHOU MIAOZHAO

黄少龙 段雅丽编著

出 品 人 李文凯
责任编辑 曾绍东
责任校对 瞿 理
装帧设计 九天众和
责任印制 唐莹莹
出版发行 成都时代出版社
电 话 （028）86618667（编辑部）
（028）86615250（发行部）
网 址 www.chengdusd.com
印 刷 四川翔川印务有限公司
规 格 165 mm×230 mm
印 张 18.5
字 数 270 千字
版 次 2018 年 11 月第 1 版
印 次 2018 年 11 月第 1 次印刷
印 数 5000 册
书 号 ISBN 978-7-5464-2217-6
定 价 35.00

前　言

吕钦，象棋特级国际大师。

1962年生于广东省惠阳市，7岁开始在伯父指导下学棋，后从师于象棋老前辈陈松顺，进步很快。著名特级大师杨官璘、大师蔡福如都对他给予过帮助。15岁即获广东省少年冠军，16岁即1978年获全国少年冠军，棋艺日趋成熟。

以后吕钦便参加全国成年人赛，1982年获全国个人赛第3名，1983年晋升亚军，1986年终于夺魁。1988年再度捧走全国冠军，1989年和1990年连续两年勇夺“五羊杯”冠军赛冠军，并多次获得全国大型杯赛冠军，为广东队3次获得团体赛冠军立下赫赫战功。

另外，吕钦获1984年“七星杯”象棋国际邀请赛冠军，1985年获亚洲城市象棋赛冠军，1990年获得世界象棋赛冠军，以后又多次摘得桂冠。

在全国顶尖棋手角逐的“五羊杯”赛、“银荔杯”赛中，吕钦是夺冠次数最多的人，在快棋赛中，吕钦也是获得冠军次数最多的人，到目前为止，吕钦是拥有全国性冠军头衔最多的人，达90多个。

吕钦棋风敏捷犀利，常常用时甚少即胜利结束战斗。由于基本功扎实，思维敏捷，走子如飞，攻杀凌厉，算度准确，棋坛上有“绝代快刀”之誉。近年棋艺更趋全面成熟、攻守兼备、刚柔并济，残棋功夫细腻老练。

吕钦是广东省象棋队的主力队员，历任广东象棋队主教练，广东省棋牌管理中心主任。政治上提高很快，1993 年被选为第 8 届全国人大代表。1997 年当选为中共 15 大代表。

编者

2018 年夏

目　录

前　言

先手篇

后手篇

先手篇

(一)五七炮对屏风马进3卒类

第1局　吕钦先胜胡荣华

(1989年1月19日弈于广州)

1. 炮二平五	马8进7	2. 马二进三	车9平8
3. 兵三进一	卒3进1	4. 车一平二	马2进3
5. 马八进九	卒1进1	6. 炮八平七	马3进2
7. 车九进一	象3进5	8. 车九平六	车1进3
9. 车二进六			

双方演成五七炮直横车对屏风马卒林车阵势,布局大体就绪。

9. …………	炮8平9	10. 车二进三	马7退8
11. 马三进四	马8进7	12. 马四进三	士4进5
13. 马三进一	象7进9	14. 炮七退一	马2进1
15. 车六进三	车1平2	16. 炮七平三	炮2平3
17. 车六进一	卒3进1	18. 炮五平三	马7退8
19. 相三进五	车2进1	20. 车六进一	马8进6
21. 兵七进一	车2平6	22. 后炮平九	

第9届五羊杯象棋比赛决赛,由吕钦和胡荣华争夺冠军,首局胡荣华在胜势下错失战机,被吕钦逼和。本局是第二局,胡荣华情绪受到影响,而吕

钦则士气大振，开局一路顺风。

如图1，正当双方中局成相持之势，吕钦细心发现黑边隐藏弱点，突然把原来在右翼施展攻击的炮移左捉马，声东击西战术灵活，顿时局面发生明显转折。黑如卒1进1保马，则红车六平九，再退车吃卒得先，于是黑只好退马河口。而红平边炮这步巧手的意义，在于其长远的战略作用，正如以下实战着法所显示的那样，红炮在条件成熟时，飞炮击卒再沉底，实行边线偷袭，从而取得优势。

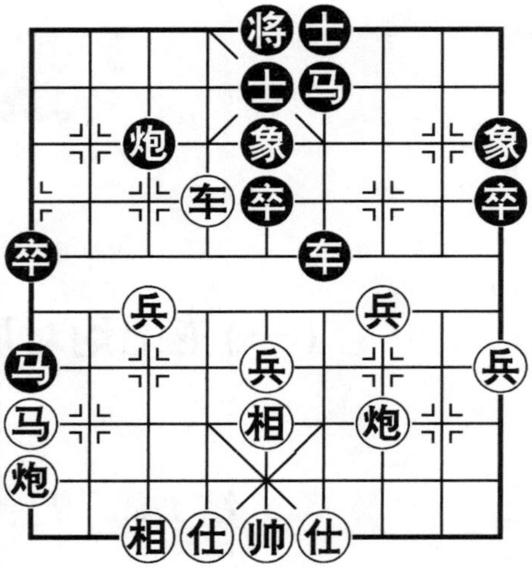

图1

22. …………	马1退2	23. 车六平八	马2进4
24. 仕六进五	车6平5	25. 兵五进一	车5进1
26. 车八进三	士5退4	27. 车八退二	炮3平4
28. 炮九进四	车5进1	29. 炮九进四	象5退3
30. 车八进二			

至此形势，充分验证了前述平边炮巧手的作用，红将破象占优。

30. …………	炮4平8	31. 炮九平七	士4进5
32. 相五退三	炮8进2	33. 兵三进一	炮8进1
34. 马九退七	象9进7	35. 马七进八	马4进6
36. 炮七平四	士5退4	37. 炮四退六	车5平6
38. 炮三平九	炮8平5	39. 相七进五	车6平3
40. 帅五平六	车3平4	41. 仕五进六	马6进4
42. 仕四进五	象7退5	43. 炮九进一	车4退3
44. 炮九进六	车4平1	45. 相五退七	卒5进1

46. 相三进五　　炮5进1　　47. 马八退七　　卒5进1
48. 马七进九　　炮5平1　　49. 炮九平六　　象5退3
50. 炮六退一　　将5进1　　51. 炮六平七　　炮1平4
52. 帅六平五　　炮4平5　　53. 车八退六　　象3进5
54. 帅五平六　　车1平8　　55. 炮七平九　　车8平1
56. 炮九平七　　车1平8　　57. 炮七平九　　车8平1
58. 炮九平七　　车1平8　　59. 炮七退一　　马4进5
60. 炮七平九　　车8平1　　61. 炮九平八　　车1平4
62. 马九退七　　炮5进2　　63. 帅六平五　　炮5平9
64. 炮八退三　　卒5平4　　65. 车八平五　　马5退6
66. 相五进三

胡荣华在中局被动的情况下顽强力战，渡卒形成对攻，使形势变得复杂莫测，棋战气氛十分紧张。当弈至图2局面时，吕钦不顾损失七兵，居然飞相露帅助攻，俗称“将军脱袍”，这一妙着企图破象，摧毁黑九宫防线，为以后残局攻杀奠定良好基础。黑如车4退1保象，则红兵七进一加强攻势，黑亦难应付。吕钦飞相妙手使混乱的局势变得明朗，红由此步入佳境。

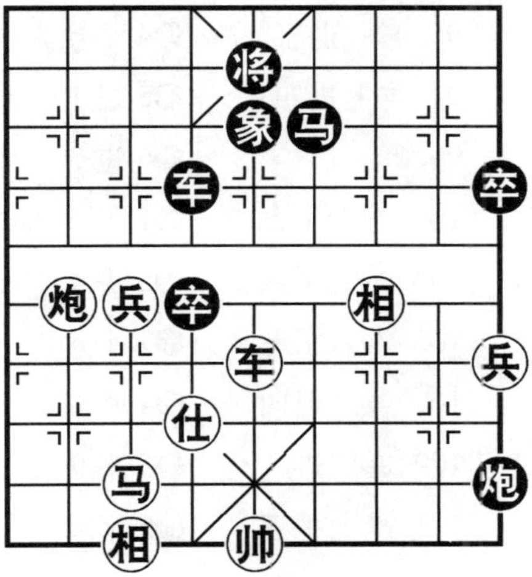

图2

66. …………　　卒4平3　　67. 车五进四　　将5平6
68. 炮八平九　　车4进1　　69. 马七进五　　车4平6
70. 车五退三　　马6进4　　71. 车五进二　　马4进2
72. 车五退二　　马2退4　　73. 车五进二　　马4进2
74. 相七进九　　卒3平2　　75. 炮九进一　　马2退3

76. 车五平七　车6平1　77. 车七进一

双方消耗大部子力，红方进入优势残局。

77. …………　车1平5　78. 车七进一　将6退1

79. 车七进一　将6进1　80. 车七退六　将6平5

81. 帅五平六　炮9平6　82. 马五进四　车5进5

83. 帅六进一　车5退4　84. 马四进三　炮6退4

85. 车七进五　将5退1　86. 车七退三　炮6进2

87. 马三退五　炮6平4　88. 仕六退五　炮4退6

89. 帅六退一　将5平6　90. 马五进三　将6平5

91. 相九退七　车5退2　92. 马三进二　车5退1

93. 相三退五　炮4进1　94. 马二退一　卒2进1

95. 马一退三　炮4平6　96. 兵一进一　卒2进1

97. 车七进四　将5进1　98. 车七退三　卒2进1

99. 兵一进一　炮6进3　100. 兵一进一　炮6平1

101. 车七平九　炮1平5　102. 兵一平二　卒2平3

103. 车九平六　炮5进4　104. 马三进二　车5平7

105. 车六平七　车7平4　106. 帅六平五　卒3平4

107. 马二退四　车4平6　108. 兵二进一　将5平6

109. 兵二进一　炮5平9　110. 兵二平三　将6平5

111. 车七平五　将5平4　112. 车五平六　将4平5

113. 车六退五

黑认输，因接走车6进1，车六平一，红车低兵必胜单车。

第2局　吕钦先胜许银川

(1995年7月5日弈于广州)

1. 炮二平五　马2进3　3. 马二进三　马8进7

3. 车一平二　车9平8　4. 兵三进一　卒3进1

5. 马八进九　卒1进1
6. 炮八平七　马3进2
7. 车九进一　象3进5
8. 车九平六　车1进3
9. 车二进六　炮8平9
10. 车二进三　马7退8
11. 马三进四　士6进5
12. 马四进三　马8进7
13. 马三进一　象7进9
14. 车六进四　马2进1
15. 炮七退一　卒1进1
16. 炮五平四　马1进3
17. 车六退三　马3退1
18. 车六进二　马1进3
19. 车六退二　马3退1
20. 相七进五　车1平2
21. 炮七平二　炮2平1
22. 马九退七　卒1平2
23. 兵五进一　炮1进3
24. 炮二平五　卒2平3
25. 兵七进一　卒3进1
26. 车六进三　马1进2
27. 车六平九　马2退3
28. 相五进七　炮1平5
29. 相三进五　车2平3
30. 炮四平三　马7退6
31. 车九退二　炮5进3
32. 仕四进五　马3退5
33. 车九平二　卒5进1
34. 车二进二　象9进7
35. 炮三平一　车3平1
36. 兵一进一　马6进7
37. 车二退二　士5退6
38. 炮一退二　车1进5
39. 马七进九

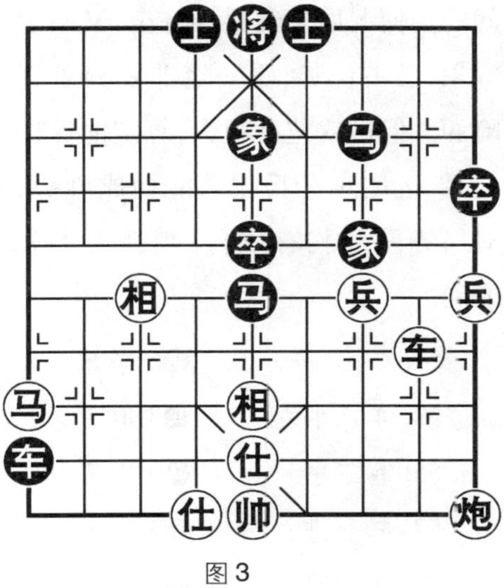

图3

这是第四届"芙蓉度假村杯"广东省象棋邀请赛上的一盘对局，夺标呼声最高者是吕钦、许银川两人，故本局结果事关重大，两雄相遇自有一番激战。开局平稳，中局阶段许银川驱边卒过河积极反击，被吕钦化解。当弈至图3时，红马巧跳边位困车，赢得了进攻时间，以便伸车捉马，飞炮取卒再沉底，展开侧翼攻势。红此巧手弈出，黑欲求和就很困难了。

39. ………… 车1平4　40. 车二进四 马7退5

41. 炮一进六 车4退5　42. 炮一进三 马5退7

43. 兵一进一 士4进5　44. 兵三进一 马5退7

45. 车二平五 前马退6　46. 车五平八 车4平7

47. 马九进八 车7进1　48. 马八进九 马6进4

49. 车八进二 士5退4　50. 马九进七 马4退3

51. 炮一平四

如图4，黑企图捉死红兵，增大求和希望。不料红突出妙着，弃炮砸士，挑起波澜，这需要很大的勇气。因为红损失一强子，能否取胜是有疑问的。何况原来红兵种齐全，又破黑双象，已占优势，不一定非要弃子冒险的。但吕钦艺高胆大，算定能保住边兵，运用车马兵攻杀能构成胜势，对局势发展胸有成竹，判断力十分准确。

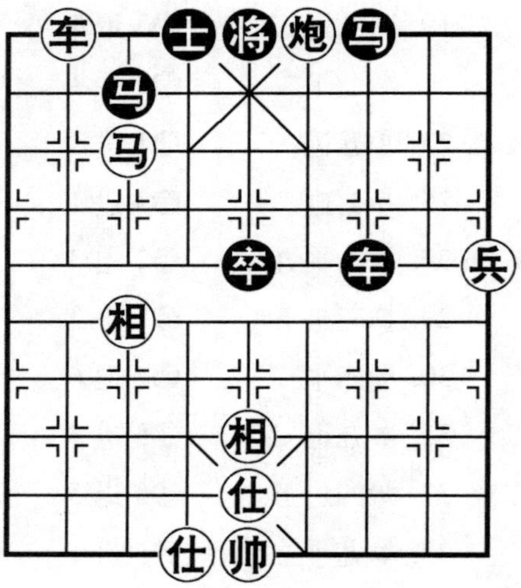
图4

51. ………… 将5平6　52. 马七退五 车7退3

53. 车八平六 马3退5　54. 兵一平二 马7进9

55. 兵二平三 马9进7　56. 马五退七 车7平3

57. 马七进六 车3平5　58. 兵三进一 马7进5

59. 马六退五 车5平4　60. 车六平九 车4进2

61. 兵三平四 马5退4　62. 车九退一 车4进1

63. 马五进三 车4退1　64. 兵四平五 车4进1

65. 兵五进一 车4退1　66. 兵五进一

黑认输，因接走车4平7，则车九平六车7平6，车六进一再吃马绝杀。

第3局　吕钦先胜万春林

（1997年5月7日弈于上海）

1. 炮二平五　马8进7　2. 马二进三　车9平8
3. 车一平二　马2进3　4. 兵三进一　卒3进1
5. 马八进九　卒1进1　6. 炮八平七　马3进2
7. 车九进一　象3进5　8. 车九平六　车1进3
9. 车二进六　炮8平9　10. 车二进三　马7退8
11. 马三进四　士6进5　12. 马四进三　炮9平7
13. 相三进一　马8进9　14. 马三退四　马2进1
15. 炮七退一　卒5进1　16. 车六进三　马9进7
17. 马四进三　车1平7
18. 炮五进三　车7平6
19. 仕六进五　炮2进2
20. 兵五进一　车6进3
21. 炮七平九　炮2平5
22. 兵五进一　卒1进1
23. 车六平九　马1进3
24. 炮九平八　车6平5
25. 车九进二　卒3进1
26. 车九平三　炮7平6
27. 车三平七　炮6平8

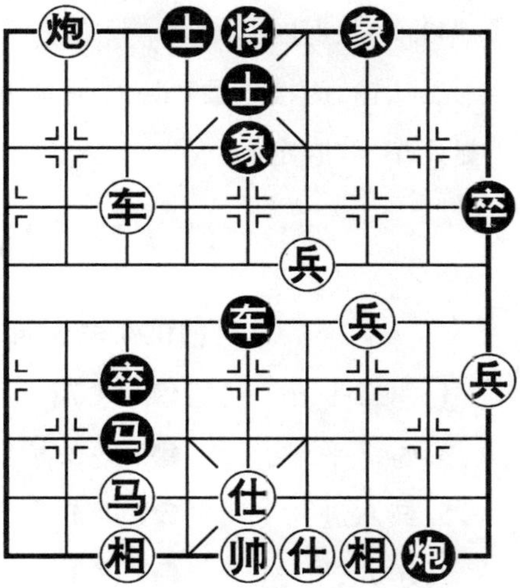

图5

28. 车七平二　炮8平6　29. 兵五平四　卒3进1
30. 车二平七　炮6平8　31. 相一退三　炮8进7
32. 马九退七　车5退1　33. 炮八进八

这是1997年全国象棋团体赛时的一盘对局，粤沪两强队相遇，引起全场注目。第1台许银川后手对胡荣华，赛前并无取胜把握。第2台吕钦先手对万春林，自然是粤队能否取胜的关键。

这盘棋开局平稳，红多兵保持略先，双方在中局较量功底。当弈至图5局面时，红炮敢于离开保中心仕的位置，沉底叫将攻杀，是一步乘虚而入的巧手。红敢于沉底炮必须精确估计以后的变化，即黑接走象5退3，则车七进三车5进3，帅五平六士5退6，车七退六将5进1，车七进五将5进1，车七退六得子优，因此红沉底炮是成立的。

33. …………	象5退3	34. 车七进三	车5平2
35. 炮八平九	车2平1	36. 车七退六	车1退5
37. 车七退一	车1进4	38. 车七平二	炮8平9
39. 兵三进一	象7进5	40. 马七进六	象5进7
41. 马六进五	将5平6	42. 车二进七	将6进1
43. 车二退四			

黑认输，因接走象7退9，则兵四进一车1退2，马五进三车1平7，车二进二捉死车，红胜定。

第4局　吕钦先胜于幼华

（1994年5月24日弈于石家庄）

1. 炮二平五	马8进7	2. 马二进三	车9平8
3. 车一平二	马2进3	4. 兵三进一	卒3进1
5. 马八进九	卒1进1	6. 炮八平七	马3进2
7. 车九进一	卒1进1	8. 兵九进一	车1进5
9. 车二进四	象7进5	10. 车九平四	士6进5
11. 炮七退一			

双方演成五七炮直横车对屏风马边车骑河阵势，红先退七炮是常见变着。

11. …………	炮8平9	12. 车二进五	马7退8
13. 马三进四	马2退3	14. 兵七进一	车1平3

15. 马四进三　炮9平7　　16. 车四进三　马3进4

17. 车四平七　卒3进1　　18. 炮五进四　象3进1

19. 炮五平六　马8进6　　20. 马三进五　炮7进7

21. 仕四进五　马4进5　　22. 马五进七　将5平6

23. 炮六平四　马6进5　　24. 相七进五　炮7退2

25. 仕五进六

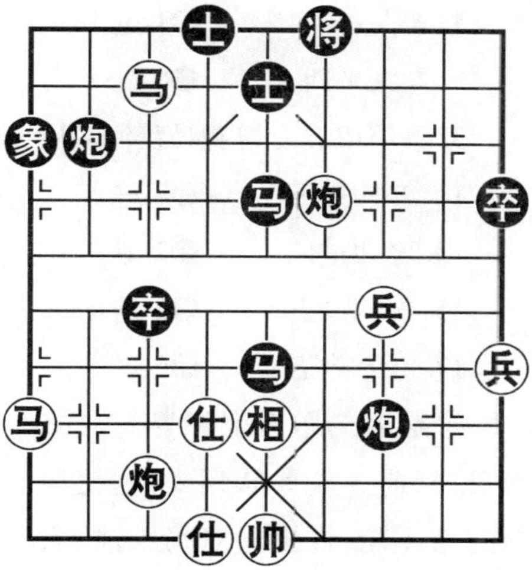

图6

这是1994年全国象棋团体赛时的一盘对局,双方布阵就绪刚进入中局,红第14回合出人意外地挺七兵送吃,使平静的局面顿生枝节,黑只能用车吃兵便受到牵制,且3线受到潜在威胁。第19回合,"拼命三郎"于幼华决定跳马咬马,造成各吃一象的对攻局面。如图6,正当双方混战各有顾忌之际,红巧支角仕挡炮护马,打开左炮移右的通路,发挥重炮配合卧槽马的攻势,找到了入局的突破口,由此步入佳境。支仕轻轻一步巧着,却有千钧之力,显示吕钦的棋艺功底。

25. …………　炮2平8　　26. 炮四退四　后马退4

27. 马七退六　马5退4　　28. 炮七平六　炮8平5

29. 帅五平四　炮5平4　　30. 相五进七　炮7平4

31. 炮六平四　将6平5　　32. 前炮平五　士5进6

33. 炮四平五　将5平6　　34. 前炮平四　将6平5

35. 相七退五　士4进5　　36. 炮四平六

红得子多兵胜定,黑自动认输。

第5局　吕钦先胜万春林

（1994年5月24日弈于石家庄）

1. 炮二平五　马8进7　2. 马二进三　车9平8
3. 车一平二　马2进3　4. 兵三进一　卒3进1
5. 马八进九　卒1进1　6. 炮八平七　马3进2
7. 车九进一　卒1进1　8. 兵九进一　车1进5
9. 车九平四　士6进5　10. 马三进四　象7进5

双方演成五七炮右马盘河对屏风骑河车阵势，属于流行布局。

11. 马四进五　马7进5　12. 炮五进四　车1平7
13. 车四进四　马2退3　14. 相三进五　车7进1
15. 车四平五　炮8进4　16. 炮五平七　车8平6
17. 仕六进五　车6进5　18. 车五平七

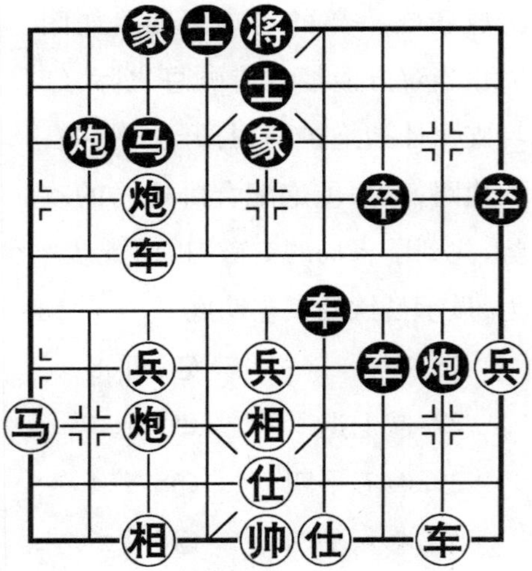

图7

这是第三届嘉宝杯粤沪对抗赛对局，前3轮粤队领先，这是最后的第4轮，许银川对葛维浦、宗永生对林宏敏均成和局，而庄玉腾负于胡荣华，所以本局是粤队能否挽回平手的关键。这盘棋开局正常，中局时黑对红骑河车的潜力估计不足，未能及时驱赶红车。弈到图7局面时，红车巧吃黑卒，扫除黑3路防线的障碍，直接威胁其底象。至此黑感到很大压力，如接走马3进5，则车七平五马5进7，车五进二炮2退2，车五平七将5平6，前炮进三将6进1，车七平二，黑缺双象处于劣势。

18. …………　炮2进4　19. 前炮进三　象5退3

20. 车七进二　炮2平5　21. 车七进二　卒7进1
22. 车七退五　卒7进1　23. 炮七平八　将5平6
24. 车七平四　卒7平6　25. 马九进八　炮5退2
26. 马八进六　炮5平8　27. 车二平三　车7进3
28. 相五退三　后炮平5　29. 帅五平六　卒6平5
30. 马六进五　炮5平2　31. 炮八平一　炮2平9
32. 炮一平四　炮8退4　33. 炮四退一　炮8退1
34. 炮四进五　炮9平7　35. 炮四平七　炮7退2
36. 相七进五　炮8平9　37. 马五退四

为了本队团体成绩，吕钦非胜不可，于是在第26回合兑车削弱万春林的对攻力量，从而进入优势残局。但决定胜负的还在于兵卒多少，图8红退马又是一步巧手，一方面用马咬炮，同时准备进炮退炮叫将抽吃黑边炮，使黑忙于应付，然后伺机消灭黑边卒，从而实现可胜条件。此着如误走炮七进三，则将6进1，炮七退一将6进，炮七平一将6平5，反成和势。

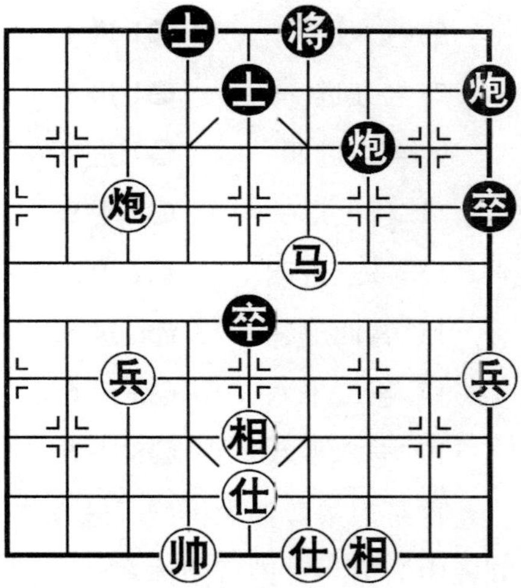

图8

37. …………　炮7平3
38. 马四进三　炮9平7　39. 马三退五　炮3退1
40. 炮七平一　士5进4　41. 兵七进一　士4进5
42. 兵七进一　卒5进1　43. 兵一进一　卒5平4
44. 兵一进一　卒4平3　45. 兵一平二　炮7进5
46. 兵七进一　炮3退1　47. 兵七进一　炮7平5
48. 马五进三　将6进1　49. 炮一退四　炮3平4
50. 帅六平五

眼看红双兵渡河，黑大势已去，自动认输。例如接走卒3平4，则炮一平四炮5退4，兵二平三炮5进4，马三退四炮5平6，马四退六炮6平5，马六退四士5进6，兵七平六将6平5，马四进五卒4进1，马五进七炮4平7，相三进一卒4进1，炮四退一，黑缺乏对攻手段，红胜定。

第6局　吕钦先胜刘殿中

（1998年8月19日弈于太原）

1. 炮二平五	马8进7	2. 马二进三	马2进3
3. 车一平二	车9平8	4. 兵三进一	卒3进1
5. 马八进九	卒1进1	6. 炮八平七	马3进2
7. 车九进一	卒1进1	8. 兵九进一	车1进5
9. 车二进四	象7进5	10. 车九平四	士6进5
11. 炮七退一	炮8平9	12. 车二进五	马7退8
13. 马三进四	马2退3	14. 相三进一	马8进6
15. 马四退三	马6进8	16. 车四平二	马8退7
17. 车二平六	炮2进6	18. 车六进一	炮9平8
19. 车六平八	炮8进6	20. 兵七进一	

这是五粮醇杯象棋国手超霸赛对局，以吕钦、许银川为一方，与胡荣华、刘殿中为另一方进行团体赛事，共弈四局，其余三局皆和棋，本局吕钦获胜，为团体夺魁立了功。开局阶段，吕钦求胜心切，走出飞边相的新变化，但未能取到预期效果。所幸中局时刘殿中进左炮失算，造成右马弱点。如图9，红及时挺兵巧着，如黑车1平3吃兵，则炮五平七打车得子。正是吕钦这步巧手，使形势转为主动。

20. …………	马3进4	21. 兵七进一	马4进3
22. 炮五进四	象3进1	23. 炮七进一	炮2平7
24. 马九进八	炮7进1	25. 仕四进五	炮7平9
26. 帅五平四	马7进6	27. 马三进二	车1进1

28. 马二进三　　马3退5
29. 马三退四　　炮8进1
30. 帅四进一　　炮8退4
31. 马四退三　　马5退3
32. 马八进六　　炮8退4
33. 马三进四　　炮8平6
34. 炮七平四　　炮6进4
35. 炮四进五　　炮9退3
36. 车八进二　　炮9退1
37. 车八平五　　象1退3
38. 车五进一　　车1退3

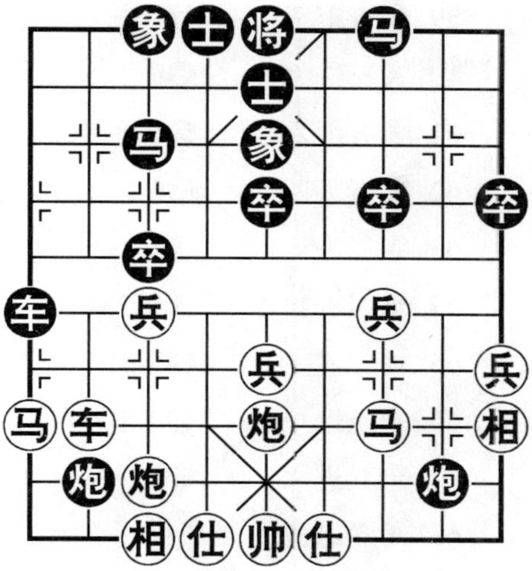

图9

39. 炮四退一　　炮9进1　　40. 车五退一　　炮9退2
41. 兵三进一　　炮9平4　　42. 炮四平九　　炮4进4
43. 帅四退一　　马3进5　　44. 兵五进一　　卒9进1
45. 兵三进一　　卒9进1　　46. 炮九进三　　卒9平8
47. 炮五平八　　炮4退2　　48. 相七进五　　炮6退4
49. 兵五进一　　士5进6　　50. 仕五进四　　炮4平6
51. 帅四平五　　后炮平5　　52. 兵五平六　　炮5进6
53. 炮八平五

中局吕钦一直掌握先手，刘殿中使出浑身解数，施展多种对攻手段，都被吕钦一一化解。最后兑车进入残局，吕钦多一兵略优，但未具备必胜。如图10，吕钦抓住对方贪吃相之际，巧摆中炮叫将，从而构成天地炮攻势，便于控制黑士象及老将，再冲兵入宫便会有破士象的机会，这是残局占优的关键。

53. …………　　士6退5　　54. 炮五退三　　炮5平9
55. 兵六进一　　炮9退3　　56. 仕六进五　　卒8平7
57. 兵六进一　　将5平6　　58. 炮五进五　　象5进3

59. 炮五退三　　卒7平6
60. 兵三进一　　炮6平5
61. 帅五平六　　卒6平5
62. 炮五平四　　将6进1
63. 兵三进一　　将6平5
64. 炮四平二　　卒5平4
65. 炮二进三　　将5退1
66. 兵六进一　　炮9平4
67. 仕五进六　　炮5平4
68. 仕六退五　　卒4平5
69. 帅六平五　　前炮退5
70. 炮二平六

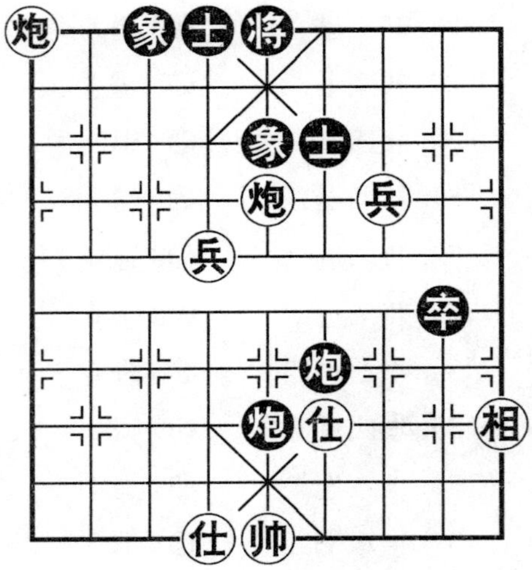

图10

黑为了解杀，舍炮换兵，至此大势已去，自动认输。

第7局　吕钦先胜胡荣华

（1988年4月6日弈于孝感）

1. 炮二平五　　马8进7　　2. 马二进三　　车9平8
3. 车一平二　　卒3进1　　4. 马八进九　　马2进3
5. 车二进四　　卒7进1　　6. 炮八平七　　马3进2
7. 兵三进一　　卒7进1　　8. 车二平三　　象3进5

双方演成五七炮巡河车对屏风马进3卒阵势，胡荣华挺7卒是冷门弈法，企图引导陌生的变化，给对方增加心理压力。

9. 马三进四　　炮8退1　　10. 马四进五

这是1988年全国象棋团体赛时的一盘对局，吕钦坐镇广东队首台，对强队上海又是一场激战。黑方开局伊始不落常套，如图11，面临黑要平炮打车轰相的威胁，吕钦没有逃车，而是果断进马踏中卒，这步巧手算准能多吃一子。

假定黑不平炮打车而兑马，则红亦能保持先手略优，试演如下；马7进5，炮五进四炮8平5，炮五进二士4进5，车三进二马2进1，炮七平一炮2进4，车三平五车8进6，兵七进一车8退2，兵一进一，伏马九退七捉双的棋，仍红先手。

10. ………… 炮8平7
11. 马五进三 车8进9
12. 马三退四 炮7进8
13. 车三退四 车8平7
14. 马四进六 炮2平4
15. 马六退八 士4进5
16. 车九平八 车7退6
17. 车八进四 车1平2
18. 兵九进一 车2进2
19. 炮七平八 炮4进2
20. 炮八退一 车2平4
21. 兵七进一 车7平3
22. 兵七进一 车3进1
23. 仕四进五 炮4平8
24. 兵五进一 车3平7

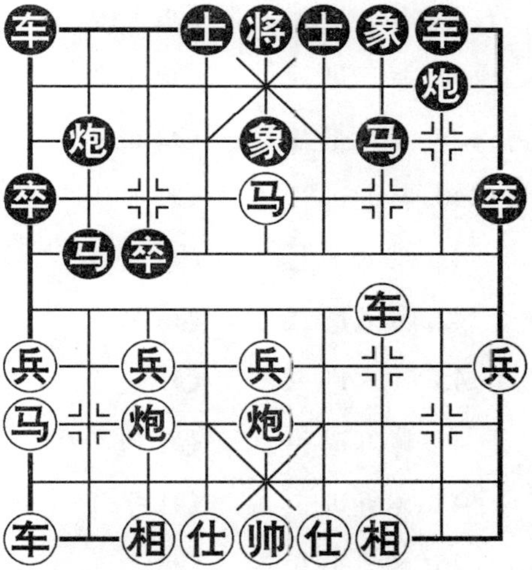

图11

25. 炮五平四 炮8进5
26. 兵五进一 车7进5
27. 炮四退二 象5进3
28. 相七进五 车7退2
29. 炮四进六 车4平8
30. 仕五进四 炮8平9
31. 车八平三

红虽得马，但子力位置欠佳，直至挺七兵兑卒之后，才找到双马可以连环的途径。黑趁红右翼空虚之际，急调双车炮乘隙而入，构成强大攻势。如图12，红帅府告急，吕钦巧平相头车邀兑，转危为安。后来兑掉黑车，弈成双马双炮兵对车炮的优势，稳操胜券。这步巧手扭转乾坤。如误走帅五进一，则炮9退1，帅五平六车7进1，仕六进五车8平4，反为黑胜。

31. ………… 车7进2
32. 帅五进一 车7平4
33. 车三退四 车4平7
34. 相五退三 车8进2
35. 炮四退一 车8进2
36. 兵五平六 象7进5
37. 马九进七 车8平9
38. 相三进五 炮9平2
39. 炮八平九 炮2退4
40. 马七进五 车9平1
41. 炮九平七 士5进4
42. 炮七进二 士6进5
43. 兵六进一 车1进2
44. 帅五退一 车1进1
45. 帅五进一 车1平4
46. 炮七平五 车4退4
47. 马五进四 车4平6
48. 马四进三 将5平6
49. 马三退二

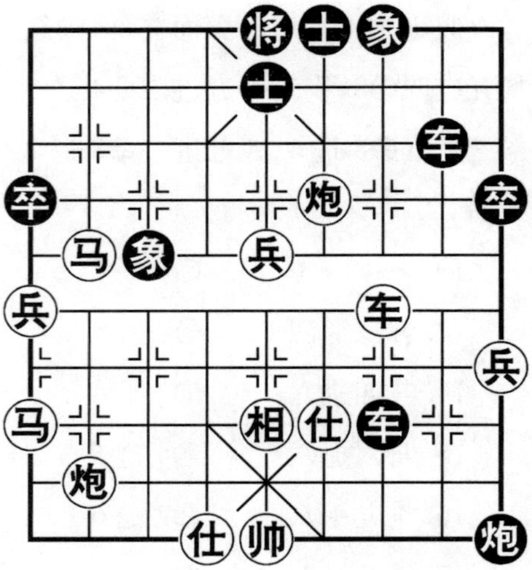

图12

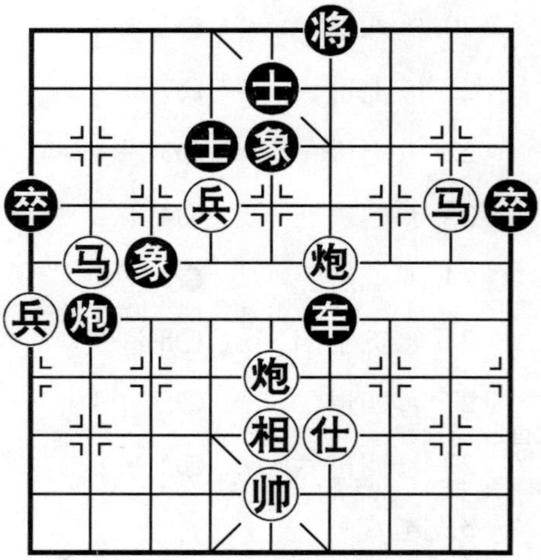

图13

黑在少子的条件下，利用有车对无车的优点，设法牵制红方子力。如图13，吕钦退马保炮巧手，反牵制黑车不能离开肋线，否则红有马二进四的杀着。现在红又有炮五进三的手段，伏炮五平四叫将抽车，黑难应付。

49. ………… 炮2平5　50. 帅五平四 将6平5
51. 炮五进四 士5退4　52. 马八进七 炮5退1

53. 马二进三　　将5进1　　54. 炮五平二　　将5平6

55. 马七进六

黑认输,因接走将6退1,则炮二平四车6退1,马六退五将6进1,马五退四将6进1,兵六进一,红胜定。

第8局　吕钦先胜徐天红

(1993年12月26日弈于广州)

1. 炮二平五　　马8进7　　2. 马二进三　　车9平8

3. 车一平二　　马2进3　　4. 兵三进一　　卒3进1

5. 马八进九　　卒1进1　　6. 炮八平七　　马3进2

7. 车九进一　　象7进5　　8. 车二进四　　车1进1

双方演成五七炮直横车对屏风马进3卒阵势,黑先飞象等待红方变化,再起右横车,是当时的新变法。

9. 车九平六　　马2进1　　10. 车六平八　　炮2平1

11. 车八进二　　车8进1　　12. 炮七退一

这是第十四届五羊杯象棋冠军赛对局,黑应法不落常套,提起双横车力求弈出新变化。红按常规攻法稳扎稳打。如图14,红车已逼住黑边马,现又退炮巧手,准备平九打马,以后黑冲边卒保马,红又有退边马露炮瞄卒等手段,致使黑马处于危险状态。

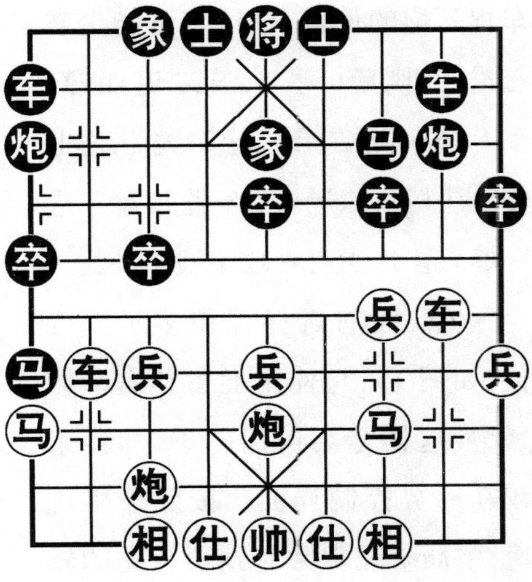

图14

12. …………　　炮8平9

13. 车二进四　　车1平8

14. 炮五平六　　车8进3

15. 炮七平九	卒1 进 1	16. 马九退七	卒7 进 1
17. 兵三进一	车8 平 7	18. 相七进五	马7 进 6
19. 炮九进三	马6 进 4	20. 车八进一	卒3 进 1
21. 兵七进一	马1 进 3	22. 车八退二	马4 进 6
23. 车八平七	炮1 平 3	24. 车七平八	马6 进 7
25. 帅五进一	炮3 进 6	26. 帅五平六	车7 平 1
27. 炮六进二	炮9 平 8	28. 仕六进五	炮8 进 6
29. 车八平六	车1 平 2	30. 炮九平八	车2 平 1
31. 炮八平九	车1 平 2	32. 炮九平八	车2 平 1
33. 炮八平九	车1 平 2	34. 炮九平八	车2 平 1
35. 炮八平九	士6 进 5	36. 炮六平三	炮3 平 1
37. 炮九退二	车1 平 2	38. 炮三退三	车2 进 4
39. 帅六退一	车2 进 1	40. 帅六进一	车2 平 6
41. 车六进三			

黑先前弃马，运车吃仕，有退车捉死炮的伏着，估计红可能走马三进二，则车6 平 5，马二退四炮1 平 5，车六进二炮5 退 2，炮三进七车5 退 1，帅六退一炮8 进 1，相三进一车5 退 1，黑有对攻手段。

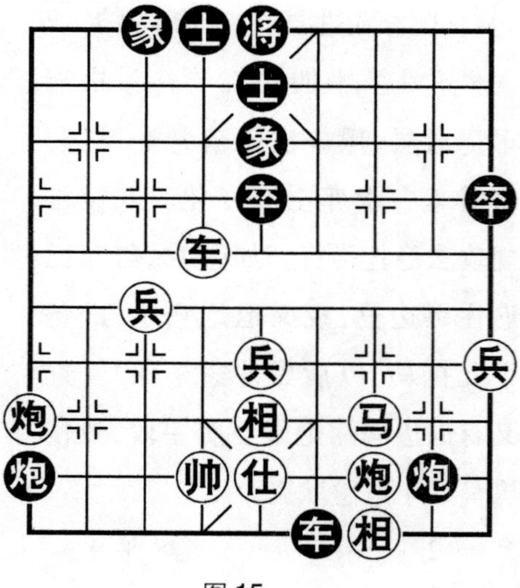

图 15

但红没有选择保持多子的变化，如图 15，巧伸车准备移右牵制黑炮，这样走会送回一子，却换来较好形势控制局面。按照象棋理论，中局阶段常常遇到子与先的转换问题，即得子失先与失子得先如何选择？在复杂形势下不容易作出判断，常常宁可失子抢先,便于掌握局势。吕钦这步伸车巧手,恐怕也是基于这样的考虑。

41. ………… 车6退1　42. 车六平二 车6平7

43. 帅六退一 车7平6　44. 兵七进一 卒5进1

45. 炮九进三 象5进3　46. 炮九平五 将5平6

47. 车二进四 将6进1　48. 车二退五 车6退5

49. 帅六平五 车6平2　50. 炮五平四 士5进4

51. 炮四退五 将6平5　52. 车二进四 将5退1

53. 车二进一 将5进1　54. 车二平六

黑认输,因接走象3进5,则车六退二车2平5,帅五平六,以后有炮四平五或马三进二等手段,黑难挽回败势。

第9局　吕钦先胜柳大华

(1995年5月19日弈于兰州)

1. 炮二平五 马8进7　2. 马二进三 马2进3

3. 车一平二 车9平8　4. 兵三进一 卒3进1

5. 马八进九 卒1进1　6. 炮八平七 马3进2

7. 车九进一 象7进5　8. 车二进四 车1进1

9. 车九平六 马2进1　10. 车六平八

双方演成五七炮直横车对屏风马进3卒阵势,红车往返捉炮,是吕钦喜用的攻法,并有进车逼马等手段。

10. ………… 炮2平1　11. 车八进二 车1平8

12. 车二进二 士6进5　13. 马九退八 炮8平9

14. 车二平三 后车平6　15. 兵七进一

这是民百杯全国象棋精英赛对局,十名棋坛高手逐鹿兰州,吕钦与柳大华分在甲组,争夺小组预赛第一名,然后才有资格进入冠亚军决赛,所以本局进行相当激烈。

布局之后，记忆力过人的柳大华立即想起 1993 年底五羊杯时，吕钦对徐天红用过此阵法，心里有底。不料吕钦已总结上局经验，作了改进，第 13 着巧退底马，准备再平炮到九路及跳正马，设计一个围困谋取黑边马的计划。

如图 16，形势又有新的变化，由于黑平肋车，有退边炮平 7 打死车的威胁，红不宜继续执行原订计划，于是针对黑 3 线弱点，巧挺七兵，使黑陷入被动地位。至此黑卒吃不吃兵都为难，如接走卒3 进 1，则炮七进七象5 退 3，车三进一炮9 进 4，马三进一车8 进 5，炮五平七卒3 平 2，车三平七，伏炮轰象杀着，红大优。吕钦弃兵这步巧手，击中要害，是步入佳境的突破口。

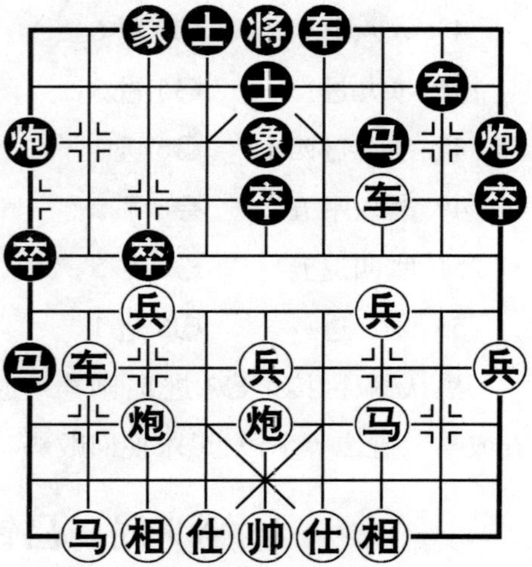

图 16

15. …………	炮9 退 2
16. 兵七进一	车8 进 1
17. 炮五进四	马7 进 5
18. 车三平五	车8 进 2
19. 车五平九	车6 进 8
20. 仕六进五	卒1 进 1
21. 车九退二	炮9 平 7
22. 相七进五	车8 进 3
23. 车九平四	

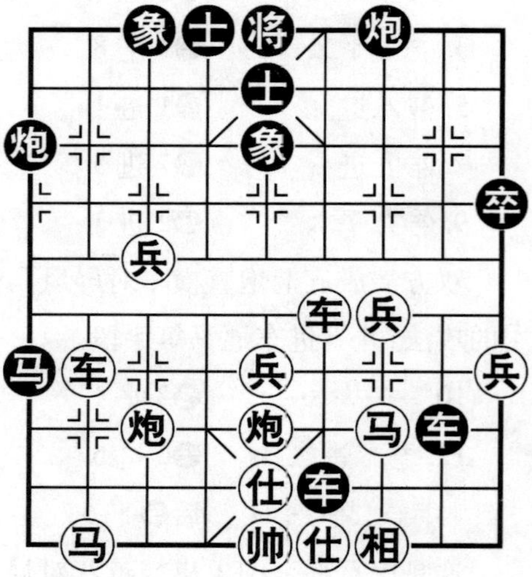

图 17

这局棋红方的战术方针，始终放在谋子方面。当黑升车保左马时，红毫不犹豫用炮击卒兑马，打通卒林线，再平边车拦炮捉卒，以配合左车困马的计划。这与原来平边炮跳正马的设想不同，又是一个随机应变的改进。

如图17，红平肋车邀兑，既解右马受攻的威胁，又逼死黑边马，连消带打的妙着，为确立大优势奠定基础，由此大局已定。

23. …………	车6平7	24. 车八平九	炮7进7
25. 炮七退一	炮7进2	26. 相五退三	车7进1
27. 车九退一	车8退1	28. 马八进六	炮1平4
29. 兵七进一	炮4进2	30. 马六进七	

黑少子又缺乏续攻手段，估计难以挽回败势，便主动认输。如接走炮4平5，则马七进六车8退3，车九平七炮5平8，马六进四车8平7，车七平二炮8平3，车二进七象5退7，炮七进三象3进5，炮七平五炮3平5，车二退四炮5进2，帅五平六前车退3，马四进六杀。

第10局　吕钦先胜李艾东

（1997年10月13日弈于漳州）

1. 炮二平五	马8进7	2. 马二进三	车9平8
3. 车一平二	马2进3	4. 马八进九	卒3进1
5. 炮八平七	马3进2	6. 车二进六	象3进5
7. 车九进一	士4进5	8. 车九平六	车1平2

双方演成五七炮直横车对屏风马进3卒阵势，黑出右车护炮属老式弈法，红右车过河左车占肋控制局面。

9. 兵三进一	马2进1	10. 炮七退一	炮2进6
11. 车六进一	卒1进1	12. 马三进四	

这是1997年全国象棋个人赛对局，黑采用马踏边兵再伸右炮的冷门变例，故意暴露左马失根的弱点，弈完11回合时，诱红车二平三吃卒捉马，则炮8进4，车三进一炮8平7打死车。吕钦自然洞察这个陷阱，如图18弈出右马盘河，预防了上述黑伸炮反击的手段，为平车吃卒创造条件，又有马四进

六再进四入卧槽的伏着。所以右马盘河这步巧手看似平淡，实则兼多种作用，意味深长，使黑方感到难以应付。黑如接走炮2退5，则车六平八炮8平9，车二进三马7退8，炮七平八炮2退1，车八进一卒1进1，炮五平八，红必得子。

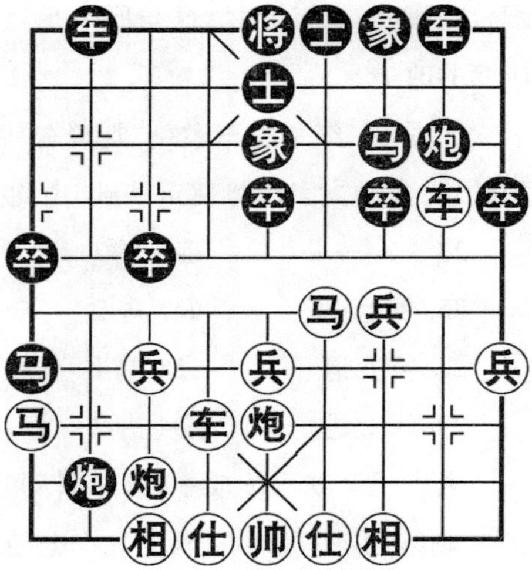

图18

12. ………… 炮8平9
13. 车二平三 炮9进4
14. 兵三进一 车8进5
15. 马四进六 车2平4
16. 炮七平六

黑没有升左车保马，而弈出飞炮打兵，伸车骑河等对攻手段，均无实质性效果。当弈完15回合时，吕钦有得子的机会，但他老练沉着，不慌不忙，先考虑加强保护过河马。如图19平肋炮，这步巧手并非守棋，其实暗伏陷阱，是一步攻棋。例如黑接走马7退8，则马六进四马8进9，炮六进八马9进7，兵三进一士5退4，炮五进四象5退3，车六进六炮2平7，车六平五杀。因此，黑左马是不能逃的，当务之急是应付红马跳卧槽的攻势。

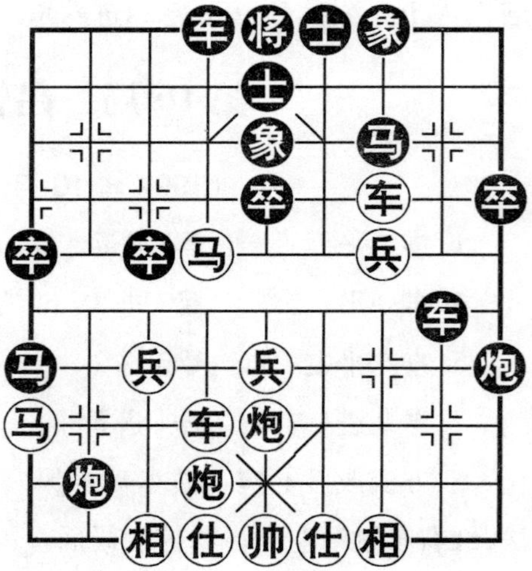

图19

16. ………… 炮2退7
17. 车三进一 炮9进3
18. 炮五平三 车8平6
19. 仕六进五 车6平8
20. 炮六退一 车8进4
21. 相七进五 马1进3
22. 车六平七 车4进4
23. 车七平八

黑少子，又缺乏对攻手段，主动认输。如接走炮2平3，则仕五进六车4平5，车八进七炮3退1，车八平七象5退3，车三平二车5平7，车二退七车7进3，车二平一，红多两个强子，双方子力悬殊，仍是红方胜定。

（二）五八炮对屏风马类

第1局　吕钦先胜庄玉腾

（1994年10月16日弈于郴州）

1. 炮二平五　马2进3　2. 马二进三　马8进7
3. 车一平二　车9平8　4. 兵三进一　卒3进1
5. 马八进九　象3进5　6. 炮八进四　卒7进1
7. 兵三进一　象5进7

双方演成五八炮对屏风马阵势，黑飞右象及挺7卒兑兵，属早期应法。

8. 炮八平七　车1平2
9. 车九平八　炮2进4
10. 兵七进一　卒3进1
11. 车二进四　马7进6
12. 马九退七　卒3进1
13. 车二平七

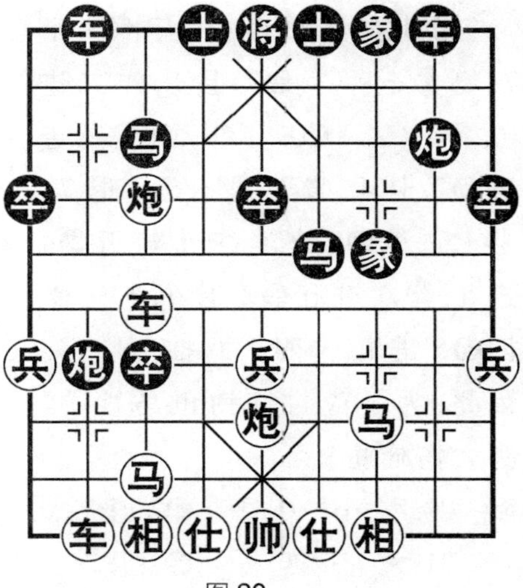

图20

这是1994年全国个人象棋赛对局。吕钦与庄玉腾都是广东队员，互相熟悉摸底，所以避开流行布局。庄玉腾可能考虑到自己棋力比吕钦稍差，又执后手棋，决定采用冷门变例以求一搏。殊不知这个布局早在1965年全国赛杨官璘对胡荣华已经下过，结果红方杨官璘获胜。吕钦大概看过这盘对局的棋谱，走起来与当年杨官璘的步法一模一样。

如图20，黑过河卒是红所顾虑的后患，吕钦移车左翼是一步巧手，准备炮七退三消灭黑卒，又捉住黑马炮二子，是目前最佳攻法。但这要冒黑炮打中兵叫将抽车的危险，为此吕钦胸有成竹，准备了对攻的方案。至于在杨官璘对胡荣华之局中，黑接走象7进5，炮七退三炮2平5，炮五进四马3进5，车八进九炮8平7，车八退七炮7进5，车八平三马5进4，车三平六炮5退3，车七平六马6进4，车六进二车8进6，炮七进一车8平5，仕六进五车5平3，帅五平六车3进2，车六进五将5进1，相七进五，也是红略优。

13.	…………	炮2平5	14.	马三进五	车2进9
15.	马五进四	炮8平5	16.	炮七退三	马3进2
17.	炮七平五	士6进5	18.	后炮进四	车8进3
19.	后炮进四	象7进5	20.	马四进三	

双方消耗一些子力，红攻势似乎缓和之际，又弈出图21跳钓鱼马的妙着，暗伏平右肋车叫杀的凶着，黑不能退底车防守。

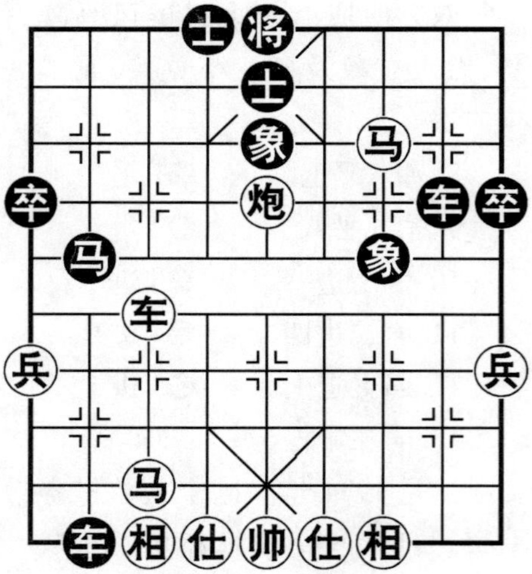

图21

至此黑如接走：（甲）车8平7，则车七平二车7退1，车二进五杀。（乙）车8退1，则马三进五马2退4，马五退三象5退7，车七进三车8进1，马七进五马4进5，仕六进五车2退6，车七平四将5进1，车四平八抽车胜定。因此，为了应付红钓鱼马妙着，黑大伤脑筋。

20.	…………	马2退3
21.	炮五退四	车2退7
22.	马七进六	车8退1

23.	马六进七	车2退1	24.	马三退四	将5平6
25.	马四进六	士5进6	26.	炮五平四	将6平5
27.	马七进六	车2平4	28.	车七进三	士6退5

29. 炮四平五　将5平6　30. 车七退四　士5进6
31. 炮五平四　将6平5　32. 炮四平六

黑丢子认输，如接走：（甲）将5平6，则马六进四车8平6，炮六进六，红多马炮胜定。（乙）将5进1，则马六进四车4进1，车七进五车4退1，炮六平五将5平6，车七平六将6进1，车六退二得子得势胜定。

第2局　吕钦先胜吴贵临

（1997年11月22日弈于香港）

1. 炮二平五　马8进7　2. 兵三进一　车9平8
3. 马二进三　卒3进1　4. 车一平二　马2进3
5. 马八进九　卒1进1　6. 炮八进四　象7进5
7. 炮八平七　车1进3　8. 车九平八　车1平3
9. 车八进七　炮8平9　10. 车二进九　马7退8
11. 车八进一　士6进5　12. 车八退七

双方演成五八炮对屏风马阵势，均弈出流行着法。

12. ………… 马8进6　13. 车八平二　卒5进1
14. 炮五进三　车3平6　15. 相七进五　炮9平8
16. 兵五进一　车6进3　17. 炮五平九　车6平7
18. 马三退五　炮8进4　19. 兵九进一　马6进8
20. 马五退七　马8进6　21. 兵五进一　马6进5
22. 炮九进四　卒7进1　23. 仕六进五　卒7进1
24. 相五进三　马3进2　25. 兵九进一　马2进3
26. 马九进八　马3进4　27. 马八进六

这是第五届世界象棋锦标赛对局，吴贵临代表中国台北参赛，是公认的宝岛第一高手，前5轮他以全胜的惊人成绩独自领先。吕钦则4胜1和紧随其后，第6轮两人相遇，吕钦必须取胜才能超越吴贵临，否则将减少夺取世界冠军的希望，所以本局棋十分重要，是一场激烈的战斗。当弈到图22时，红马炮联攻双兵渡河，但主力车被封，影响了攻势的发展。黑车双马炮四子均冲入敌阵对攻，形势紧张。红跳马过河咬象是一步巧手，迫使黑落象逃避，以后红退炮摆中，转变阵形，兑马后削弱黑对攻能力，过河兵的优越性显露出来。因此，红跳马巧手是局势转变的一个关键节点。

27. ………… 象5退7
28. 炮九退三 马4退3
29. 马六退七 马5进3
30. 相三退五 象7进5
31. 炮九平五 马3进1
32. 马七进八 车7平2
33. 车二进一 马1退2
34. 兵九平八 卒3进1
35. 马八退六 卒3平4
36. 马六进五

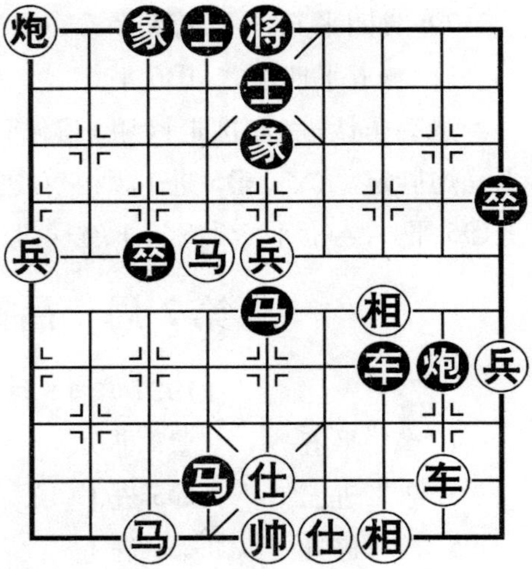

图22

如图23，红炮镇中路，黑左翼更显空虚。红为了发挥主力军的作用，必须突破黑炮的封压，为此红相位底马进退曲折巧运，终于实现跳中马的妙着，切断了黑车炮的联系，赶走黑炮，为以下入局取胜奠定基础。至此黑如接走炮8平6，则马五进四炮6平8，车二平三将5平6，马四进三，以下有两种变化：(甲)将6平5，则马三退一炮8平7，马一进二车2平6，车三进一车6平7，马二退四将5平6，炮五平四杀。(乙)将6进1，则车三进四车2平6，兵五平四车6退2，车三平二车6进2，炮五平一象5进7，炮一进一马2进4，车二进二杀。由此可见红跳中马妙着暗伏许多杀势。

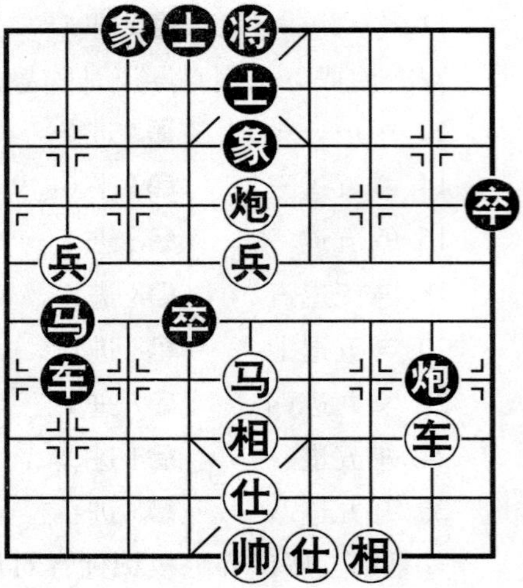

图23

36. ………… 马2进4　　37. 仕五进六 炮8平6
38. 马五进四 炮6平8　　39. 马四进二 将5平6
40. 炮五平四 车2进3　　41. 帅五进一 车2退1

42. 帅五退一 车2进1 43. 帅五进一 车2平6
44. 兵五进一 炮8平5 45. 相五退七 将6进1
46. 车二平三

黑认输，因接走卒4平5，则车三进六将6退1，马二进四车6退6，兵五平四士5进6，兵四进一士4进5，兵四进一将6平5，车三进一士5退6，车三平四杀。

第3局 吕钦先胜胡荣华

（1991年5月18日弈于无锡）

1. 炮二平五 马8进7 2. 马二进三 车9平8
3. 兵三进一 炮8平9 4. 马八进七 卒3进1
5. 炮八进四 马2进3 6. 炮八平七 车1平2
7. 车九平八 象3进5

双方演成五八炮缓开右车对屏风马进3卒阵势，着法正常。

8. 车八进四 车8进4 9. 炮七平三 炮2平1
10. 车八进五 马3退2 11. 车一进一 马2进3
12. 车一平八 马3进4 13. 车八进三 卒1进1
14. 兵七进一 炮1平3 15. 兵七进一 马4进3
16. 炮五退一 车8平3 17. 炮五平七 士6进5
18. 相七进五 车3平6 19. 车八退二 马3退2
20. 炮七进六 马2退3 21. 马七进六 车6平4
22. 车八进二 卒9进1 23. 仕六进五 卒9进1
24. 兵一进一 马7进9 25. 马三进四 车4平5
26. 车八进三 炮9进3 27. 马六进七 车5平3
28. 车八平七 炮9平6 29. 车七平九 马9进8
30. 炮三平二

这是1991年全国象棋团体赛对局。争夺棋坛霸主的粤沪两队劲旅，在前7轮均取得6胜1负的好成绩。第8轮两强相遇，被认为冠亚军的争夺战。双方坐镇第1台的吕钦对胡荣华之战更是令人注目。一位是羊城少帅，风华正茂，另一位是棋坛十连霸，宝刀未老。从开局到前中局阶段，双方避免简化局面，力求较量功力。弈至图24时，由于胡荣华产生急躁情绪，跃马过河捉炮，被吕钦顺势平二路炮，暗伏沉底偷袭。至此黑如接走士5退6，则马七进六车3退3，马六退四车3平6，车九平五士4进5，马四退三车6进2，车五退一，兑车后红多双兵大优。由此可见吕钦平炮这步巧手的利害。

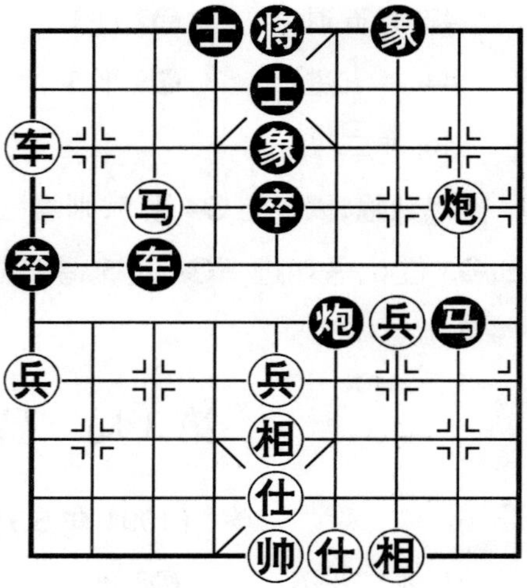

图 24

30. …………	马8进7	31. 炮二进三	象7进9
32. 马七进五	炮6退3	33. 车九退一	车3平8
34. 炮二平一	车8平5	35. 兵五进一	车5进1
36. 马五进七	将5平6	37. 车九退一	车5退1
38. 车九平五	卒5进1	39. 马七退六	炮6平4
40. 炮一平二	马7退6	41. 炮二退八	马6退4
42. 炮二进五	卒5进1	43. 兵三进一	炮4退1
44. 兵三平四	士5进4	45. 马六进四	马4退5
46. 兵四平五	将6进1	47. 马四退三	卒5平4
48. 马三进二	将6退1	49. 炮二平八	马5进7
50. 马二退四	马7进8	51. 相五进三	士4进5
52. 仕五进四	马8进7	53. 马四退二	象9进7

54. 兵五平四　马7 退 6　55. 马二进三　将6 平 5

56. 马三退五

38 回合兑车后，红多一兵一相，进入优势残局。红运炮塞象眼。渡过三路兵，优势更为明显。黑方亦不示弱，冲中卒谋求对攻。弈至图 25 时，红借钓鱼马叫将，再回中马巧捉黑马炮象三子，必得其一。虽然黑可退河口马互捉炮，但河头象也难免丢掉，由此陷入劣势。

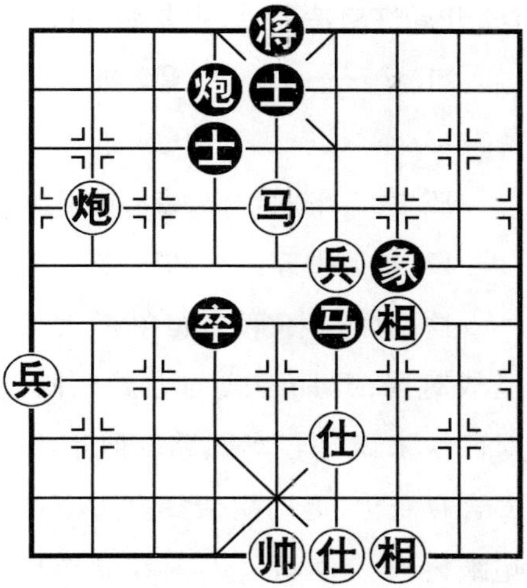

图 25

56. …………　马6 退 4

57. 炮八进一　士5 退 6

58. 仕四进五　将5 平 4

59. 兵四平三　马4 进 2　60. 马五进七　将4 平 5

61. 炮八平六　马2 进 1　62. 炮六平二　马1 进 3

63. 帅五平四　炮4 平 9　64. 炮二退六　马3 退 4

65. 相三进五　炮9 进 5　66. 兵九进一

黑无法阻止红边兵渡河，又剩单士抵挡不住红攻势，便认输。

第 4 局　吕钦先胜李智屏

（1997 年 11 月 10 日弈于上海）

1. 炮二平五　马8 进 7　2. 马二进三　车9 平 8

3. 兵三进一　炮8 平 9　4. 马八进七　卒3 进 1

5. 炮八进四　马2 进 3　6. 炮八平七　象3 进 5

7. 车九平八　车1 平 2　8. 车八进四　车8 进 4

9. 炮七平三　炮2 平 1　10. 车八进五　马3 退 2

11. 车一进一

双方演成五八炮缓开右车对屏风马进 3 卒阵势，按照常规均走流行着法，开局红略持先手，主要靠较量中残棋功夫。

11. …………	马2 进 3	12. 车一平八	马3 进 4
13. 车八进三	马4 进 3	14. 炮三平九	士6 进 5
15. 炮五平六	车8 平 4	16. 仕六进五	马7 进 6
17. 相七进五	炮9 平 7	18. 炮九平一	

这是广洋杯第二届象棋大棋圣战对局，开局阵式与上局相同，对吕钦来说是轻车熟路。但第 13 回合有变化，上局胡荣华挺边卒避炮踏兵，于是丢掉边卒。在此形势背景下，图 26 吕钦平炮再取一卒，就成为一步不明显的巧手。因为红卸炮联相后，阵形趋于巩固，双方均难进取，黑只有进骑河车邀兑，顺便跳马咬马的先手。如果弈成无车棋，则兵卒多少就显得格外重要了。因此红炮击卒巧手看似平淡，实则深谋远虑，以后持多双兵的优势，给黑以巨大压力，最后还是靠多兵取胜。

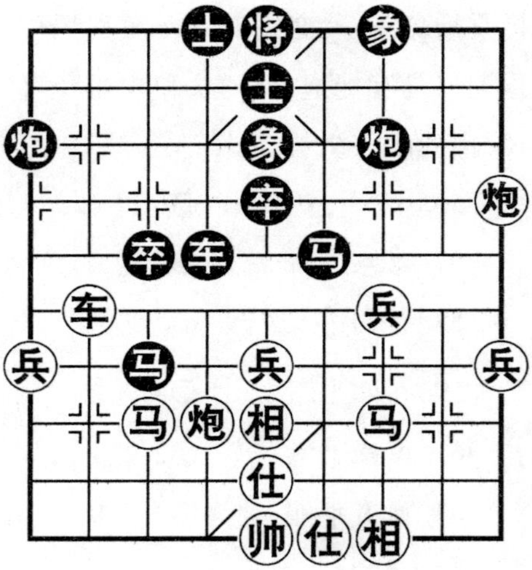

图 26

18. …………	炮1 平 4	19. 马三进四	车4 进 1
20. 车八平六	马6 进 4	21. 炮六进五	炮7 平 4
22. 马七退八	象5 退 3	23. 马四进三	象7 进 5
24. 炮一退二	马4 进 2	25. 马八进九	马3 进 4
26. 仕五进六	马4 退 6	27. 帅五进一	马6 进 8
28. 马三退四	马2 退 4	29. 兵五进一	炮4 进 5

30. 马九退八　马8退9
31. 马八进六　马9进8
32. 帅五退一　马8退7
33. 炮一平二　马7进6
34. 仕四进五　炮4退1
35. 炮二退一　炮4平6
36. 马六进七　马4进2
37. 马四进五　马2进3
38. 马七退六　马6退8
39. 马五进三　炮6进2
40. 仕五进四　马8进7
41. 帅五平四　马7退8
42. 兵五进一　马3退4
43. 兵五平六　马4退6
44. 马六进七　炮6平9
45. 兵六平七　炮9进1
46. 兵七平六　炮9退3
47. 马七进五

残局阶段，双方互斗功底。红第26回合巧支角仕，虽然后来导致损失右边兵，但使黑子力散乱不协调。红在与黑方互缠周旋之际，忙里偷闲渡中兵助战，这里以牺牲仕相为代价，取得多兵优势，足见吕钦的胆识。

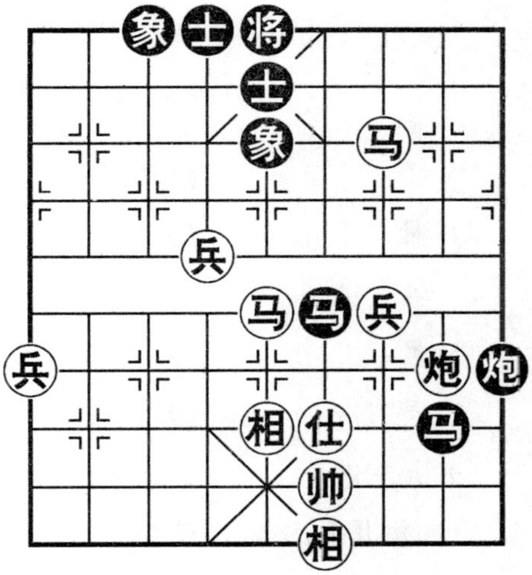

图27

图27 红马跳中，任黑炮吃边兵，可争取时间跳马五进六伏卧槽杀，从而展开攻势，这是残棋取势的关键，入局的前奏。

47. …………　炮9平1
48. 马五进六　炮1平6
49. 仕四退五　士5进4
50. 兵六平五　士4进5
51. 马三退二　象5进7
52. 马六退七　象3进5
53. 马二进三　马6退7
54. 兵三进一　象5进7
55. 兵五平四　象7退5
56. 马七进八　马8进9
57. 炮二进六　炮6平7
58. 兵四平三　马7退9

59. 马八进七　将5平4　60. 炮二退五

红卧槽马、钓鱼马左右夹击，再撤回沉底准备平肋成杀，黑见大势已去，主动认输。如接走士5进6，则炮二平六士4退5，马三退四炮7平8，马四进六士5进4，马六进四士4退5，马四退五将4进1，马五进七将4退1，后马进五将4进1，马五退六士5进4，马六进四士4退5，马七退六士5进4，马六进八杀。

（三）中炮巡河炮对屏风马类

第1局　吕钦先胜徐天红

（1990年5月8日弈于泰州）

1. 炮二平五　马8进7　2. 马二进三　马2进3
3. 兵七进一　卒7进1　4. 马八进七　车9平8
5. 炮八进二　象7进5　6. 车一平二　炮8进2
7. 兵三进一　炮2退1　8. 车二进一　炮2平7
9. 兵三进一　炮7进3　10. 马三进四　车1平2
11. 车九平八　车2进4

双方演成中炮巡河炮对屏风马左炮巡河阵势，黑补左象与右直车是协调的。

12. 炮八平九　车2进5　13. 马七退八　士6进5
14. 马八进七　卒3进1　15. 兵七进一　炮8平3
16. 车二进八　马7退8　17. 炮五进四

这是第三届泰州杯象棋棋王赛对局，首轮徐天红战胜吴贵临而独自领先，第二轮吕钦与徐天红相遇，又是一场硬仗，本局吕钦得胜便列居首位，最终夺魁。

这盘棋开局不久即兑掉双车双兵，双方马炮均活跃，局势平淡，看来红要取胜是比较困难的。

弈到图 28 时，吕钦不顾底相受攻，抓住黑中卒薄弱的机会，挥炮取卒，这步巧手使红方占到一点便宜。如若求稳另走马七进六，则马8 进 7马六进五，马3 进 5炮五进四，炮3 平 6炮五平六，马7进 5，红虽同样多中兵，但却失先。

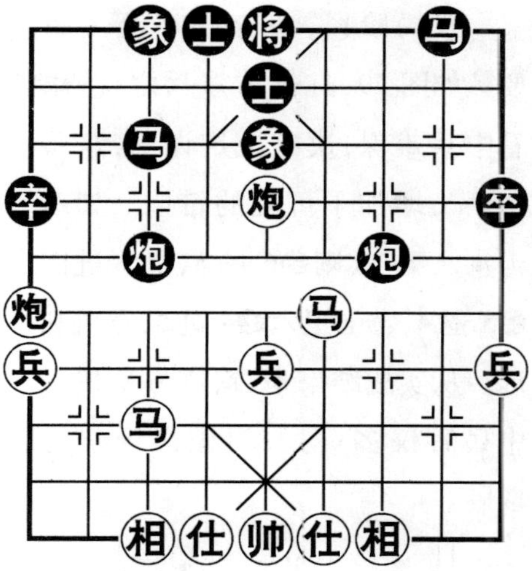

图 28

图 28 红用炮打卒，而不是马四进五踏卒，那样兑子后剩双炮马，在子力结构方面不及双马炮更富于战斗力。如果黑马不兑炮，则剩下四个强子保留更多的变化。

17. …………	炮3 进 5	18. 仕六进五	马8 进 6
19. 炮五退一	马3 进 2	20. 炮九平八	炮3 退 1
21. 炮五平六	炮7 退 4	22. 帅五平六	马6 进 8
23. 炮六平五	炮3 平 2	24. 马四进六	马2 退 4
25. 炮八退一	马8 进 7	26. 相三进五	炮7 平 8
27. 炮八平六	炮8 进 9	28. 帅六进一	马4 退 6
29. 炮五平四	炮8 退 1	30. 帅六退一	炮8 进 1
31. 帅六进一	炮2 退 6	32. 马七进八	马6 进 8
33. 炮四平五	炮8 退 3	34. 炮六平二	马7 进 8
35. 马八进九	后马进 6	36. 马九进七	炮2 退 1
37. 仕五进六	将5 平 6	38. 炮五退一	士5 进 4
39. 兵九进一	炮2 平 9	40. 炮五平八	炮9 平 5
41. 炮八进五			

残局阶段，争夺兵卒至关重要。如图 29，红已占多兵之优，眼看中兵难保，决定沉炮谋士，这步巧手又增加了可胜的希望。如改走炮八平五，则马6 进 5，炮五进四马5 退 4，马七退六士4 进 5，竟成和局。从实战结果来看，红方虽然丢中兵后仅多一兵，但破黑士仍能取胜。

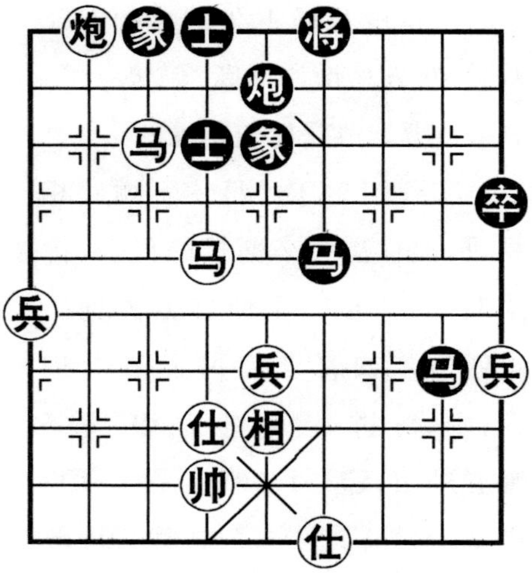

图 29

41.	…………	马8 进 7			
42.	相五进三	将6 平 5			
43.	炮八平六	炮5 平 3	44.	炮六退一	将5 进 1
45.	马六进八	马6 进 5	46.	帅六退一	将5 平 4
47.	马八进七	马7 退 6	48.	仕四进五	士4 退 5
49.	帅六平五	马6 进 7	50.	帅五平六	马5 进 3
51.	帅六进一	马3 退 2	52.	后马退五	马7 退 6
53.	马七退六	卒9 进 1	54.	马五退四	马6 退 4
55.	帅六退一	马2 退 1	56.	马四进三	马1 进 3
57.	兵九进一	象5 进 7	58.	马三退一	马3 进 2
59.	兵九进一	马2 退 3	60.	兵九平八	马3 退 4
61.	兵八进一	后马进 6	62.	马一退二	象7 退 9
63.	兵一进一	马4 退 5	64.	兵一进一	马6 退 8
65.	兵一平二	马8 退 7	66.	兵八平七	将4 退 1
67.	兵七进一	象3 进 5	68.	兵二进一	将4 平 5
69.	兵二平三	马7 进 8	70.	马二退四	象5 退 7
71.	马四进五	马8 进 7	72.	马五进七	马5 退 6
73.	兵三平四	马6 进 8	74.	兵四平五	马7 退 6
75.	马六进八	将5 平 4	76.	马七进九	士5 进 4

77. 马九退八　马6进7　　78. 兵五平六　马8进6
79. 后马退六　士4退5　　80. 马六进五　马7退6
81. 兵六平五　前马退8　　82. 马五退六　马6进7
83. 马六进四　马8退6　　84. 兵五进一

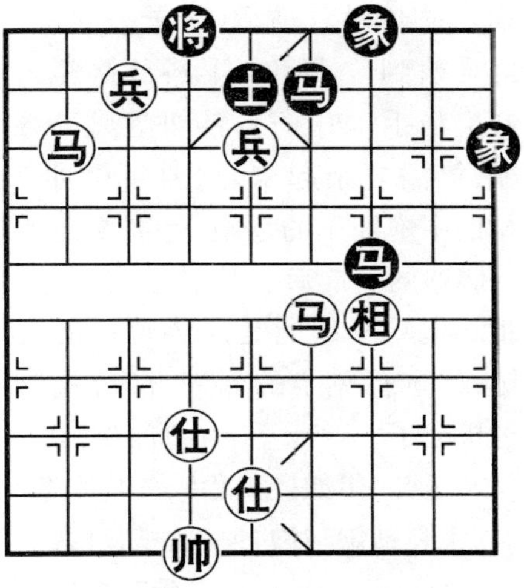

图30

红七路兵进到下二线逼近黑将，另一个高兵如何配合？是有待解决的问题。黑运用双马盘旋希望守住红高兵入侵，双方纠缠了很长时间。直至图30局面，红抓住战机，冲兵逼士，是入局的妙着，于是黑全线崩溃。

84. …………　将4平5
85. 马八退六　士5退4
86. 兵五平四　马6进4
87. 兵七平六　士4进5
88. 兵四平三　马4进6
89. 帅六平五　士5进4
90. 兵三平四　马6进5
91. 马六退五　马7进5
92. 兵四进一

红双兵成二鬼拍门之势，黑难挽回败局，主动认输。如接走象9进7，则马四进五马5退6，帅五平四象7进9，马五进七士4退5，兵六平五马6退5，兵四平五杀。

第2局　吕钦先胜徐天红

(1991年3月3日弈于常州)

1. 炮二平五　马8进7　　2. 马二进三　车9平8
3. 兵七进一　卒7进1　　4. 马八进七　马2进3
5. 炮八进二　象7进5　　6. 车一平二　炮8进2
7. 马七进六　炮2退1　　8. 车二进一　炮2平3
9. 车九平八　车1平2　　10. 炮八进三　卒3进1
11. 炮五平七

这是第3届后肖杯赛对局，双方演成中炮巡河炮对屏风马飞左象阵势。弈到第10回合时，黑挺卒邀兑，红如按常规走兵七进一炮3进3，黑双马活跃，子力通畅，红难找到攻击点。不料吕钦弈出卸炮巧手，如图31，使棋盘风云突变，棋路复杂起来，这要冒黑冲7卒摆中炮抽车的危险，是需要足够的胆略的。此后实战结果表明，这步卸炮巧手的确是局势转折的关键，如选择兑卒的保守方案，就错过机会了。

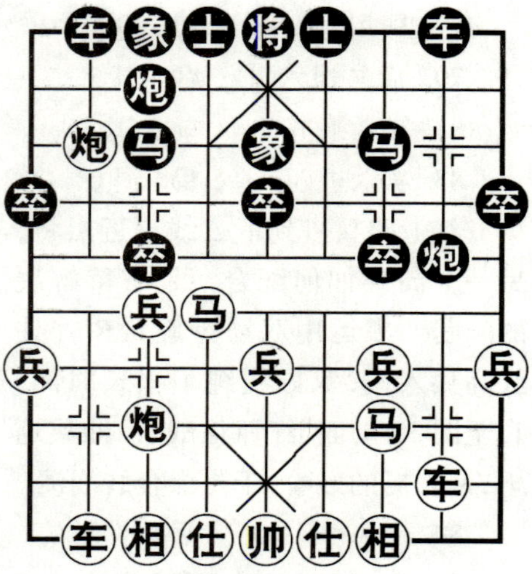

图31

至此，黑如接走马3进4，则兵七进一炮3进6，兵七平六卒7进1，车二平八，伏马踏炮与炮打马的棋，红优。

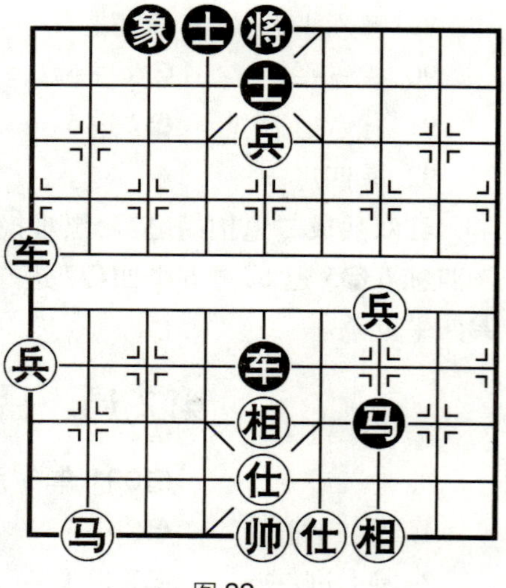

图32

11. ………… 卒7进1
12. 相七进五 马3进4
13. 兵七进一 炮3进6
14. 马六退七 马4进6
15. 炮八平三 车2进9
16. 马七退八 马6进7
17. 兵三进一 马7退5
18. 车二进二 马5退6
19. 炮三退一 卒1进1
20. 兵七平六 士6进5
21. 仕六进五 车8进3
22. 炮三平一 车8平9
23. 车二进二 马6进5
24. 兵六进一 卒5进1
25. 车二平五 马5进7
26. 兵六平五 车9进3
27. 车五平九 车9平5
28. 兵五进一

经过一番子力交换，红多三兵进入大优残局，已具备取胜条件。弈到28回合时，红本可逃兵五平四保留此兵徐图进取，但吕钦高瞻远瞩，毅然舍兵破象，算准稳操胜券。如图32，如黑接走象3进5，则马八进六车5退3，马六进八马7退5，车九平八，以下驱边兵过河，在进攻中伺机再渡右兵助战，可构成胜势。

28. ………… 象3进5　29. 马八进六 车5平2
30. 兵九进一 马7退6　31. 车九平五 车2进2
32. 马六进七 车2进1　33. 仕五退六 车2退3
34. 马七进五 车2平5　35. 车五进二 马6退7
36. 车五退一 马7进9　37. 仕六进五 马9进8
38. 马五进七

红跳马摆脱牵制，解杀兼兑车，是奠定胜局的妙着，黑见大势已去，主动认输。因接走马8进7，则帅五平六车5平6，马七进六将5平6，车五平四车6退3，马六退四，形成马双兵必胜马双士的残局。

第3局　吕钦先胜柳大华

（1995年1月10日弈于广州）

1. 炮二平五 马8进7　2. 马二进三 车9平8
3. 兵七进一 卒7进1
4. 马八进七 马2进3
5. 炮八进二 象7进5
6. 车一平二 炮8进2
7. 兵三进一 炮2退1
8. 车二进三 炮2平7
9. 兵三进一 炮7进3
10. 马三进四 车1平2
11. 炮五退一

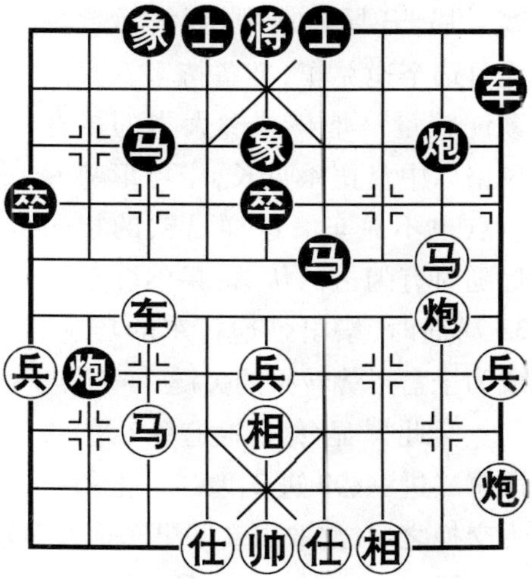
图33

双方演成中炮巡河炮对屏风马左象阵势，前10回合与上两局吕钦对徐天红着法相似，现吕钦改升兵林车退窝心炮，谋求新变。

11. ………… 车2进1

12. 车九平八 车2平6

13. 相七进五 卒3进1

14. 炮五平四 车6平4

15. 兵七进一 炮8平3

16. 车二进六 马7退8

17. 炮八进三 车4平2

18. 炮八退一 马8进7

19. 炮八平一 车2平9

20. 炮一退二 炮3进2

21. 炮四平一 马7进6

22. 车八进四 炮7退2

23. 车八平七 炮3平2

24. 马四进二 炮7平8

25. 前炮平二

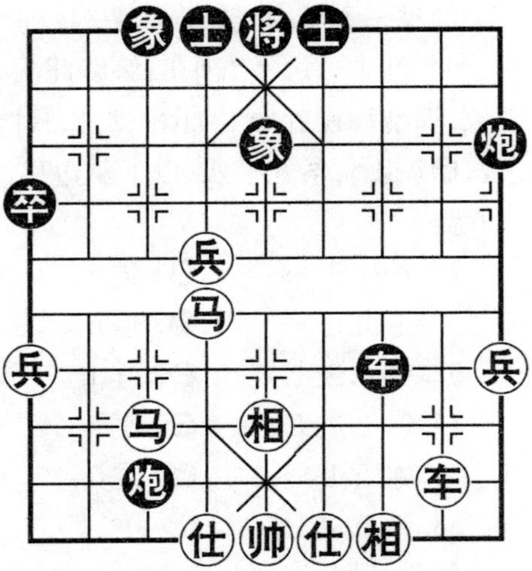

图34

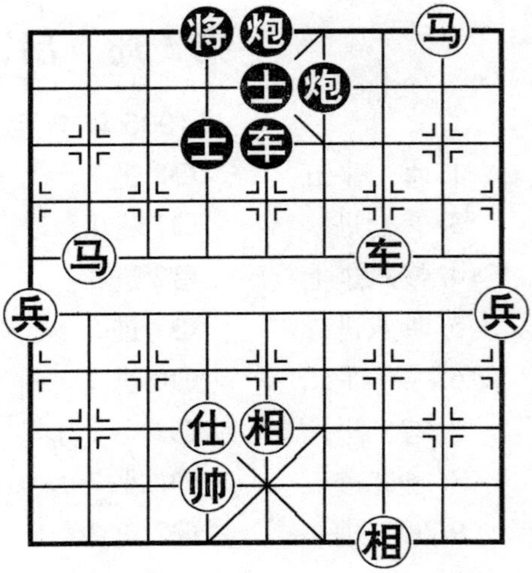

图35

这是第15届五羊杯象棋冠军赛对局，开局转入中盘时，吕钦挥炮打边卒邀兑车，准备持多一兵之微优较量马炮棋。柳大华的棋艺风格以中盘扭杀见长，宁可形势亏一点也不兑车。这样吕钦的担子炮随时有闪击的伏着，果然弈至图33局面时，祭出献炮打车的巧手。成为全盘形势转折的关键。

至此黑显然不能走车9进5，因炮二进三车9进2，炮二平七得子。所以黑只好平车保炮，这样经过一番子力交换之后，红取得牵制黑车炮及多双兵的优势，为胜局奠定基础。

25. ………… 车9平8　　26. 马二进三 马6进8

27. 车七平二 炮2退4　　28. 炮一平七 马3进4

29. ㊣马三退五　车8平7　30. 兵五进一　车7进5
31. 马五退六　炮2平3　32. 兵五进一　炮3进6
33. 兵五平六　炮8平9　34. 车二退三

兑子后红缺炮，兵种不全，但恰好有一个抢先的机会。如图34，红退车捉炮巧手，迫使黑移炮，于是跳马如双龙出海，造成极有利的棋形。这步巧手是中局扩大优势的关键，充分发挥了车双马兵的联合作战效能。

34. ……　炮3平7　35. 马六进四　车7退2
36. 马七进五　士4进5　37. 兵一进一　炮7退2
38. 兵九进一　炮7平6　39. 车二进五　炮6进1
40. 仕六进五　炮9退1　41. 兵六平五　炮9平7
42. 相三进一　炮6平9　43. 相一进三　炮9进1
44. 车二退六　炮9退1　45. 仕五进六　炮9平6
46. 车二进八　炮7退1　47. 车二退四　炮7进1
48. 兵五进一　士5进4　49. 兵五进一　象3进5
50. 车二进三　炮6退3　51. 车二平五　士6进5
52. 相三退一　炮7平6　53. 车五退一　后炮退1
54. 相一退三　将5平4　55. 车五平九　前炮平5
56. 马四进六　炮5退3　57. 帅五平六　车7平5
58. 马五进四　炮5平8　59. 马四进三　炮6平5
60. 车九退一　车5退2　61. 车九平三　炮8进7
62. 帅六进一　炮8平6　63. 马六退八　炮6退8
64. 马三进二

红车双马攻黑车双炮双士，双方纠缠十多回合，弈至图35，吕钦终于构思一个左右夹击的方案，用不着双兵过河就能取胜。马跳底线捉炮是一步入局的妙着，黑不能走炮6退1，否则马八进七将4进1，车三平八炮5平3，车八进三炮3进1，车八平七将4退1，车七平五杀。

64. ……	炮6平8	65. 马八进七	将4进1
66. 车三平八	士5进6	67. 马二退四	士4退5
68. 车八进三	将4进1	69. 马七进八	

黑认输，因接走炮5平3，则车八退一将4退1，车八平五得车，红胜定。

第4局　吕钦先胜张晓平

（1997年5月13日弈于上海）

1. 炮二平五	马2进3	2. 马二进三	马8进7
3. 兵七进一	卒7进1	4. 马八进七	象3进5
5. 车一平二	车9平8	6. 炮八进二	炮8进2
7. 兵三进一	炮2退1	8. 兵三进一	炮2平8

双方演成中炮巡河炮对屏风马左炮巡河阵势，黑退右炮移左逐车，力争反先。

9. 车二进五	马7进8	10. 兵三平二	卒3进1
11. 兵七进一	炮8平3	12. 马三进四	炮3进3
13. 马七进六	车1平2	14. 炮八平七	炮3平1
15. 相七进九	士4进5	16. 兵九进一	炮1平2
17. 马六进七	象5进3	18. 炮五平二	车8平9
19. 炮二平七			

这是1997年全国象棋团体赛对局，吕钦在开局阶段，选择了车换马炮的冷门变例，当进入对方不熟悉的中局形势时，如图36，吕钦运炮声东击西，逐走黑车又打象，是一步巧手。

至此黑如接走象7进5，则马七进五象3退5，后炮进五，红便宜。因此，红平七炮这步巧手必得黑象，从而为中局占优打开了一个突破口。

19. …………	车9进2	20. 后炮进三	车9平6
21. 马四进三	炮2平8	22. 前炮进二	车6进1
23. 马三退二	车6进2	24. 车九平七	车6平8

25. 前炮平九　　车8进1
26. 车七进三　　车8平6
27. 马七进六　　车2平1
28. 炮九平八　　车1平3
29. 马六退五　　象7进5
30. 炮七进三　　炮8平5
31. 仕六进五　　车6退3
32. 车七进三　　象5退7
33. 炮八退一　　象7进5
34. 炮八进一　　象5退7
35. 炮八退二　　象7进5
36. 兵五进一　　炮5平8
37. 炮八平五　　炮8退1
38. 炮五进二　　士5进4
39. 兵五进一　　车6进6
40. 帅五平四　　炮8平3
41. 马五退七　　将5平4
42. 兵五平六　　士4退5
43. 马七进九　　车3平2
44. 炮五平二

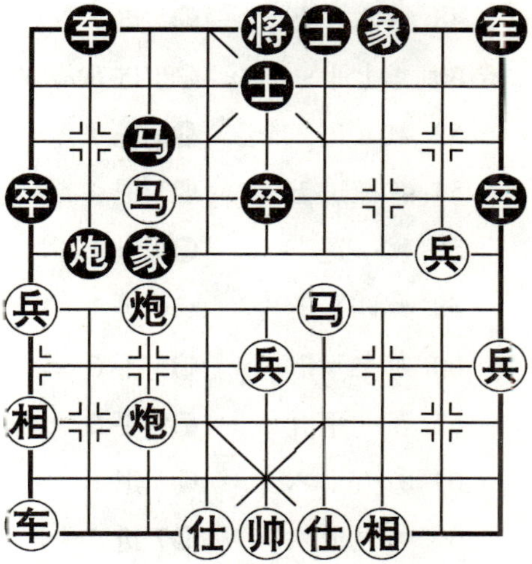

图36

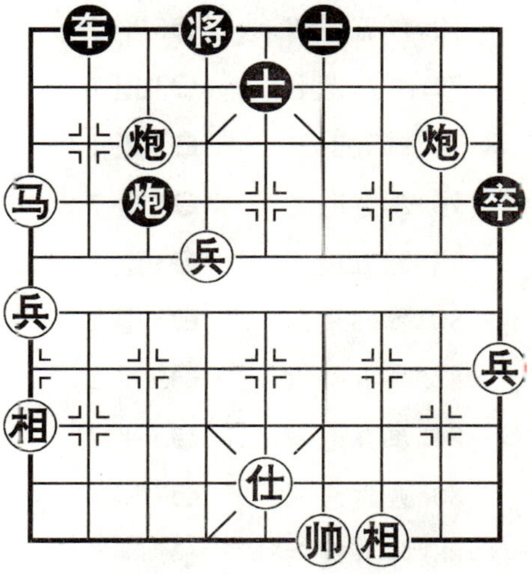

图37

如图37，虽然红无车对有车，但破黑双象且有兵渡河，红仍处于优势。为了充分发挥双炮马兵的联攻作用，吕钦弈出平炮右翼的巧手，诱黑车2进3逼马，则马九进八将4进1，炮七平三士5进6，炮二进一将4平5，炮三进一将5进1，马八进六将5平4，兵六进一杀。

44. …………　　车2进9　　45. 相九退七　　士5进6
46. 炮二退一　　炮3平5　　47. 马九退七　　车2退4

48. 兵六平五　炮5进5　49. 炮七退一　车2平4
50. 炮七平一　士6进5　51. 兵九进一　炮5平7
52. 炮二进三　士5进4　53. 兵九平八　将4平5
54. 相三进五　炮7退4　55. 兵五进一　炮7退2
56. 炮一进三　将5进1　57. 炮二退六　车4平6
58. 帅四平五　车6进1　59. 炮二进一　车6平9
60. 炮二平五　将5平6　61. 炮五平四　将6平5
62. 炮一平九　车9平6　63. 炮四平五　将5平6
64. 兵五平六　将6退1　65. 兵六进一　车6退2
66. 炮九退六　炮7进2　67. 马七进五　车6退1
68. 马五进六　士6退5　69. 兵六平五　炮7进2
70. 炮五进四　车6平4　71. 马六退八　车4平3
72. 马八退七　车3退1　73. 兵五平六　炮7平5
74. 相五退三　车3平1　75. 炮九平六　炮5退2
76. 炮五退二　车1进7　77. 炮五平四　车1平3
78. 帅五进一　车3退1　79. 帅五退一　车3平6
80. 炮四平九　车6退2　81. 炮六退一　车6平5
82. 帅五平六　炮5平2　83. 炮六平五　车5退2
84. 炮九退一　车5平7　85. 马七进五　车7进5
86. 帅六进一　车7退1　87. 帅六退一　车7退1
88. 马五进六　将6平5　89. 马六退四　将5进1
90. 炮五退一　车7平4　91. 帅六平五　车4平1
92. 马四退五　将5平6　93. 马五进三　将6平5
94. 帅五平六　车1平4　95. 帅六平五　炮2进1
96. 炮九退二　炮2进1　97. 炮五进二　炮2退1
98. 炮九退二　炮2进3　99. 马三退四

双方苦战近百回合，红兵临城下，而仕相丢掉易受黑车袭击，边炮也被拦住难以发挥作用。黑方则守得很顽强，利用有车之便，处处虚张声势。

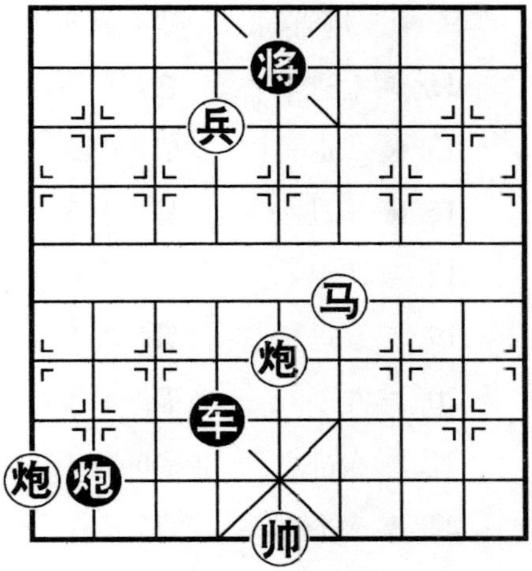

图 38

弈至图 38 时，红抓住入局的机会，妙退河口马，使黑难以应付。如接走：（甲）将5 平 6，炮五平四杀。（乙）车4 退 2，兵六进一将5 进 1，马四进三将5 平 6，马三退五将6 退 1，兵六平五将6 退 1，马五进四车4 平 8，炮五平四车8 平 6，马四进二杀。（丙）炮2 退 3，炮九平五将5 平 6，马四进三将6 退 1，马三进二将6 进 1，兵六平五车4 平 5，前炮平一炮2 平 9，兵五平四杀。

99. …………	将5 退 1	100. 兵六进一	车4 退 2
101. 马四进三	车4 退 4	102. 马三进五	车4 平 5
103. 帅五平四	炮2 平 5	104. 炮五进五	将5 进 1
105. 马五退六			

形成马炮必胜单炮的残局，黑认输。

第 5 局　吕钦先胜卜凤波

（1988 年 4 月 14 日弈于孝感）

1. 炮二平五	马8 进 7	2. 马二进三	车9 平 8
3. 兵七进一	卒7 进 1	4. 马八进七	马2 进 3
5. 炮八进二	车1 进 1	6. 车九进一	车1 平 4

双方演成中炮巡河炮对屏风马右横车阵势，红缓开右车而先起左横车，是冷门下法。

7. 车一平二	车4 进 5	8. 车二进四	炮8 平 9

9. 车二进五　马7 退 8　　10. 兵三进一　卒3 进 1
11. 兵七进一　车4 平 3　　12. 车九进一　车3 退 2
13. 炮八退三　象7 进 5　　14. 炮八平七　车3 平 2
15. 兵三进一　车2 平 7　　16. 马三进四　车7 平 6
17. 马四退六　马8 进 6　　18. 兵五进一　士6 进 5
19. 兵五进一　卒5 进 1
20. 车九平八　炮2 平 1
21. 车八进六　马6 进 7
22. 车八平六　卒5 进 1
23. 仕六进五　炮9 平 7
24. 相三进一　马7 进 8
25. 马七进八

这是 1988 年全国象棋团体赛对局，双方各攻一翼，局势渐趋紧张，红抓紧曲折运车塞象眼，以发挥七路炮的威力。

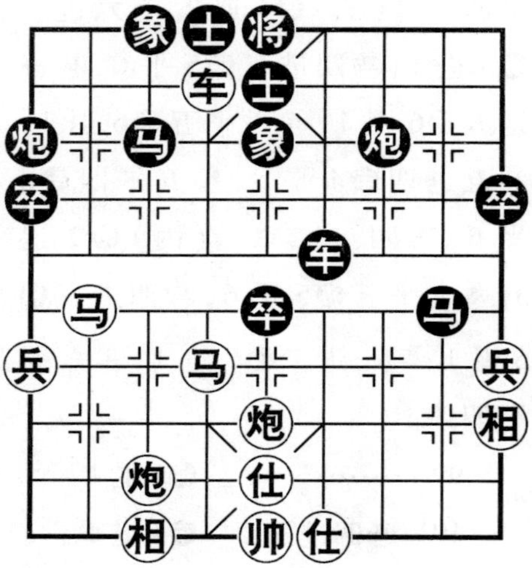

图 39

如图 39，吕钦跳马巧手，亮出左炮叫闷，掀起对攻的序幕。黑如接走马3进 2 则炮五平七将5 平 6，后炮进八将6 进 1，后炮进六将6 进 1，前炮平八，红有强烈攻势，准备退炮叫将。如黑接走炮1 平 2，则炮八退四车6 平 2，马八进六卒5 平 4，车六退二象5 退 3，车六平四杀。

25. …………　马3 退 1　　26. 炮五平七　炮7 退 1
27. 马八进七　象5 进 3　　28. 车六退二　炮1 平 3
29. 相一进三　卒5 进 1　　30. 马六退八　车6 平 7
31. 相七进五　马8 退 7　　32. 仕五进六　马7 退 5
33. 车六平二　卒5 平 6　　34. 马七进五　象3 退 5
35. 后炮进六　马1 进 3　　36. 车二平七　马3 退 1

37. 马八进七　车7进1　　38. 车七平一　车7退1
39. 车一平四　卒6平7　　40. 车四平九　卒7进1
41. 仕六退五　卒7进1　　42. 车九平四　炮7进1
43. 兵九进一　象5进3　　44. 兵九进一　炮7平3
45. 兵九进一　炮3进3　　46. 相五进七　象3退5
47. 车四平七　车7平1　　48. 炮七平九　卒7平6
49. 兵一进一　象5退7　　50. 兵一进一　象3进5
51. 兵一进一　马1退3　　52. 炮九平五　马3进4
53. 车七平六　将5平6　　54. 炮五平六　将6平5
55. 兵一平二　车1进5　　56. 炮六退二　象5退3
57. 兵二平三　车1平3　　58. 相七退五　车3退5
59. 兵九平八　车3平5　　60. 相五进七　马4退6
61. 车六平四　卒6平5　　62. 仕四进五　马6进8
63. 兵三进一　马8进7　　64. 炮六进二　象7进5
65. 炮六平五　车5进1
66. 兵三进一

中局经过大量兑子，形成车炮双兵单缺相对车马卒士象全的残局。红兵在边线，行动缓慢，黑马受困难以跃出，于是双方经过较长时间的纠缠，红双兵渡河左右配合，黑为了跃马被迫以卒换仕，演成图40局面，红不顾丢相而冲兵，是一步巧手，因进入九宫就可配合车炮攻势，表现了积极的战术方针。

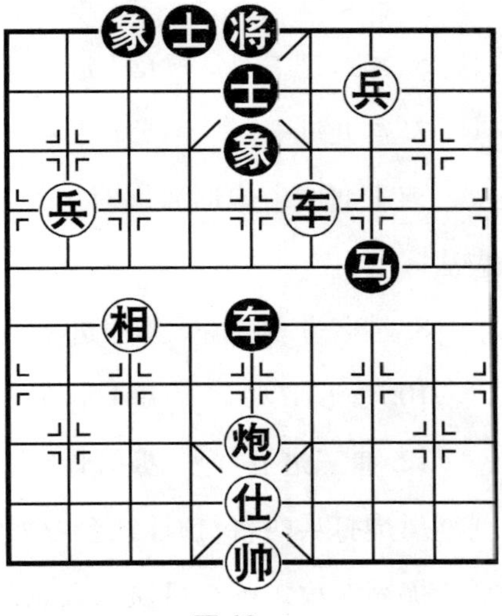

图 40

66. …………　车5平3　　67. 兵三平四　车3平5

68. 车四平三　士5退6　69. 车三退一　车5进2

70. 车三进四　士4进5　71. 兵八进一　车5平2

72. 兵八平七　将5平4　73. 车三平二　车2进2

74. 仕五退六　车2平4　75. 帅五进一　车4退1

76. 帅五退一　将4平5　77. 兵四平五　将5进1

78. 车二平四　车4平3　79. 兵七平六　车3平4

80. 车四平六　将5平6　81. 兵六进一

黑认输,如接走车4平6,则车六平五车6平4,兵六平五将6进1,车五平四杀。

第6局　吕钦先胜徐天红

(1991年1月8日弈于广州)

1. 炮二平五　马8进7　2. 马二进三　车9平8

3. 兵七进一　卒7进1　4. 马八进七　马2进3

5. 炮八进二　象7进5　6. 车一平二　车1进1

7. 车九进一　车1平4

双方演成中炮巡河炮对屏风马右横车阵势,黑补左象出右肋车是流行应法。

8. 马七进六　炮8进4　9. 车二进一　卒3进1

10. 炮五平六　车4平6　11. 兵七进一　车6进6

12. 相三进五　炮8平5　13. 车二平五

黑炮打兵叫将,预计红会习惯性地补仕六进五,则车8进8,炮六平四车8平7捉马对攻。不料吕钦出人意外地摆窝心车。如图41,虽然也是兑子,但黑为了吃掉红过河兵而飞象损失步数,红可抓住战机,平七炮攻马,再开车捉炮,争得先手。这步窝心车巧手,使红稳持主动,逐步发展左翼攻势。

13. ………… 车6 平 7
14. 炮六平三 象5 进 3
15. 炮八平七 象3 退 5
16. 车九平八 炮2 进 2
17. 车八进二 炮5 进 2
18. 仕六进五 炮2 平 4
19. 车八进四 马7 退 5
20. 车八进一 车8 进 3
21. 车八平六 象3 进 1
22. 相五退三

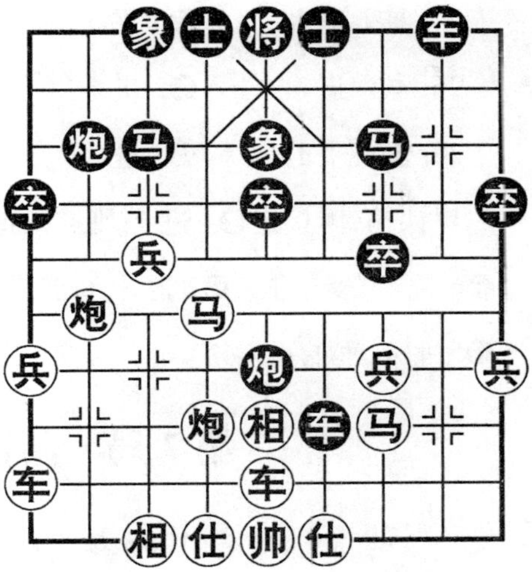

图 41

红运车塞象眼叫闷杀，并牵制黑马炮，形势已见优越。但黑炮顶马，双马连环，又升卒林车，准备挺中卒打通横线，全力进行顽抗。此时红已感到左车马炮攻力不足，还必须发挥右炮的作用助战。如图 42，吕钦弈出落相的妙着，在平淡中突出奇兵，暗伏炮三平七打马或炮三平五打象的手段，给红方攻势展开了广阔的前景。如黑接走马5 进 7，则炮三平七炮4 平 5，帅五平六马3 进 2，前炮平八马2 进 4，炮八进五象1 退 3，车六进一将5 进 1，车六退五将5 平 6，炮七进六车8 平 6，炮八退一将6 进 1，车六进四马7 退 8，炮七退一象5 进 3，炮八退一杀。

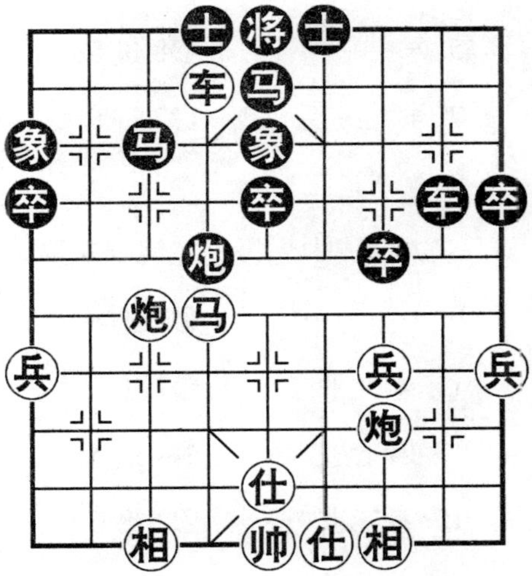

图 42

22. ………… 卒5 进 1　　23. 炮三平五 车8 平 3

24. 相七进九　车3 平 2　25. 炮五进五　马5 进 7

26. 车六退一　车2 进 6　27. 炮七退四　炮4 平 1

28. 炮五平七　炮1 进 3　29. 车六平五

黑认输，因接走士4 进 5，则马六退七马7 进 6，车五退二车2 退 2，前炮平一马6 退 7，炮一进二马7 退 8，仕五进六炮1 进 2，帅五进一车2 平 3，车五进三将5 平 4，炮七平六杀。

第 7 局　吕钦先胜李来群

（1986 年 4 月 29 日弈于邯郸）

1. 炮二平五　马8 进 7　2. 马二进三　车9 平 8

3. 兵七进一　炮8 平 9　4. 马八进七　车8 进 4

5. 车一平二　车8 进 5　6. 马三退二　卒7 进 1

7. 车九进一　象3 进 5　8. 马二进三　马2 进 3

9. 炮八进二

双方演成中炮缓进巡河炮对屏风马阵势，这样下法较少见。

9. …………　马7 进 8　10. 兵三进一　卒7 进 1

11. 车九平二　卒7 进 1　12. 车二进四　卒7 进 1

13. 马七进六　士4 进 5　14. 仕四进五　卒7 进 1

15. 相三进一　卒7 平 6　16. 车二平四　卒6 平 5

17. 仕六进五　炮2 平 1　18. 马六进七　炮1 进 4

19. 车四进三　车1 平 2　20. 炮五平八　车2 平 4

21. 马七进五　炮9 平 6　22. 兵七进一

这是 1986 年全国象棋团体赛对局，第 9 轮广东队与河北队相遇，两强都要力争前茅，所以坐镇第 1 台的吕钦与李来群定有一番激战。吕钦布局离开俗套，中局时为了使左车更快开赴前线，宁可放黑卒过河换士。接着车塞象眼，马踏中象，表现了吕钦大胆搏杀的勇气，也说明本局战术之激烈。

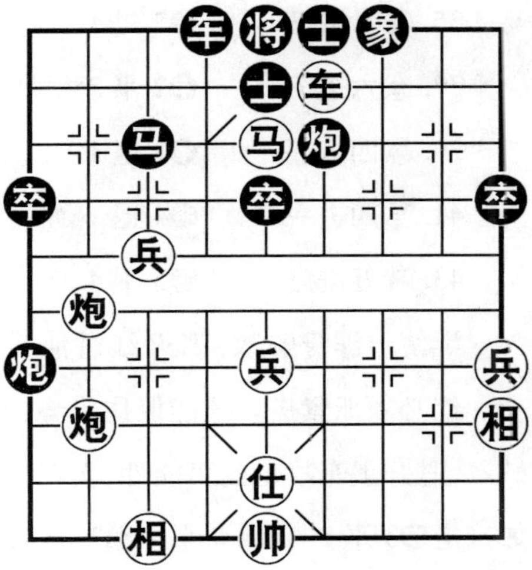
图 43

如图 43，眼看红马有被黑车逼死的危险，吕钦毫不犹豫，挥兵渡河对攻，有胆有识。至此黑如接走车4 进 2，则前炮平三车4 平 5，炮八平三象7 进 9，车四平二炮6 平 7，车二退一炮7 平 6，车二平一将5 平 4，前炮进五将4 进 1，后炮进六士5 退 4，后炮平二将4 平 5，车一平三卒5 进 1，帅五平四马3 进 5，车三进一炮6 退 1，车三平四杀。由此可见红兵渡河弃马妙着的利害。

22. ………… 车4 进 2
23. 后炮平三 车4 进 3
24. 炮八进三 炮1 进 3
25. 相七进九 车4 平 2
26. 马五进七 将5 平 4
27. 炮八平四 车2 进 4
28. 仕五退六 车2 退 1
29. 仕六进五 车2 进 1
30. 仕五退六 车2 退 1
31. 仕六进五 车2 进 1
32. 仕五退六 士5 进 6

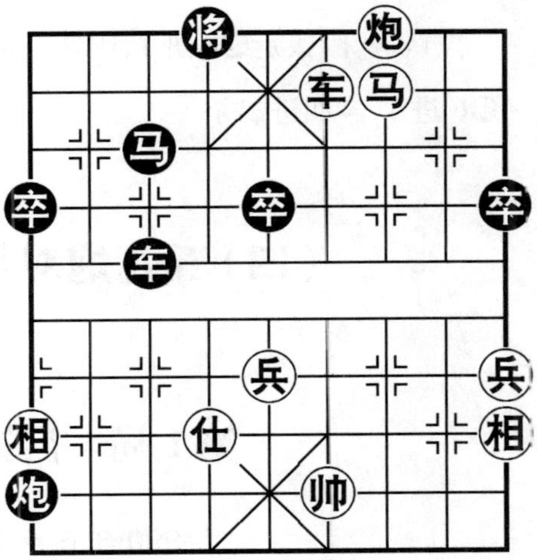
图 44

33. 车四进一 将4 进 1
34. 车四退二 车2 退 1

35. 仕六进五	车2进1	36. 仕五退六	车2退1
37. 仕六进五	车2平3	38. 帅五平四	车3进1
39. 帅四进一	炮1退1	40. 仕五进六	车3退5
41. 车四进一	将4退1	42. 马七退五	将4平5
43. 马五进三	将5平4	44. 炮三进七	

黑使出浑身解数，消灭红过河兵免除后患，只要黑马跃出便有对攻机会。红必须抓紧进攻才能保住优势，为此运马由左转到右翼，然后炮轰底象妙着，避开黑车拦炮的可能性，实现三子归边，为入局创造条件。如图44，黑如接走车3平8，则炮三平一马3进4，车四平八马4进5，帅四平五马5进7，帅五平六马7退5，帅六平五马5退6，车八进一将4进1，炮一退一车8退3，车八退一将4退1，马三退五马6退5，车八平二得子大优。

44. …………	马3进4	45. 炮三平一	马4进5
46. 帅四平五	马5进7	47. 帅五退一	炮1平8
48. 炮一退一	炮8退7	49. 马三退二	

黑认输，因接走炮8进1，则马二进四将4平5，车四平六将5平6，车六进一将6进1，马四进二杀。

（四）五九炮对屏风马进7卒类

第1局　吕钦先胜柳大华

（1990年6月20日弈于邯郸）

1. 炮二平五	马8进7	2. 马二进三	车9平8
3. 兵七进一	卒7进1	4. 马八进七	象3进5

5. 炮八平九　马2进3

6. 车九平八　车1平2

7. 车一平二　炮2进4

8. 车二进六　炮8平9

9. 车二进三　马7退8

10. 马七进六　炮2进1

11. 炮五进四

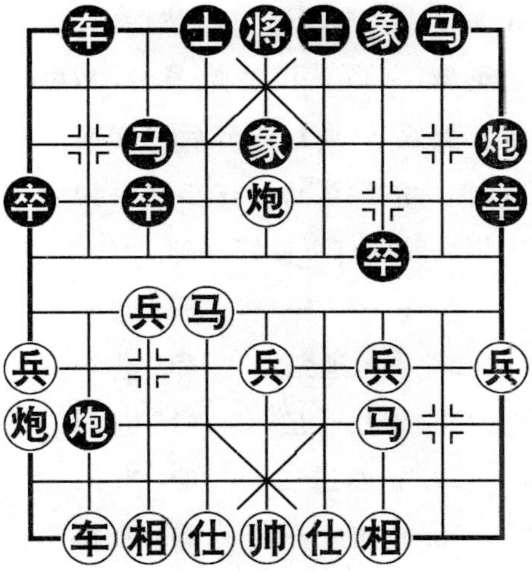

图45

这是1990年全国象棋团体赛对局，最后一轮广东队与湖北队相遇，广东队如能取胜，则有夺冠希望，坐镇第1台的吕钦执先手，当然力争克敌。

这盘棋开局双方比较平稳，兑掉一个车后，红左车牵制黑车炮，估计以后还会兑车，那么兵卒多少就成为决定后半盘棋优劣的重要因素。如图45，虽然开局不久，吕钦高瞻远瞩，巧手飞炮取卒为上策。此着如改走马六进五，则炮2平7车八进九，马3退2炮九平三，炮9进4兵五进一，炮9平1，黑反而多卒，所以红炮打卒较好些。

11. …………　士4进5　12. 炮五退一　马8进7

13. 相七进五　车2进3　14. 车八进一　马7进5

15. 马六进七　炮9平7　16. 马七退六　车2进1

17. 马六进五　马3进5　18. 兵五进一　卒7进1

19. 马三进五　卒7平6　20. 兵七进一　车2退2

21. 兵七平六　炮2退1　22. 车八平七　车2平3

23. 马五进七　卒6平5　24. 车七平八　炮2平4

25. 车八进八　士5退4　26. 炮九进四

进入中局对攻阶段，双方各渡一个兵卒，形势趋于紧张。红为了快出马跳到相头佳位，放黑卒过河。接着又避免兑车，保留更多的变化。当弈至图

46时，吕钦不顾河口马被捉，毅然边炮取卒，既伏沉底炮袭击，又可退车捉死马，通过先弃后取交换子力，保持多兵优势。这步巧手为后手棋局发展打下良好基础。

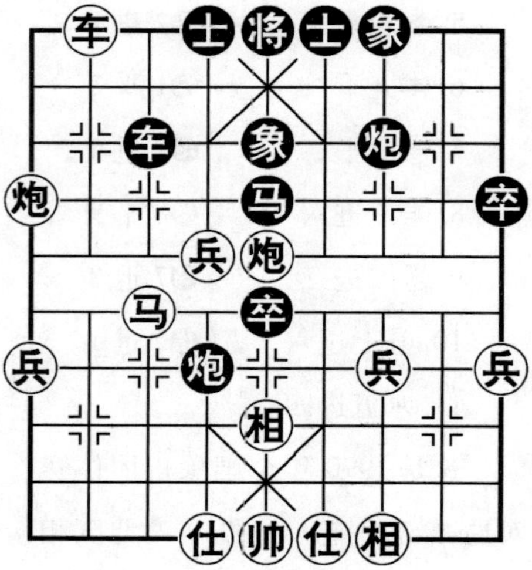

图 46

26. ………… 车3进3
27. 车八退三 车3进1
28. 炮九平五 士6进5
29. 前炮进二 炮4平5
30. 仕四进五 车3平1
31. 兵三进一 炮7平9
32. 帅五平四 炮9平6
33. 帅四平五 卒9进1
34. 前炮平一 炮5退2
35. 兵六平五 车1平8
36. 炮一平九 车8平1
37. 炮九平八 士4进5
38. 炮八平六 车1平4
39. 炮六退二 卒5平6
40. 车八进三 士5退4
41. 炮六平五 将5平6
42. 炮五平四 炮6平8
43. 兵三进一 炮8进7
44. 相三进一 卒6进1
45. 兵三进一 炮8退8
46. 兵三进一 炮8平5
47. 兵三平四 将6平5
48. 兵四进一

黑认输，因接走炮5进3，则炮四平五象5进7，车八退一车4退3，车八平五杀。

第2局　吕钦先胜张强

（1996年5月16日弈于成都）

1. 炮二平五 马8进7
2. 马二进三 车9平8
3. 车一平二 卒7进1
4. 车二进六 马2进3

5. 兵七进一　炮8平9　6. 车二平三　炮9退1
7. 马八进七　士4进5　8. 炮八平九　车1平2
9. 车九平八　炮9平7　10. 车三平四　马7进8
11. 车八进六　卒7进1　12. 车四平三　马8退7
13. 车三平四　马7进8　14. 车四平三　马8退7
15. 车三平四　卒7进1　16. 马三退五　马7进8
17. 车四平三　马8退7　18. 车三平四　马7进8
19. 车四平三　马8退7　20. 车三平四　象7进5
21. 车八平七　马3退4　22. 车七平八　马4进3
23. 兵七进一

这是1996年全国象棋团体赛对局，吕钦用五九炮双车过河猛攻，张强以屏风马强渡7卒反击，这是当前流行的最激烈的布局之一。看来吕钦志在必得，第21回合敢于车八平七吃卒压马，不怕黑炮2进4的应法。而张强在左马进退咬车打车时，往返多次，似乎显得犹豫不决，缺乏果断的胆略。

如图47，吕钦攻势不减，又强渡七兵准备攻马，黑如吃马则丢象，这样就使吕钦在中局阶段处于优越地位。后来的实战发展也表明，黑缺象造成左翼空虚，正是红方偷袭的突破口。因此，吕钦这步渡兵巧着，是从开局转入中局的关键时刻实现扩先的手段。

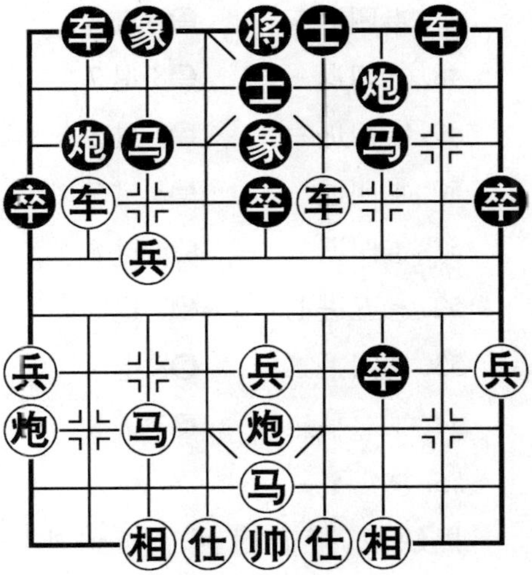

图47

23. …………　象5进3
24. 车八平七　马3退4
25. 车七退一　象3进5
26. 车七进一　卒7进1　27. 马七进八　卒7进1
28. 相三进一　车8进4　29. 马五进七　炮2进2

30. 仕六进五　马4进2
31. 车七退二　马2进4
32. 炮五平三　炮7进6
33. 炮九平三　炮2退1
34. 车四进二　炮2退2
35. 车四退二　炮2进2
36. 车四进二　炮2退2
37. 车四退二　车8平2
38. 马八退九　炮2进2
39. 车四进二　炮2退2
40. 车四退二　炮2进2
41. 车四进二　炮2退2
42. 车四退二　炮2进2
43. 车四进二　前车平3
44. 车七进一　马4进3
45. 相一进三　炮2退1
46. 相三退五　车2平4
47. 车四退二　马7进8
48. 车四退一　马8退7
49. 车四进一　马7进8
50. 车四退一　马8进7
51. 车四退一　车4进8
52. 相五进七　马7退8
53. 车四平二　马8退7
54. 车二平三　马7进8
55. 炮三平一

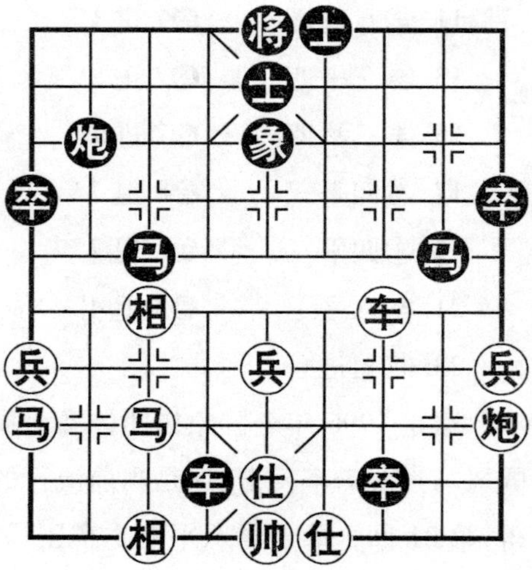

图48

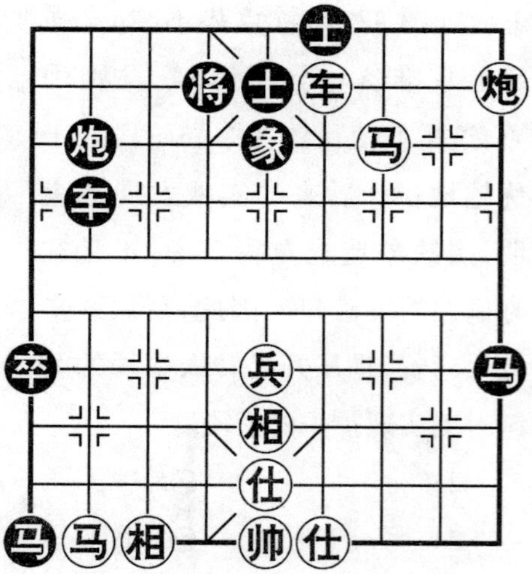

图49

黑缺象，但有过河卒得到补偿，而且双马较为活跃。红子力皆未过河只能抓住黑左翼空虚的弱点，闪炮捉卒，又伏边炮取卒沉底的手段，由此取得较好形势。吕钦这步平边炮巧手（图48），是中局形势转折的关键。

55. ………… 卒7平6　56. 炮一进四 将5平4
57. 兵九进一 马8进9　58. 车三平四 马3进1
59. 车四退三 马1进2　60. 相七退五 马2进1
61. 马七进八 卒1进1　62. 车四进七 卒1进1
63. 马八进七 炮2平3　64. 炮一进三 将4进1
65. 炮一退一 卒1进1　66. 马九退八 车4退5
67. 马七退六 车4平2　68. 马六进五 炮3平2
69. 马五进三

双方对攻进入决战阶段，如图49红左马被捉难逃，面临丢子的局面。吕钦在此关键时刻，弈出钓鱼马妙着，局势顿时改观。

至此黑如走炮2平7吃马，则红车四退二抽车。另外黑如车2进6吃马避抽，则红马三进四将4进1，炮一退一象5进7，车四退一象7退5，车四平五杀。吕钦跳马妙着为胜局奠定基础。

69. ………… 炮2进7　70. 仕五退六 车2退3
71. 车四平五 将4退1　72. 车五平四 士6进5
73. 炮一进一 将4进1　74. 车四平五 将4进1
75. 车五退一 将4退1　76. 车五退一

黑认输，因接走将4进1，则炮一退二杀。

第3局　吕钦先胜刘星

（1996年5月23日弈于成都）

1. 炮二平五 马8进7　2. 马二进三 车9平8
3. 车一平二 卒7进1　4. 车二进六 马2进3
5. 兵七进一 炮8平9　6. 车二平三 炮9退1
7. 马八进七 士4进5　8. 炮八平九 炮9平7
9. 车三平四 车1平2　10. 车九平八 马7进8
11. 车八进六 卒7进1　12. 车四平三 马8退7

13. 车三平四　卒7进1　14. 马三退五　车8进4

15. 车八平七　马3退4　16. 炮九进四

这是1996年全国象棋团体赛对局，双方走出五九炮双车过河对屏风马平炮兑车阵势。由于刘星过去曾属广东队员，两人都很熟悉对方的棋路与风格，刚进入中局，吕钦就选择了罕见的炮打边卒变例，把局势引向复杂化。

16. ……　炮2进1　17. 车四进二　马4进5

18. 车七退一　炮2退2　19. 车七平二　炮2平6

20. 车二进二　马7进6　21. 炮九平一　车2进8

22. 炮五进四　将5平4　23. 兵五进一　马5进7

24. 车二退二　士5进6　25. 炮五平四　炮6进2

26. 炮一平四　马6进8　27. 炮四退五　车2退5

28. 马五进六　马8进6　29. 仕四进五　车2进3

30. 马六进七　马7退5　31. 兵五进一　象3进1

32. 马七退五　炮7平5　33. 相七进五　马6退5

34. 车二进一　前马进3　35. 马五进六　炮5进6

36. 仕五进四　马5进4　37. 炮四平六

进入中局后，红虽多兵，但子力散乱未能配合成势，马归窝心亦有弱点。黑全部强子联合反击，加上过河卒助战，有一定威胁作用。双方混战一场，黑又消灭两兵一相，红方形势严峻。在此关键时刻，吕钦弈出平肋炮巧手，如图50，牵制黑马，并暗伏攻杀手段，由此转守为攻。

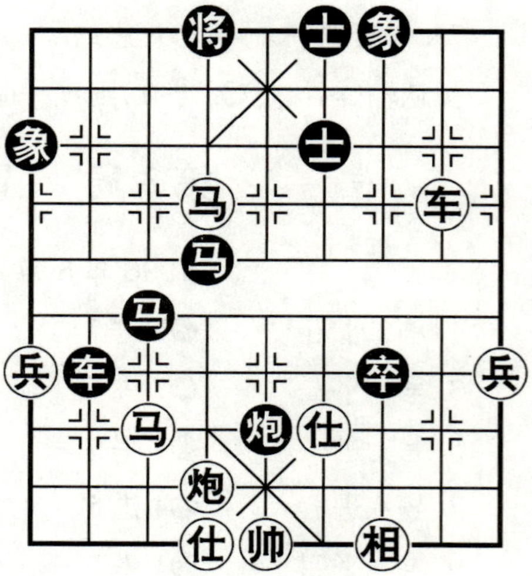

图50

至此黑如接走炮5退2，则马六进四马4进5，相三进五马5进3，仕四退五炮5退4，车二平六炮5平4，车六进二杀。

37. ……	炮5退5	38. 炮六进三	马3进4
39. 帅五平四	炮5平4	40. 马六进四	车2平6
41. 仕六进五	车6退4	42. 车二平六	将4平5
43. 车六退一	炮4进3	44. 车六退一	马4退6
45. 车六平五	象7进5	46. 车五平三	卒7平8
47. 兵一进一	车6平9	48. 车三平四	马6进8
49. 马七进五	马8进7	50. 马五进六	马7退9
51. 车四平三	象5进3	52. 帅四平五	象1退3
53. 兵九进一	卒8平9	54. 兵九进一	马9退8
55. 帅五平四	车9平4	56. 马六进四	车4平6
57. 马四退五	象3退1	58. 车三退一	士6进5
59. 兵九平八	车6进3	60. 马五进六	士5进4
61. 兵八进一	车6平9	62. 马六进四	

进入残局后，红一面用车控制黑马活动，同时急渡左边兵配合过河马作战。黑缺士在防守上感到吃力。弈到图51时，由于黑贪吃边兵，吕钦见战机已到，即跳挂角马展开攻杀，这一妙着导致速胜。

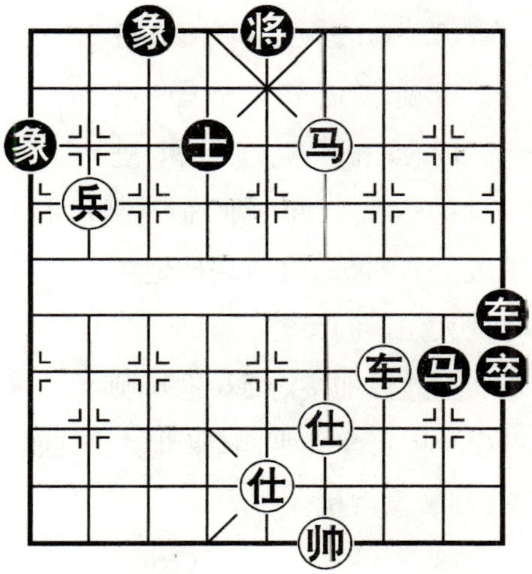

图51

至此黑如接走将5进1，则车三进五将5进1，马四进三车9退3，兵八平七马8退6，车三退四马6退5，车三平五车9进1，兵七平六士4退5，兵六平五将5平4，车五平六杀。

62. ……	将5平6	63. 马四进二	将6平5

64. 车三平五

黑认输。因接走将5平4，则马二退四车9退5，车五平六象3进5，车六进四杀。

第4局　吕钦先胜徐天红

（1988年4月4日弈于孝感）

1. 炮二平五　马8进7　2. 马二进三　车9平8
3. 车一平二　马2进3　4. 兵七进一　卒7进1
5. 车二进六　炮8平9　6. 车二平三　炮9退1
7. 马八进七　车1进1　8. 炮八平九　车1平6

这是1988年全国象棋团体赛对局，双方演成五九炮过河车对屏风马右横车阵势，黑伏平炮打死车的威胁，双方对攻会形成激烈局势。

9. 车三退一　炮2平1　10. 兵三进一　炮9平7
11. 车三平八　马7进8　12. 马七进六　士6进5
13. 车九进一　马8进9　14. 车八平三　象3进5
15. 车三进一　马9进7　16. 炮九平三　炮1退1
17. 炮五平八　车8进6　18. 炮八进六

兑马后，红卸中炮，似乎要联相成担子炮阵势，其实还暗伏伸炮打串的手段。如图52，红实现伸炮巧手，将兑去黑双炮取得一点便宜，是进入中局时扩大先手的关键。

至此黑如接走车6进6，则炮八平三车6平7，炮三平九车8平5，相三进五马3退1，车九平四车5退1，车四进七士5退6，马六进七士4进5，马七进五，红破象占优。

18. ……　车6进4　19. 炮八平三　车6平4
20. 前炮平九　马3退1　21. 车九平四　车8退5
22. 炮三平五　马1进3　23. 车四平八

兑子之后，局势并没有真正缓解下来，红平车右肋，有塞象眼叫杀的手段，黑退车忙于应付。更重要的是，红双车炮的子力结构比黑双车马优越一些，黑马位呆滞，暂无进路，是其阵形的主要弱点。

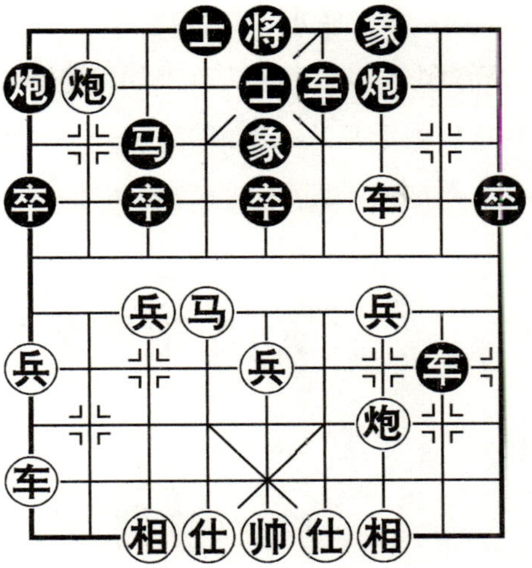

图52

如图53，吕钦洞察黑阵势之弊病在无根马，便移车返回左翼，准备伸车捉马，这步妙着立刻使黑方陷入被动。虽然双方子力相等，但红形势较优。

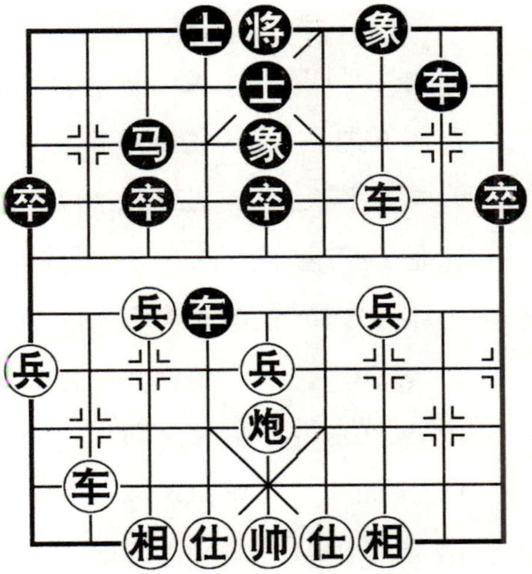

图53

至此黑如接走卒3进1，则车八进六马3进4，炮五进四将5平6，兵七进一马4进6，车三平四车8平6，车四进二将6进1，炮五平二车4进1，兵五进一象5进3，车八平三车4平1，车三进一将6退1，车三进一将6进1，车三退四马6进7，车三平四士5进6，相七进五，红大优。

23. ……　　士5退6

24. 兵三进一　　车8平4

25. 仕四进五　　前车平7

26. 车八进六　　车7进4

27. 仕五退四　　车4平3

28. 车八退一　　车3退1

29. 车八平七　　士4进5

30. 兵七进一　　车7退3

31. 兵七平六　　车7平5

32. 仕四进五　　车5平7

33. 炮五平七　　车3平4

34. 车七进一　　车4进4

35. 车三平五　　车7退2

36. 车五平九

红多子大优，黑认输。如接走车4平3，则炮七平五将5平4，车九进三将4进1，车七平八，车3平2，车八平九车2退3，后车退一车7平4，炮五平六士5进4，前车平四将4平5，车九平一象5进7，车一进二抽车胜定。

（五）中炮横车七路马对屏风马类

第1局　吕钦先胜蒋志梁

（1987年11月27日弈于番禺）

1. 炮二平五　马8进7　　2. 马二进三　车9平8
3. 马八进七　卒7进1　　4. 车一进一　马2进3
5. 车一平四　象3进5　　6. 兵七进一　炮8进2
7. 兵五进一　士4进5　　8. 炮八平九　车1平2
9. 车九平八　炮2进4

这是1987年举行的全运会象棋团体决赛对局，吕钦采取不常用的中炮横车七路马布局，在走子次序上也与流行着法略有不同。

10. 车四进二　炮2进2　　11. 炮九平八　炮2平3
12. 炮八进五　车8进1　　13. 相七进九　炮8进3
14. 车四平八　炮8平5　　15. 相三进五　车8进6
16. 马七退五　车2平4　　17. 兵三进一　卒7进1
18. 相五进三　马7进8　　19. 前车平四　炮3平4
20. 车八进二　炮4退6　　21. 炮八退四　炮4进3
22. 相三退一　车4平2　　23. 车八平六　炮4退5
24. 炮八平五　车2进4　　25. 炮五退一　车8进1
26. 车六进四　马8退7　　27. 相九退七　车8退4

28. 车六平七　车8平4　29. 车七进一　车4进4

30. 马五退三　车2进3　31. 仕四进五

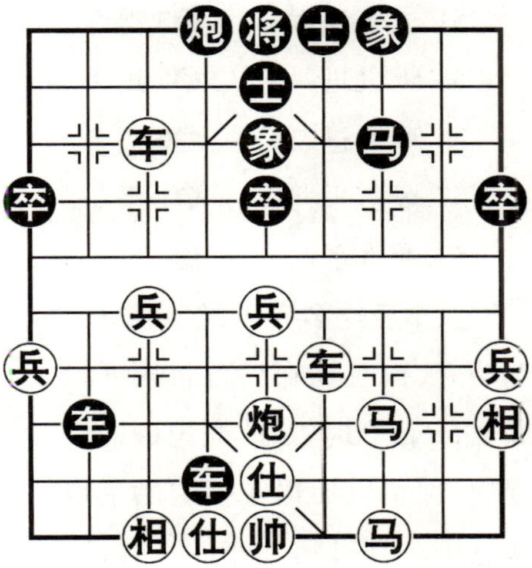

图 54

进入中局后，吕钦发挥其散手棋功夫，飞起双边蝴蝶相，自退窝心连环马，阵形似感散乱，但又各子互连，含蓄而蕴藏潜力。第26回合，抓住黑右马无根的弱点，伸左肋车再吃卒压马。黑亦不甘示弱，弃马运双车到右翼反击，弈到30回合，黑伸右车捉炮，误以为弃马能取得很大先手。估计红会走车四退一保炮，则炮4进9，仕四进五炮4平7，相一退三车2进2，帅五平四车2平3，帅四进一车3平7，黑大优。

不料吕钦出人意外地弈出补仕的妙着，如图54，设计了一个弃炮困车的圈套。如黑接走车2平5，则后马进四炮4进9，帅五平四马7进8，车七平八马8退7，车八进二士5退4，车四进四捉死马，再跳马三进四咬死车，黑双车炮动弹不得，坐以待毙，这正是红补仕的妙处。

31. ……　炮4进9　32. 后马进四　车4平3

33. 仕五退六　车3进1　34. 炮五退一　车2平4

35. 炮五平六　车4平5　36. 炮六平五　车5平4

37. 炮五平六　车4平2　38. 炮六平三　车2平5

39. 炮三平五　车3退2　40. 车七平八　车5平6

41. 车四退一　车3平6　42. 马三退四　车6平9

43. 车八退四　车9平4　44. 炮五平九　车4退2

45. 车八进六　士5退4　46. 炮九进五　车4平5

47. 仕六进五	车5平3	48. 炮九进三	马7退5
49. 马四进五	象5退3	50. 车八退六	车3进4
51. 仕五退六	车3退5	52. 车八平五	卒5进1
53. 兵九进一	马5进4	54. 车五平六	车3退1
55. 车六进二	士6进5	56. 车六平五	车3平1
57. 车五平九	车1平2	58. 车九平五	车2平1
59. 炮九平八	马4进3	60. 马五进六	

兑车后红多一子，但剩单仕不利防守，而且马在后方暂未跃出。弈至59回合时，黑应先走车1平2捉炮，保留以后退车拦炮的手段，却急于跳马过河咬车。不料吕钦跳马别马腿，反而亮出主帅助功，伏车吃心士的攻着，这一步巧手加快了取胜的步伐。

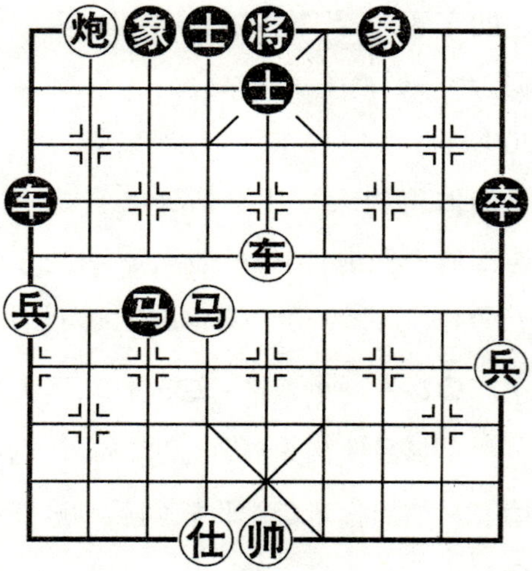

图 55

如图55，黑如接走马3退4，则车五进一车1平2，炮八平九车2退3，炮九退四马4进2，马六进四车2进2，炮九进四马2退3，车五平三象7进5，马四进二叫杀，红大优。

60. ……	车1退2	61. 车五退三	车1平2
62. 炮八平九	车2退1	63. 炮九退三	车2进3
64. 炮九进三	将5平6	65. 车五进六	马3进4
66. 帅五进一	车2退3	67. 车五进一	

黑认输，因接走将6进1，则马六进五象3进5，马五进三车2进8，帅五进一士4进5，车五退一将6进1，炮九退二车2退6，车五进一将6退1，车五平四杀。

第2局　吕钦先胜柳大华

（1993年5月上旬弈于番禺）

1. 炮二平五	马8进7	2. 马二进三	车9平8
3. 兵七进一	卒7进1	4. 马八进七	马2进3
5. 车一进一	象3进5	6. 车一平四	炮8平9
7. 车四进三	士4进5	8. 炮八平九	车1平2
9. 车九平八	车8进6		

双方演成五九炮横车对屏风马阵势，黑左车过河积极谋求反击。

10. 炮五平六	车8平7
11. 炮六进一	车7退1
12. 车八进六	炮2平1
13. 车八进三	马3退2
14. 相七进五	

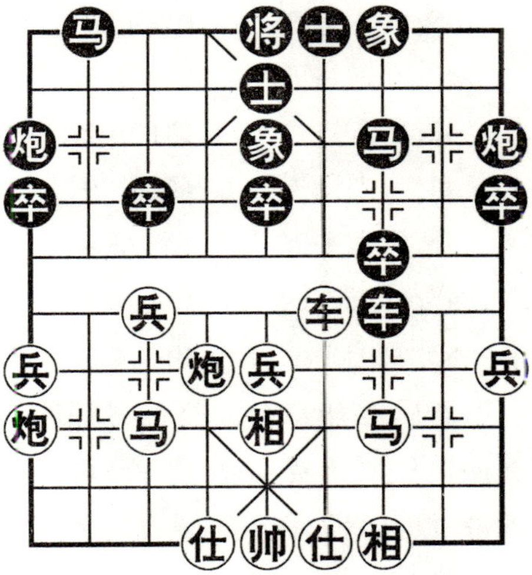

图56

红黑双车并立河界，兑车已势在必行，但红如主动兑车，则黑卒得以渡河。若能迫使黑主动兑车，红方就满意了。如图56，吕钦弈出飞相咬车的妙着，就能达到上述目的。

如黑接走车7进2，则马七退五车7进1，炮九退一卒7进1，车四退二车7平5，仕六进五炮1进4，炮六进三，虽然双方子力相当，但红有车对无车，黑方是吃亏的。

因此黑只能兑车，这样红顺便跳出右马，并有马四进六再进四攻着，保持先手。

14. ……	车7平6	15. 马三进四	马2进3
16. 马四进六	马7进6	17. 炮九退一	炮9平7
18. 炮九平一	炮1退2	19. 炮一进五	炮1平3

20. 马七进八	卒3 进 1	21. 兵七进一	炮3 进 4
22. 马六进七	炮7 平 3	23. 马八进六	后炮平 1
24. 马六进四	炮3 退 3	25. 炮一平五	马6 进 4
26. 炮五退一	炮1 进 4	27. 兵五进一	炮1 平 9
28. 仕六进五	炮9 平 6	29. 炮六退二	卒1 进 1
30. 相五进七	卒1 进 1	31. 马四退六	炮3 进 3
32. 炮五进一	炮6 退 4	33. 仕五进六	马4 进 3
34. 相三进五	卒1 平 2	35. 炮五平二	卒7 进 1
36. 炮二进三	象5 进 7	37. 相五进三	卒2 平 3
38. 马六进四	马3 退 4	39. 兵五进一	炮3 退 3
40. 仕四进五	炮3 平 1	41. 相三退五	马4 退 3
42. 兵五进一	炮1 进 2	43. 兵五平六	马3 进 4
44. 马四退五	象7 退 9	45. 相五进七	马4 进 3
46. 兵六平五	炮6 平 4	47. 炮六平七	炮4 平 2
48. 仕五进四	马3 退 4	49. 兵五进一	炮2 进 1
50. 炮七平六	马4 退 3	51. 马五进七	

本局是 1993 年举行的粤鄂港澳四单位团体赛，其中粤、鄂均战胜港、澳，两者又打平，因而冠军决定于第 1 台棋手之胜负。本局就是关系到团体冠亚军的争夺战。在残局阶段，本来柳大华不乏谋和机会，由于麻痹大意，认为子力相等且破红一相，勉强对攻，但子力位置不及红方优越。当弈到图 57 时，红跳马咬炮，亮出主帅助战，有兵吃心士的杀着，胜势已成。

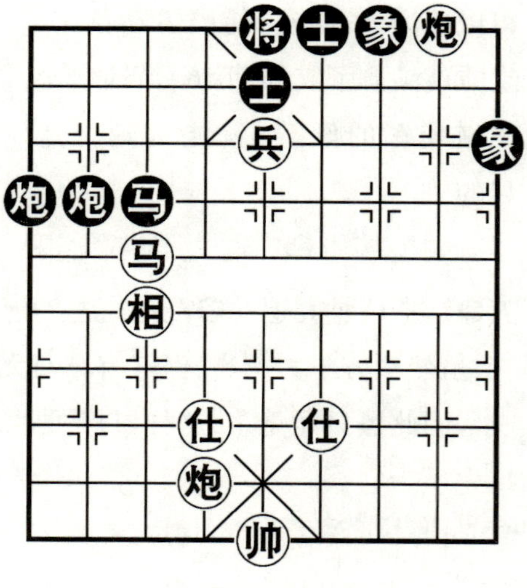

图 57

51. …… 马3 退 5

52. 马七进九　马5进6　53. 炮六平五　炮2平5
54. 帅五平四　象9进7　55. 马九进七　炮5退1
56. 马七进五　马6进5　57. 马五进三

黑认输，因接走炮5进6，则仕四退五象7退5，马三退二士6进5，相七退五，形成马炮单缺相对马缺士象的必胜残局。

第3局　吕钦先胜郭福人

（1995年10月7日弈于吴县）

1. 炮二平五　马8进7　2. 马二进三　马2进3
3. 兵七进一　卒7进1　4. 马八进七　车9平8
5. 车一进一　象3进5　6. 车一平四　炮2进4
7. 兵五进一　士4进5　8. 车四进二　炮2退2
9. 炮八平九　炮8进4　10. 车四进一　车1平2
11. 车九平八　车8进4　12. 仕六进五　卒7进1
13. 车四平三　马7进6　14. 车八进四　炮8退1
15. 兵九进一

这是1995年全国象棋个人赛对局，双方演成五九炮横车对屏风马右炮过河阵势。

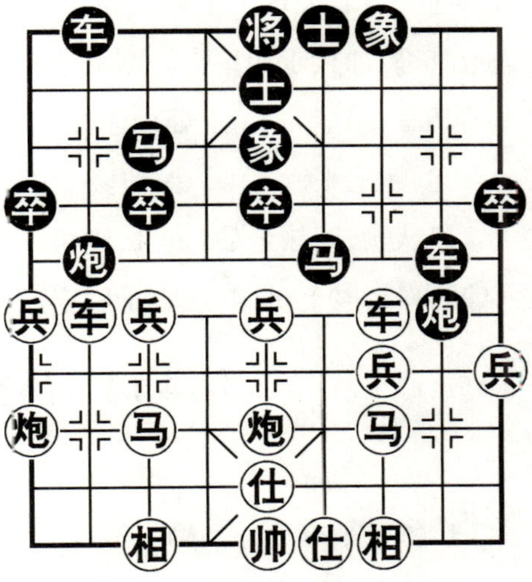
图58

如图58，双方子力对峙，红暂多一兵，但似乎不易找到进攻的途径。在这种平稳局势下，正是考验棋手的功力。吕钦利用边线偷袭的可能性，巧挺边兵，准备接走炮九进四马3进1，兵九进一马1退3，兵九平八，小兵过河占优。吕钦这一步巧手，后来迫使黑方退左马退右炮成守势，造成黑子力拥塞的弊病。

15. …… 马6退4
16. 马七进五 炮2退1
17. 炮九平七 炮8进1
18. 炮七进四 卒1进1
19. 兵五进一 卒1进1
20. 车八进一 卒5进1
21. 马五进六 炮2平1
22. 车八进四 马3退2
23. 兵七进一 马2进3
24. 车三平九 车8平7
25. 兵三进一 车7平6
26. 炮五平七

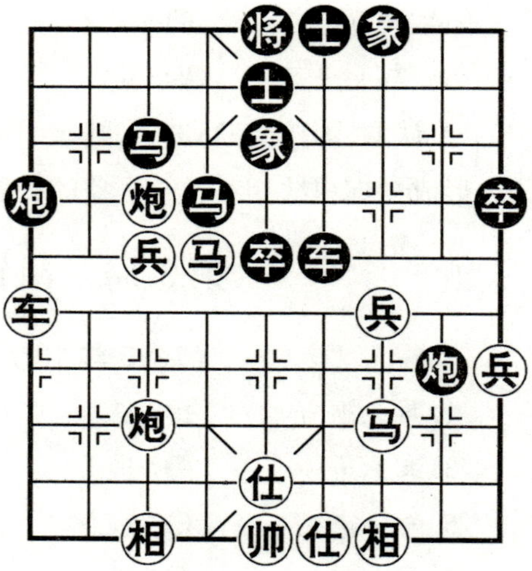

图59

如图58，黑右翼双马炮位置欠佳，而且被红车牵制边炮。在此局面下，红卸中炮并非为了联相调整阵形，而是加强左翼攻势，暗藏对黑无根马的压力。这一妙着表现了中局取势谋子的高超技巧，是全盘取胜的关键，到此黑边炮难逃，如接走炮1平2，则兵七平八炮2退3，后炮进五得子。

26. …… 炮1退2 27. 前炮平八 马3进4
28. 兵七平六 马4退3 29. 炮八平五

黑认输，因接走炮1进1，则车九平七车6退1，兵六平五炮8退5，炮七进六炮8平3，车七进四，红得子胜定。

第4局 吕钦先胜徐天红

(1992年5月23日弈于抚州)

1. 炮二平五 马8进7 2. 马二进三 马2进3
3. 兵七进一 卒7进1 4. 马八进七 车9平8
5. 炮八进二 马7进8 6. 马七进六 象3进5

7. 车九进一　车8进1
8. 车一进一　马8进7
9. 炮五平七　车1进1
10. 相三进五　车1平4
11. 炮七平六　车4平6
12. 车一平二　炮8进4
13. 车二进一　炮2进2
14. 仕四进五　炮8退3
15. 车二退二　马7退8
16. 车二平四　卒7进1
17. 兵七进一　卒3进1
18. 炮八平三　车6进8
19. 仕五退四　车8平6
20. 车九平八　炮2退1
21. 马六进七　车6平2
22. 炮六平七　炮8平3
23. 炮七进四　炮2进4
24. 马三进二　车2进4
25. 兵一进一　炮2退1
26. 仕四进五　车2退5
27. 车八平六　炮2进3
28. 车六进三　卒5进1
29. 炮三进二

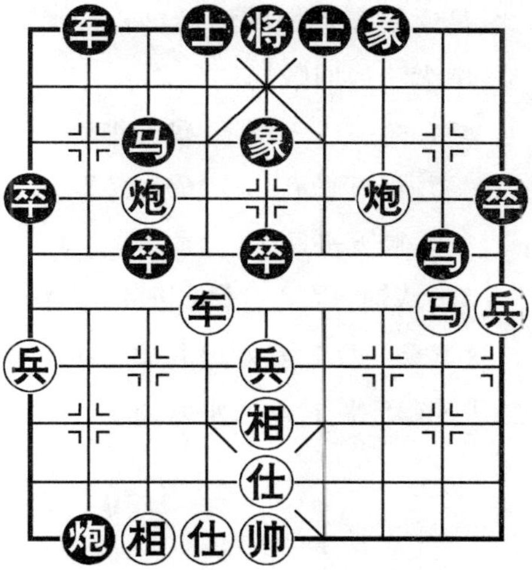

图60

这是1992年全国象棋团体赛对局，双方演成中炮横车巡河炮对屏风马外肋马阵势，红中局少一兵，但子力比较协调。以后左车曲折运出，子力更见活跃，弈到图60时，吕钦巧进右炮，有三个作用：一是防车2进3捉炮；二是伺机走炮七平一打卒，为边兵渡河攻马及沉炮创造条件；三是让出马路，便于跳马二进四再进二，发挥马的助攻作用。吕钦这步进炮巧手，为中局占优奠定基础。

29. ……　士4进5
30. 炮七平一　卒5进1
31. 车六平五　马3进4
32. 马二进四　马4进3
33. 车五平六　车2平4
34. 车六平八

这几个回合，双方对攻趋于激烈，红方不知不觉运调双炮马于右翼，伺机发动攻势。黑赶紧送卒跃马，企图对攻。但由于黑左翼缺乏进攻力，红方比较安全。而红车马炮是在左右夹击，黑难应付。当弈到图61时，红车捉炮，同时又有跳马再入卧槽的伏着，如黑接走马8退9，则炮三平五炮2平1，马四进二车4进2，车八进五车4退2，马二进四杀。因此，吕钦平车捉炮的妙着已构成胜势，黑无法挽回败局。

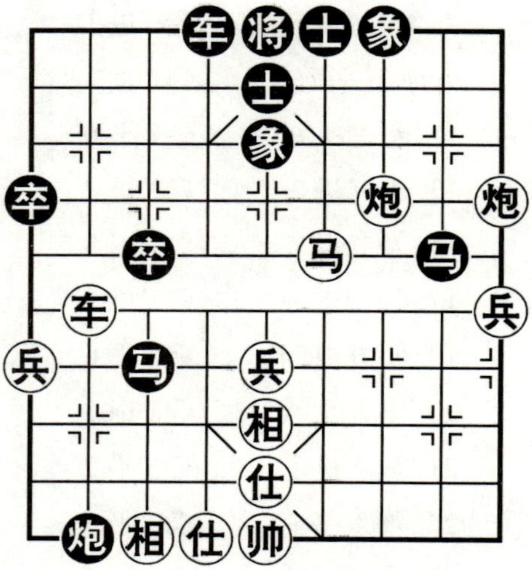

图61

34. ……　　马3进5

35. 炮三平五　　马5进7

36. 帅五平四

黑认输，因接走车4进4，则车八进五车4退4，车八退九马8退9，马四进二车4平3，车八进六马7退8，马二进四将5平4，车八平六杀。

第5局　吕钦先胜傅光明

（1993年4月30日弈于南京）

1. 炮二平五	马8进7	2. 马二进三	车9平8
3. 兵七进一	卒7进1	4. 马八进七	马2进3
5. 炮八进二	马7进8	6. 马七进六	象3进5
7. 车九进一	士4进5	8. 炮五平六	炮2进2
9. 相三进五	马8进7	10. 车九平四	炮8平6
11. 车四进二	马7退8	12. 仕四进五	卒7进1
13. 车一平二	卒5进1	14. 兵七进一	卒7进1
15. 车四平三	马8进7	16. 车二进九	卒3进1
17. 车二退六	卒3进1	18. 相五进七	马7退6
19. 相七退五	卒1进1	20. 炮八退二	炮2平3

21. 炮八平九　　车1进3　　22. 马六退八　　炮3平4

23. 炮六平八

这是1993年全国象棋团体赛对局，双方以中炮巡河炮横车对屏风马外肋马布阵，红稳健行事，步步为营，子力基本上在自己阵地内调运，好比内家功夫。第20回合把巡河炮撤回运到边线，就是针对黑边卒弱点。弈至图62，吕钦巧平八路炮，让出仕角位置，以便计划走马八退六再马六进七，同时攻击黑边卒与中卒，这就为中残局多兵创造条件，是有深远意义的。

23. ……　　车1平3

24. 马八退六　　车3进3

25. 炮九进三　　炮4进2

26. 车二进二　　马6进7

27. 车二平五　　车3平1

28. 相五进三　　炮4退2

29. 炮八进一　　炮4进2

30. 车五平四　　车1退1

31. 炮九平五　　车1平7

32. 车四进二

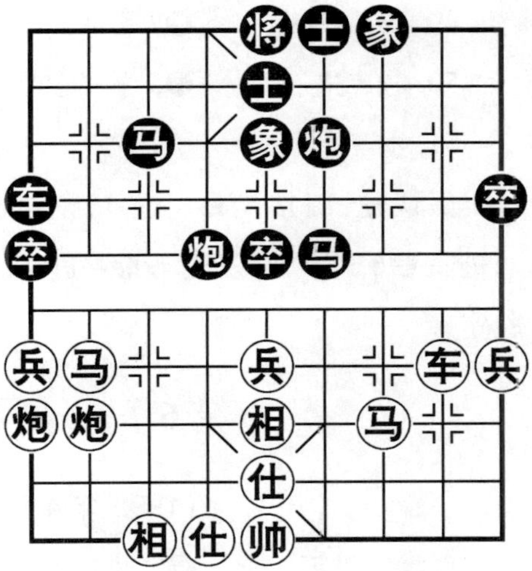

图62

双方较量中局功力，第28回合飞相困马，使黑方陷入被动。第31回合黑弃炮吃相，误以为再退车捉炮追回一子，但吕钦洞察有关变化，算准不会丢子，如图果断吃掉黑士角炮。此着有胆识，造成多子局面，从而占优。

32. ……　　车7退1　　33. 马六进四　　炮4平6

34. 车四退四　　马7进9　　35. 马三进二　　马9进7

36. 车四退二　　车7平5　　37. 车四平三　　车5进2

38. 炮八退一　　车5平9　　39. 马二进四　　车9进3

40. 仕五退四　　车9退5　　41. 马四进二　　车9平4

42. 车三进二　　将5 平 4
43. 仕六进五　　车4 平 7
44. 车三平六　　将4 平 5
45. 车六进三　　马3 进 2
46. 车六平八　　象5 退 3
47. 相七进五　　象7 进 5
48. 相五进三　　马2 进 3
49. 炮八平三　　车7 平 4
50. 马二进三　　将5 平 4
51. 炮三平六

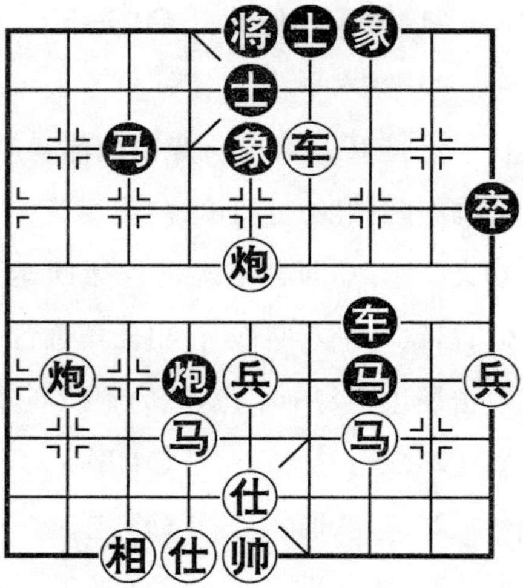

图 63

黑认输，因接走士5 进 4，则车八进三士6 进 5，马三退五车4 进 2，车八平七将4 进 1，车七退六，红多子胜定。

第 6 局　吕钦先胜吴贵临

（1998 年 4 月 9 日弈于桂林）

1. 炮二平五　　马8 进 7　　2. 马二进三　　车9 平 8
3. 兵七进一　　卒7 进 1　　4. 马八进七　　马2 进 3
5. 车一进一　　象7 进 5　　6. 马七进六　　车1 进 1
7. 车一平七　　车1 平 4　　8. 炮八进二　　炮8 进 5
9. 马六进七　　炮8 平 5　　10. 相七进五　　车8 进 6
11. 兵七进一　　车8 平 7　　12. 炮八平五　　车4 进 5
13. 炮五平七　　车4 平 2　　14. 兵七平六　　车7 进 1
15. 炮七进三　　车7 退 1　　16. 马七退六　　车2 平 4
17. 炮七平六　　车7 平 5　　18. 仕六进五　　车5 退 1
19. 车九平八　　士6 进 5　　20. 炮六进一　　炮2 平 1

21. 车七进八

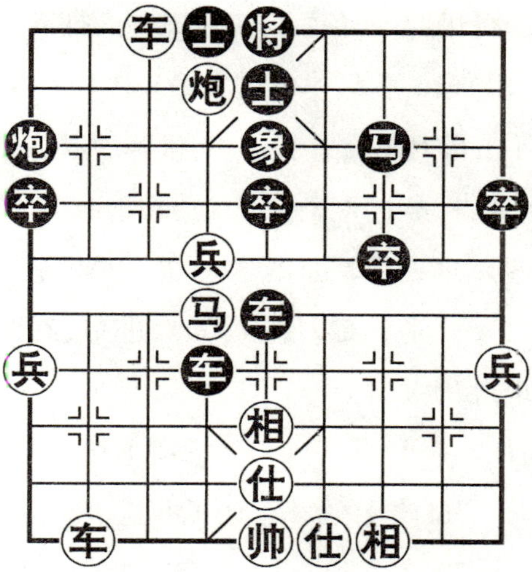

图 64

这是 1998 年银荔杯赛对局，双方演成中炮横车七路马对屏风马阵势，吕钦故意跃出盘河马求变，吴贵临亦使出右横车冷着，双方脱离俗套较量散手棋。弈到图 64 局面时，吕钦抓住黑计算失误，毅然进车吃底象，不怕黑接走车4 退 1，因红可走车七退二车4 退 1，炮六平八车4 退 2，炮八进一象5 退 3，车七进二将5 平 6，车七退五抽车，红反而得子。所以，吕钦挥车吃底象的妙着，突破了黑方防线，以后黑缺象怕炮，落入下风。

21. …… 车4 退 1
22. 车七退二 车4 平 2
23. 车八进四 车5 平 2
24. 车七平九 车2 进 4
25. 仕五退六 马7 进 6
26. 炮六平七 车2 退 6
27. 仕四进五 象5 退 3
28. 车九平一 马6 进 4
29. 炮七退四 马4 进 6
30. 车一平七 士5 进 4
31. 炮七进五 士4 进 5
32. 炮七平九 将5 平 6
33. 帅五平四 卒5 进 1
34. 炮九退一

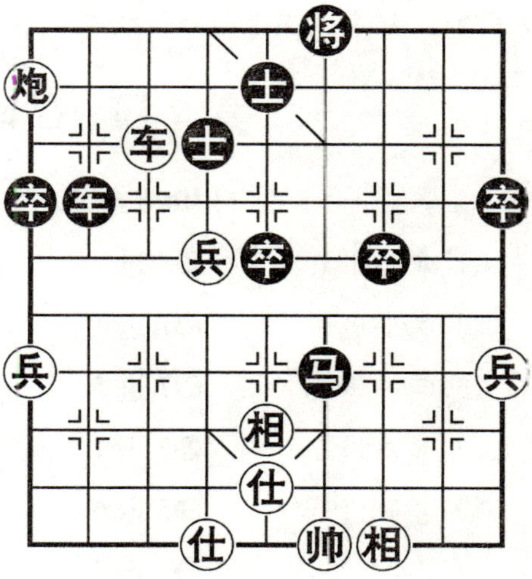

图 65

如图65进入残局，黑多一卒但缺双象，红为了利于发挥过河兵的威力，巧退边炮，准备沉车叫将破士，打破黑最后一道防线，至此黑有两种应法：(甲)将6平5，车七进二士5退4，炮九进一卒5进1，兵六进一士4退5，兵六平五卒7进1，兵五进一，伏车七退一车2退3，兵五进一将5平6，兵五平四将6平5，车七平五杀。(乙)车2退3，车七退一将6平5，车七平一卒5进1，兵六进一车2进2，车一进三士5退6，炮九平二将5进1，车一平四卒5进1，炮二退一车2进1，兵六进一，红胜势。因此，吕钦退边炮巧手，是残局取胜的关键。

34. ……	车2平6	35. 车七进二	士5退4
36. 车七平六	将6进1	37. 仕五进四	卒7进1
38. 车六退二	卒7进1	39. 车六进一	将6退1
40. 车六进一	将6进1	41. 兵六进一	

黑认输，因接走卒7进1，则兵六进一将6平5，兵六进一将5进1，车六平八将5平4，兵六平七将4平5，车八退二杀。

第7局　吕钦先胜徐天红

(1998年10月10日弈于南京)

1. 炮二平五	马8进7	2. 马二进三	车9平8
3. 兵七进一	卒7进1	4. 马八进七	马2进3
5. 车一进一	象7进5	6. 车一平四	士6进5
7. 炮八进二	炮2平1	8. 炮八进四	车8平6
9. 车四进八	士5退6	10. 兵五进一	车1平2
11. 车九平八	士6进5	12. 马三进五	卒3进1
13. 兵七进一	象5进3	14. 兵三进一	卒7进1
15. 马五进三	马7进8	16. 车八进三	马8进6
17. 炮五退一	马3进4	18. 兵五进一	

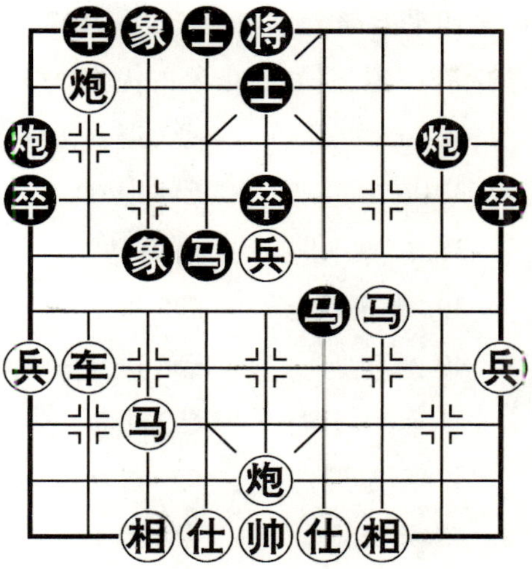

图 66

这是 1998 年安居杯华南华东特级大师对抗赛对局，吕钦以中炮横车七路马布局，并弈出先巡河炮再进而塞象眼的新变，这样走起到封压黑车的作用。徐天红用屏风马飞左象应战，但兑车后左翼显得空虚，虽跃出双马希望争取对攻机会，但并未收到效果。当弈到图 66 局面时，红炮镇中路，相头马伺机入侵，酝酿着进攻计划。吕钦果断冲中兵送吃，黑只能吃卒，从而为红右马过河创造条件。如黑接走卒5 进 1，则马三进四象3 退 5，相七进五炮8 平 6，炮五进四，黑子力受制，仍属红方易走。因此，吕钦弃兵是中局取势的巧手。

18. ……	卒5 进 1	19. 马三进四	马4 退 5
20. 相七进五	马5 进 7	21. 炮五进四	将5 平 6
22. 仕六进五	炮1 平 6	23. 炮五退一	象3 退 5
24. 马四退六	马7 进 5	25. 炮八退四	马6 退 7
26. 炮八进二	车2 进 2	27. 车八平二	炮8 进 3
28. 马七进五	将6 平 5	29. 炮五平八	车2 平 4
30. 后炮平六	车4 平 2	31. 马五进四	马7 进 6
32. 车二进一	马6 退 4	33. 车二进五	炮6 退 2
34. 马四进二	马5 退 7	35. 炮八平六	士5 进 4
36. 前炮进三			

中局红全力进攻，黑顽强防御，红方子力犬牙交错，互相牵制纠缠。但弈至 35 回合时，如图 67，黑一时疏忽支士，误以为转换士架更安全，不料吕钦突然飞炮轰士，这一妙着奠定胜局。如黑接走将5 平 4，则车二平四将4 进

1,车四平七将4平5,车七退三马7进6,马二退三,红破士象占优。

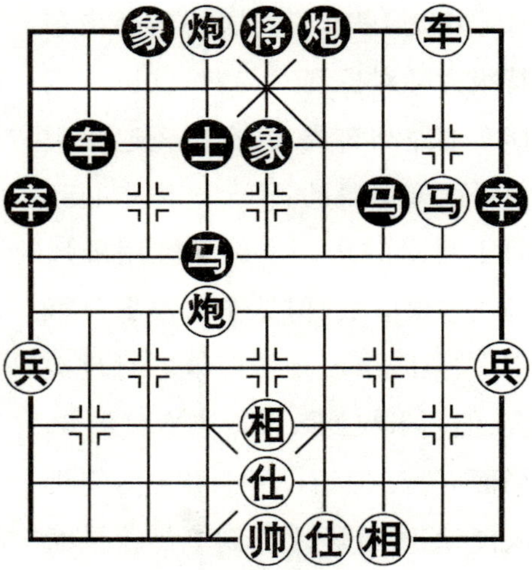

图 67

36.……	马7退6
37.马二进三	马4退6
38.前炮平四	前马退7
39.炮四平七	将5进1
40.炮七退一	马6进5
41.炮六平七	车2进7
42.后炮退四	马7进9
43.车二退一	将5退1
44.车二退一	象5进7
45.车二平六	马5进3
46.车六退二	象7退5
47.炮七退二	马3进2
48.车六进一	卒9进1
49.车六平一	象5退7
50.前炮退三	马2进3
51.帅五平六	车二退五
52.仕五进六	车2平7
53.车一平五	将5平6
54.前炮平四	马9进7
55.仕四进五	车7进2
56.炮四退二	

黑认输,因接走马3退4,则仕五进四马7退6,车五平四车7退5,车四平六将6平5,车六退三,红多子胜定。

第8局　吕钦先胜赵国荣

(1990年9月3日弈于大连)

1.炮二平五	马8进7	2.马二进三	卒7进1
3.兵七进一	车9平8	4.马八进七	炮8平9
5.车一进一	车8进5	6.相七进九	士4进5
7.车一平三	炮2进4	8.兵五进一	马2进3
9.车九进一	象3进5		

双方演成中炮双横车七路马对屏风马三步虎阵势，走子次序与流行布局有所不同。

10. 车九平六　炮2 平 9　11. 马三进一　炮9 进 4
12. 炮八进二　车8 进 4　13. 相九退七　炮9 进 3
14. 炮五平三　车1 平 2　15. 车六进五　车2 进 4
16. 相七进五　卒3 进 1　17. 车六平七　卒3 进 1
18. 车七退二　马3 进 4　19. 炮三平四　马7 进 6
20. 仕六进五　车8 退 3　21. 兵五进一　卒5 进 1
22. 车七平四　马6 退 7　23. 炮八平六　马4 进 2
24. 炮六退四　马2 进 3　25. 炮四平七　车2 进 2
26. 车四进二　卒5 进 1　27. 炮七进五　马7 进 8
28. 车四平一　车8 进 3　29. 车一平二　卒5 进 1
30. 车三平一　车2 平 1　31. 炮七平九　车1 平 2
32. 炮九进二　卒1 进 1　33. 车一进七　卒5 进 1
34. 相三进五　车2 平 6　35. 炮六进九

这是 1990 年南北超级棋星对抗赛对局，赵国荣后手应法不落常套，弈出右炮过河新招具有反先之机。以后，黑有沉炮沉车，在左翼底线发起攻势。

吕钦全力抗衡，但眼看苦守亦无济于事，便采取虚张声势，沉炮进车，暗伏一些手段等待机会。果然在 34 回合黑随手走出漏着，车2 平 6 误以为可成杀，殊不知竟属败着。其实应改走车2 平 7，伏车8 平 6，帅五平四车7 进 3，帅四进一马8 进 7，帅四退一车7 平 8，帅四退一车8 进 2 杀。如红在黑车吃兵后接走炮六进九将5 平 4，车二平六将4 平 5，帅五平六车7 平 4，车六退三车8 退 3，车一退八车8 平 4，帅六平五马8 进 7，黑车马双卒士象全对红车炮单缺相，双卒均可渡河，是可胜之残局。

如图 68，正当局势处于胜负手的关键时刻，吕钦弈出沉肋炮叫将的妙着，解杀还杀，石破天惊，精彩绝伦，局势逆转反败为胜。如黑接走将5 平 4，则车二平六，将4平5帅五平六，士5进4车六进一，车6退5车一平四，车8平6帅六进一，车6退8车六进二，将5进1车六退一抽车，红多子胜定。

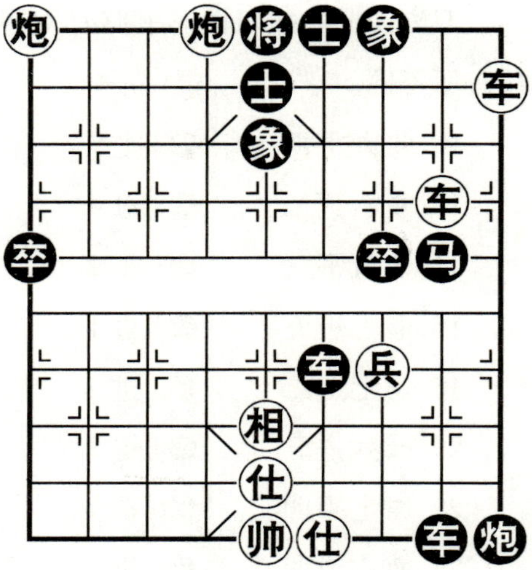
图 68

35. …… 象5退3
36. 炮六退一 象3进1
37. 车一退八 车8平9
38. 炮六平八

黑认输，因接走将5平4，则车二平六士5进4，车六进一将4平5，车六进一车6平2，炮八进一杀。

第9局　吕钦先胜卜凤波

（1998年9月25日弈于太原）

1. 炮二平五 马8进7　2. 马二进三 车9平8
3. 兵七进一 卒7进1　4. 马八进七 马2进3
5. 车一进一 象7进5　6. 车一平四 士6进5
7. 车九进一 炮2进4　8. 马七进八 炮2平7
9. 相三进一 卒7进1　10. 相一进三 炮8进7
11. 马三退二 炮7进3　12. 帅五进一

双方演成中炮双横车七路马对屏风马补左象阵势，如图69，开局不久，吕钦就升起主帅，确是一步罕见的巧手怪招，它避免了黑车吃底马后抽将的麻烦，又便于尽快平肋车抢先，主帅有双车紧紧守护，有惊无险，也表明了吕钦艺高人胆大，非凡人一般见识。

12. ……　　车8进9
13. 车九平六　　车8退5
14. 炮五平七　　卒1进1
15. 车六进七　　卒1进1
16. 马八进七　　马7进6
17. 车六退三　　马6退7
18. 车六平二　　马7进8
19. 车四平二　　马8进6
20. 炮七平四　　马6进4
21. 炮八平六　　车1平2
22. 帅五平四　　车2进4
23. 兵九进一　　炮7平4
24. 车二进八　　士5退6
25. 炮四平一　　车2平6
26. 帅四平五　　卒9进1
27. 相三退五　　士4进5
28. 兵五进一　　卒5进1

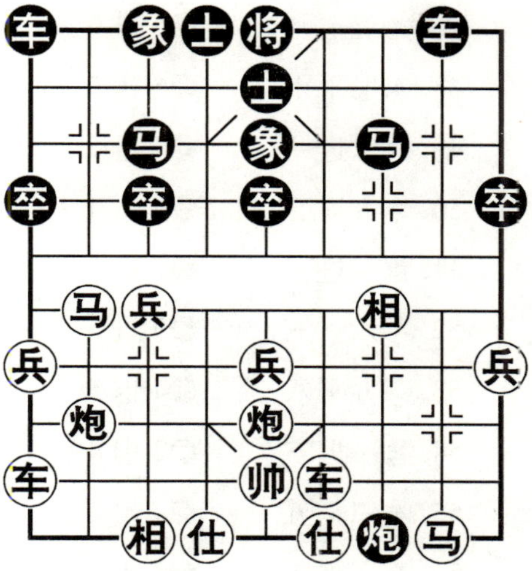

图69

29. 兵五进一　　马4退5
30. 马七退五　　车6平5
31. 车二退六　　马3进5
32. 车二平四　　马5进7
33. 车四平三　　车5平6
34. 炮一平四　　车6平2
35. 炮四平二　　马7退6
36. 车三平七　　车2平6
37. 炮二平四　　车6平8
38. 炮四平二　　车8平6
39. 炮二平四　　车6平8
40. 兵九进一

红开局扩大了先手，并未能攻破黑的防线，但乘机获得多二兵的物质优势，为残局打下良好基础。

如图70，红摆成兵林车担子炮阵势，攻守两利，并抓住黑炮受困的弱点，强渡边兵，黑不敢车8平1吃兵，因红帅五退一炮4退1，车七退二捉死炮。吕钦冲边兵这步巧手，加上后来又趁机冲七兵过河，终于构成残局大优势。

40. ……　　车8进5
41. 兵七进一　　车8平6
42. 兵七进一　　车6平8
43. 炮四进四　　车8退5
44. 兵九进一　　车8平6
45. 炮四平一　　马6进5
46. 帅五退一　　马5进6
47. 帅五平六　　马6进4
48. 车七平六　　车6进5
49. 帅六进一　　马4进2
50. 帅六平五　　车6平4
51. 炮一进三　　象5退7
52. 车六平三　　象3进5
53. 兵九平八　　车4退5
54. 炮一退三　　马2退4
55. 车三平五　　车4平8
56. 炮一平四　　车8平6
57. 炮四平五　　车6平2
58. 帅五平六　　车2平4

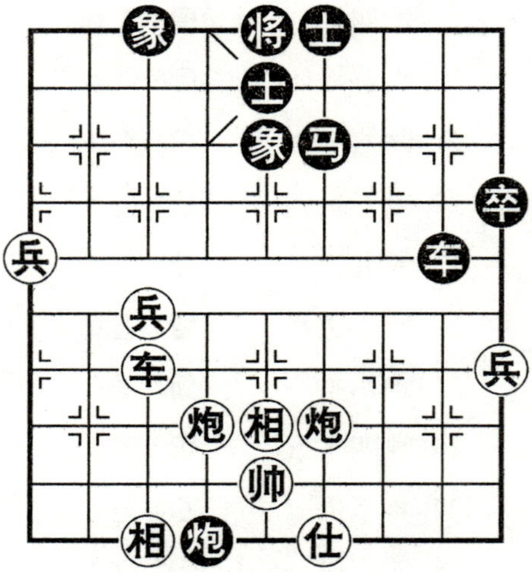

图70

59. 帅六平五　　车4平2
60. 帅五平六　　车2平4
61. 帅六平五　　车4平8
62. 帅五平六　　车8平4
63. 帅六平五　　车4平8
64. 帅五平六　　车8平4
65. 帅六平五　　车4平7
66. 帅五平六　　车7平4
67. 帅六平五　　车4平1
68. 帅五平六　　车1平4
69. 帅六平五

黑认输，因一叫杀一抽吃车，属于犯规着法，必须变着。如接走车4进1，则车五平九将5平4，车九进六象5退3，车九平七将4进1，兵七进一士5进6，车七平五士6进5，车五平九士5退6，车九退一将4退1，兵七进一将4平5，兵七平六再车九进一杀。

第10局 吕钦先胜赵国荣

（1992年4月25日弈于广州）

1. 炮二平五	马8进7	2. 马二进三	马2进3
3. 兵七进一	卒7进1	4. 马八进七	炮2进4
5. 兵五进一	象3进5	6. 车一进一	车9进1
7. 车一平四	车9平4		
8. 车四进二	炮2退3		
9. 炮八平九	士4进5		
10. 车九平八	车1平2		
11. 车八进四	马7进8		
12. 炮五平六	马8进7		
13. 兵七进一			

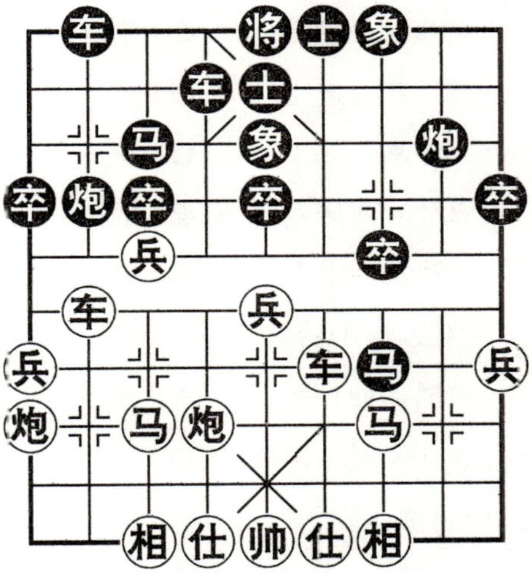

图71

这是1992年迪卡杯赛对局，红以中炮横车七路马开局，黑弈出屏风马左横车冷门变例。当弈至12回合时，吕钦估计到黑有马踏兵的计划，当红车吃马时，黑则平7炮打串追回一子。此时吕钦故意卸开中炮，这是正常布局中少见的，似乎准备联相调整阵容，其实设计一个谋子陷阱，等待对方上当。果然不出所料，赵国荣仍按既定计划进马吃兵，于是吕钦弈出弃兵巧手，施展谋子战术，接图71，如黑接走卒3进1则车四平三炮8平7，车三平四炮7进5，马七进六炮2平4，车八进五马3退2，马六退八炮4平3，炮九平三，红得子优。但问题在于，黑不吃红兵更不行，所以只好眼看丢子，希望从中争到一些先手来补偿吧。

13. ……	卒3进1	14. 车四平三	炮8平7
15. 车三平四	炮2平3	16. 车八进五	马3退2

17. 马三退五　马2 进 3　18. 相三进一　卒3 进 1
19. 相七进五　卒3 平 2　20. 马五退七　卒2 平 3
21. 前马退九　车4 进 4　22. 车四平五　象5 进 3
23. 炮九平七　卒3 进 1　24. 炮七进三　象7 进 5
25. 炮七平四　车4 退 1　26. 炮四退一　卒3 进 1
27. 仕六进五　炮3 进 6　28. 马九退七　卒3 平 4
29. 马七进六　车4 平 6　30. 炮四平二　炮7 平 8
31. 马六进七　卒7 进 1　32. 相一进三　车6 平 8
33. 炮二进三　车8 退 2　34. 马七进八　士5 退 4
35. 马八进六　将5 进 1　36. 车五平七　马3 退 2
37. 马六退八　马2 进 4　38. 帅五平六

红方得子后失先，中局走软一着，被黑追回一子。但黑又求和心切，急于兑炮，竟放红马过河以入卧槽叫杀，陷于劣势。

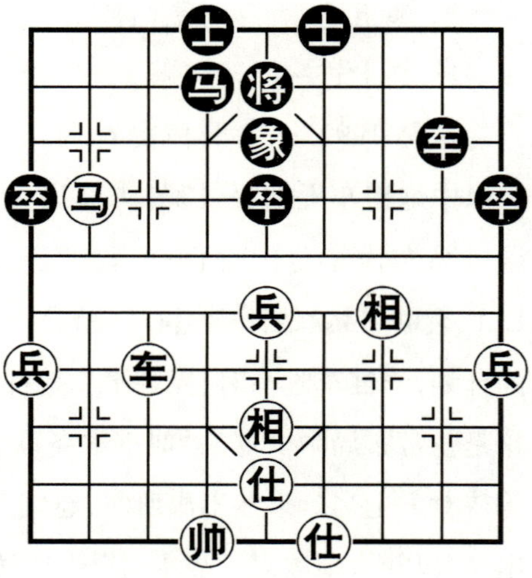
图 72

如图 72，黑靠单马掩护右翼甚感吃力，红出帅妙着，伏车七进五捉死马，如黑接走象5 进 3，则车七进二马4 进 2，车七平六车8 平 3，车六进三将5 退 1，车六进一将5 进 1，车六平四车3 进 1，马八退七马2 进 1，马七进九卒1 进 1，车四退三卒9 进 1，兵五进一亦红胜定。

38. ……　将5 退 1　39. 车七平六　车8 退 1
40. 兵九进一　车8 平 7　41. 马八进七　卒9 进 1
42. 车六进三

黑子力全部受制,车马动弹不得,坐以待毙,便认输。因接走车7平8,则车六平五士6进5,车五平六士5进4,车六进一将5平6,兵五进一象5退7,兵五进一车8平7,兵五平六车7平6,兵六平七车6平5,兵七平八,再吃边卒后,红双兵过河,成必胜残局。

(六)五七炮对屏风马进7卒类

第1局 吕钦先胜卜凤波

(1988年9月3日弈于呼和浩特)

1. 炮二平五	马8进7	2. 马二进三	车9平8
3. 车一平二	马2进3	4. 马八进九	卒7进1
5. 炮八平七	车1平2	6. 车九平八	炮2进2
7. 车二进六	马7进6	8. 车八进四	象3进5
9. 兵九进一	卒3进1		

双方演成五七炮双直车对屏风马右炮巡河阵势,属于流行着法。

10. 车二退三	士4进5	11. 炮七退一	马6进7
12. 车二平三	炮8平7	13. 车三平四	炮7进5
14. 兵七进一	卒3进1	15. 车八平七	炮7平1
16. 相七进九	马3进4	17. 兵五进一	炮2进5
18. 相九退七	车8进3	19. 炮七平三	车2平4
20. 车七平六	炮2退8	21. 炮五平六	

这是1988年全国象棋个人赛对局,前段双方按照谱法走正着,黑方轻车熟路,认为形势不亏,构成均势,于是产生麻痹情绪。红先摆三路炮瞄住底象,又平肋车顶马,在对峙中等待机会。果然,黑为了预防红卸中炮打马,第

20回合撤回右炮，误以为设计一个兑子谋和的套路，即红走炮五平六炮2平4，车六进一炮4进6，车六进四士5退4，炮三平五炮4退6，黑足可抗衡。

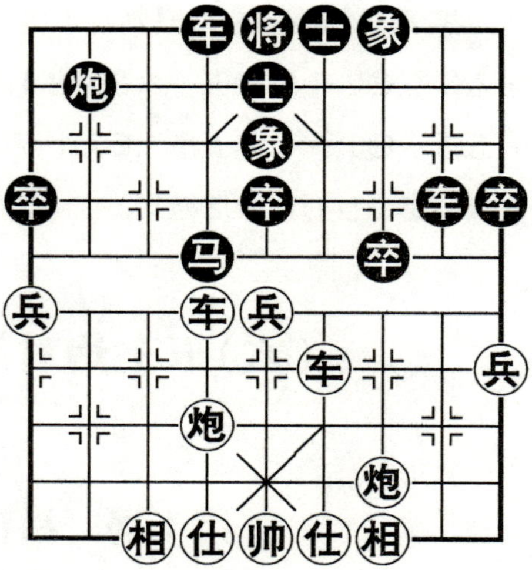
图73

吕钦洞察其中变化，比对方多看一步棋，判断出其圈套是假的，于是将计就计，仍然卸炮打马。如图73，黑如接走炮2平4，炮六平三象7进9，车六进一得子。因此，吕钦这步卸炮巧手，必能得子，从而实现中局优势。

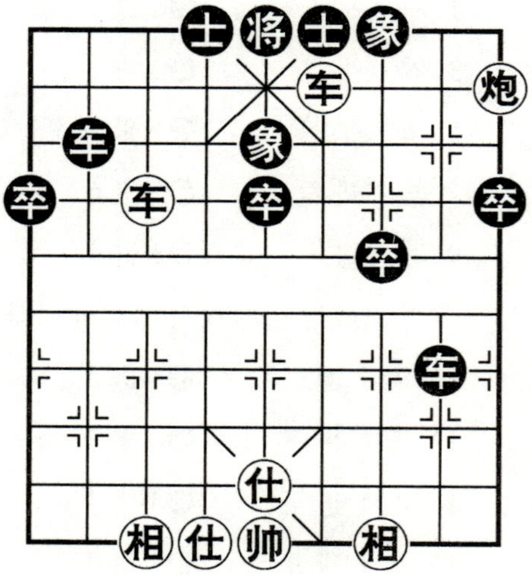
图74

21. …… 车4进2
22. 炮六进三 炮2平4
23. 车四进二 车8进3
24. 炮三平六 车4平2
25. 前炮平八 炮4进7
26. 车六退三 车8平2
27. 炮八平六 前车平5
28. 仕四进五 车5退1
29. 炮六进三 车5平1
30. 车六平七 车1进1
31. 车七进八 士5退4
32. 车七退三 车1平9
33. 炮六平一 车9平8
34. 车四进三

黑丢子后，忙于运车扫兵，因在通常情况下，双车士象全可以守和双车炮。但吕钦并不保兵，却暗暗调动双车炮到最佳备战状态。如图74，伸右车塞象眼是一步制造杀势的妙着，暗伏帅五平四士4进5，炮一平五士6进5，车七进二士5退4，车四进一杀。

34. …… 车2进4　35. 车七进一 车8退4
36. 车七平九 车2退6　37. 帅五平四 士4进5
38. 炮一进一 车8退2　39. 车九平五 将5平4
40. 炮一退一

黑认输，因接走车2进1，则车五平七车2退1，炮一平五象7进9，车七平六将4平5，车六平五车2进3，炮五平八将5平4，车五平七再沉底杀。

第2局　吕钦先胜于幼华

（1997年10月31日弈于商丘）

1. 炮二平五 马8进7　2. 马二进三 车9平8
3. 车一平二 马2进3　4. 马八进九 卒7进1
5. 炮八平七 车1平2　6. 车九平八 炮2进2
7. 车二进六 马7进6　8. 车八进四 象3进5
9. 车二平四 卒3进1　10. 兵三进一 炮8平7
11. 兵三进一 炮7进5　12. 炮七平三 马6进5
13. 车四退三 马5退4　14. 兵三进一 士4进5
15. 兵九进一 卒3进1　16. 车八平七 炮2进2
17. 车四进五 炮2退5　18. 炮五进五

这是林河杯首届全国象棋个人赛对局，双方按照流行的谱法，演成五七炮双直车对屏风马右炮巡河阵势。第9回合起，于幼华主动求变，挺3卒平7炮，经过兑子后放红三兵过河，以取得中兵为补偿。但终究留下隐患。弈到17回合时，红进车塞象眼，明知黑会退炮打车再炮2平3打车抢先，却故意设下圈套，诱黑上当。

如图75，黑按预定计划走棋，吕钦突然弃炮轰象，石破天惊，完全出人意料之外。这步妙着虽然丢炮，但却换取很大的先手，直到奠定胜势，由此可见吕钦棋风的凶狠多变，中局功夫之深厚非同凡响。

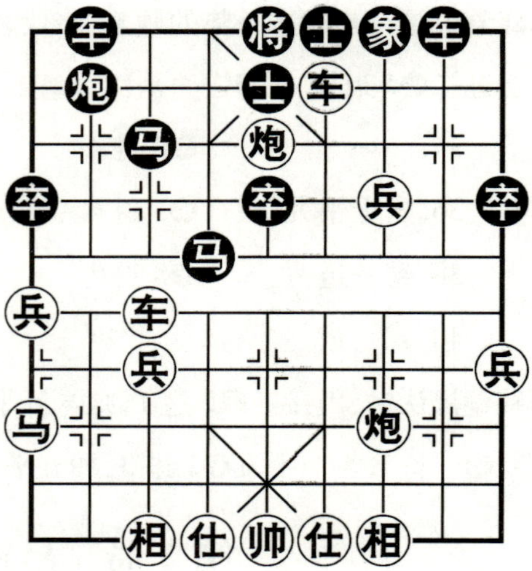

图75

至此黑如不接受弃子，接走将5平4，炮三平六炮2平4，炮六进六将4进1，炮五平三，红兵种齐全且小兵渡河占优。

18. …… 马4退5
19. 车四退三 马3退1
20. 车四平二 车8平9
21. 兵三平四 马1进2
22. 车七平三 士5退4
23. 兵四平五 炮2平5
24. 炮三进七 车9平7
25. 车三进五 马2退3
26. 仕四进五 炮5进2
27. 相三进五 车2进3
28. 车三退六 士4进5
29. 兵七进一 炮5平4
30. 车二平五 炮4退3
31. 车三平五 炮4平3
32. 前车进一

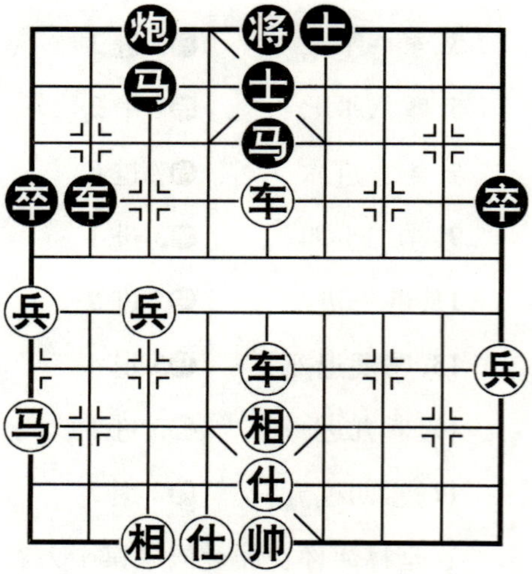

图76

红弃子后，利用优越形势大举进攻，黑不得不送回一子以缓和局面。如图76，双方实力接近，但黑缺双象红多兵。吕钦为了确立最后的胜势，双车联络邀兑，以占领卒林线，黑如兑车成无车棋，不兑也会丢卒，无论如何都难逃劫运。吕钦兑车巧手是决战决胜的关键。

32. ……	车2进5	33. 马九进七	车2退2
34. 兵七进一	炮3进4	35. 马七进六	车2平5
36. 马六退五			

黑认输，因接走炮3退1，则马五进四卒9进1，马四进五马3进5，车五进一炮3平9，车五退一炮9进3，车五平九，红车兵必胜黑炮双士。

第3局　吕钦先胜柳大华

（1988年7月17日弈于北京）

1. 炮二平五	马8进7	2. 马二进三	车9平8
3. 车一平二	马2进3	4. 马八进九	卒7进1
5. 炮八平七	车1平2	6. 车九平八	炮2进4
7. 车二进四	炮8平9	8. 车二平四	象7进5
9. 兵九进一	炮9退1	10. 炮五平六	车8进6
11. 相七进五	马7进8	12. 仕六进五	卒3进1
13. 兵七进一	炮2平7	14. 兵七进一	车2进9
15. 马九退八	马3退5	16. 兵七进一	马5进7
17. 炮六进六			

这是1988年大都杯赛对局，双方演成五七炮双直车对屏风马右炮过河阵势。刚进入中局，黑随手挺起3卒，暴露右马无根的弱点，红抓住机会挺七兵直冲过河，由此占到便宜。黑集结五个强子在左翼企图反击，但红背补士相阵势巩固，无懈可击，

如图77，红伸炮塞象眼巧手，展开攻势，黑不能麻痹大意，如走象3进1，则马八进九士6进5，炮六平一马7退9，马九进八马9进7，兵七进一车8进

1，马八进七象1 进 3，炮七平八，红有冲兵及沉底炮攻势，黑亦难走。

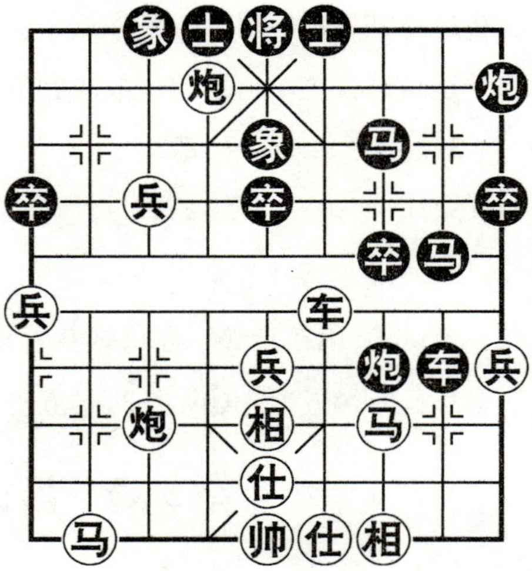
图 77

17. ……　　　车8 进 1
18. 兵七进一　　炮7 进 3
19. 相五退三　　车8 平 7
20. 炮七进七　　将5 进 1
21. 兵七平六　　车7 平 2
22. 炮七退一　　将5 退 1
23. 马八进六　　车2 退 5
24. 炮七退一　　炮9 进 1
25. 车四平七　　象5 进 3
26. 车七进一　　炮9 平 4
27. 炮六平三

黑通过兑子，把车调至右翼加防，又消灭了红过河兵，希望能缓解局势。但由于损失双象，缺象怕炮，防线薄弱，仍然未能摆脱困境。如图 78，红平炮巧手，把原来双炮在侧翼进攻改为左右夹击。黑左右不能支士，十分难受，如接走马7 退 5，则炮七进一马8 进 9，炮三平一马9 进 8，炮一进一马5 退 7，车七平三炮4 平 7，炮一退二炮7 进 7，车三退五车2 平 9，车三进九车9 平 3，炮七平一车3 进 6，车三退八，红多子优胜。

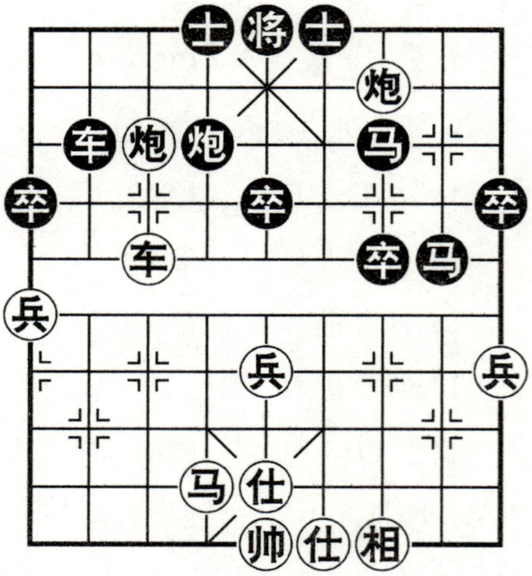
图 78

27. ……　　　将5 进 1
28. 炮七进二　　炮4 退 1

29. 车七进三　车2平4　30. 马六进七　马7进6
31. 马七进五　卒7进1　32. 马五进七　车4进2
33. 马七进八

黑认输,因接走马6退5,则车七平六车4退3,炮三平六马8进9,炮六平九马5进3,马八退七卒5进1,马七进九马3进4,马九进七将5平6,兵九进一,红多子又边兵过河必胜。

第4局　吕钦先胜卜凤波

(1997年8月14日弈于上海)

1. 炮二平五　马8进7　2. 马二进三　卒7进1
3. 车一平二　车9平8　4. 马八进九　马2进3
5. 炮八平七　车1平2　6. 车九平八　炮2进4
7. 车二进四　象7进5　8. 兵九进一　马7进6
9. 马九进八　卒7进1　10. 车二平三　炮2平5
11. 仕六进五　炮5退2　12. 车三平四　炮8平7
13. 车四进一　车8进5　14. 马八退九　车2进9
15. 马九退八　车8平2　16. 马八进九　车2进2
17. 炮七进四　炮7进5　18. 车四退一　卒9进1
19. 马九进八　士4进5　20. 帅五平六　车2退1
21. 马八进六　马3退1　22. 炮五进四　车2退4
23. 车四进一　炮5进1　24. 炮七退二　马1进2
25. 仕五进六　马2进1　26. 炮五平二

这是第四届嘉丰房地产杯赛对局,由于先前双方在慢棋赛中成和,本局是加赛决胜负的快棋赛。双方以五七炮对屏风马布阵,黑企图较量散手,开局不久便离开俗套,跳出盘河马争先,以先弃后取兑子,但形势却显得落后了,黑经过一番抗争,终于跳马过河争取对攻机会。在这关键时刻,吕钦卸中炮移右准备沉底，以便于平中车捉炮，把中路攻势转为底线与中线夹击之势。吕钦平炮巧手体现了灵活机动的战术方针。以后的棋局发展表明，这确是占优制胜之道。

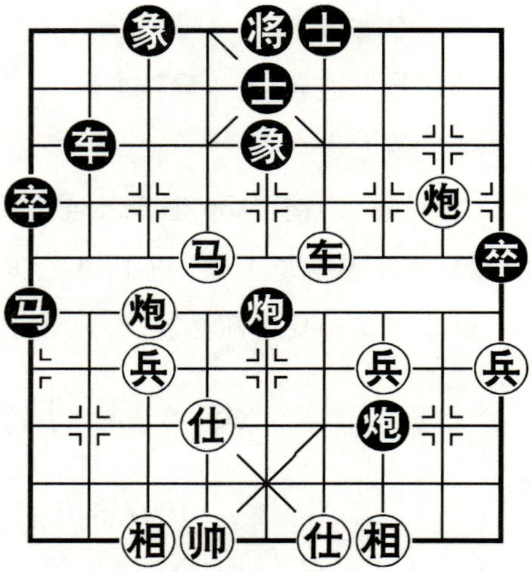

图 79

26. …… 象5 退 7
27. 车四平五 炮5 平 4
28. 帅六平五 车2 平 4
29. 炮二进三 将5 平 4
30. 炮七平八 车4 进 1
31. 炮八进五 象3 进 5
32. 马六退八 炮4 平 8
33. 车五进二 炮8 退 2
34. 车五进一 炮8 平 5
35. 帅五进一 炮7 平 8
36. 炮八平四 炮8 退 3
37. 炮四退三 象7 进 5
38. 炮四进三 象5 退 7
39. 炮四退四 象7 进 9
40. 炮二平五

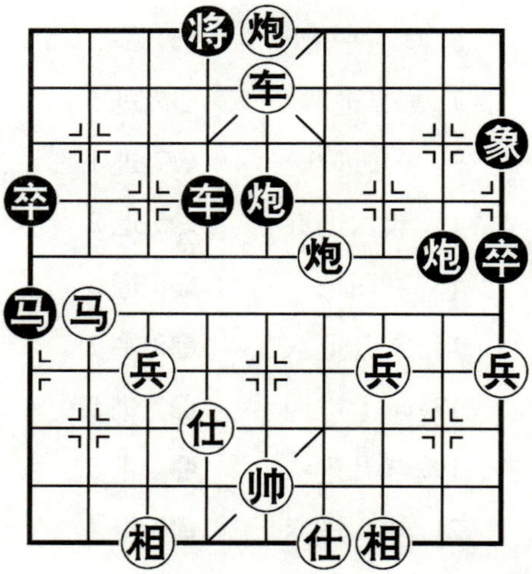

图 80

红沉炮后破黑士象，突破其一道道防线，黑亦摆空头炮实行反击，双方对攻进入最后决战阶段。吕钦深深懂得控制中线的重要性，于是走出邀兑炮的巧手（图 80），从而奠定胜势。黑如不兑炮，而接走炮5 平 6 解杀，则炮四平六车4 平 2，炮六退二车2 进 2，车五退二炮6 退 2，车五平六炮6 平 4，车六平八车2 平 4，车八进三杀。

40. ……　炮5退3　41. 车五进一　将4进1
42. 车五退五　炮8退1　43. 炮四平六　车4平2
44. 炮六退二　炮8平5　45. 帅五平四　将4平5
46. 马八进六　马1退3　47. 兵七进一

黑逃马则丢车，红必多子胜定，故黑认输。

（七）中炮直横车对屏风马两头蛇类

第1局　吕钦先胜李艾东

（1989年5月2日弈于安徽泾县）

1. 炮二平五　马8进7　2. 马二进三　卒7进1
3. 车一进二　车9平8
4. 车二进六　马2进3
5. 马八进七　卒3进1
6. 车九进一　炮2进1
7. 车二退二　象3进5
8. 兵三进一　卒7进1
9. 车二平三　马7进6
10. 车九平四　炮2进1
11. 车四平二　士4进5
12. 兵七进一　炮2退1
13. 车二平四　马6退8
14. 车三平六　卒3进1

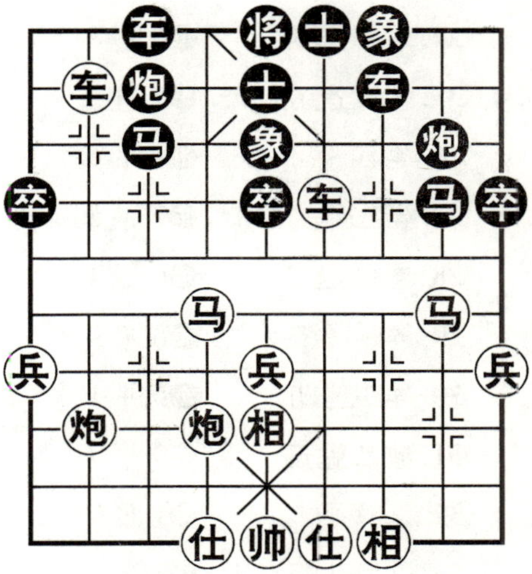

图81

15. 车六平七　车8进1　16. 炮五平六　车8平7
17. 相七进五　炮2退2　18. 马七进六　炮2平3

19. 车七平八　马8退6　20. 马三进二　马6进8
21. 车八进四　车1平3　22. 车四进五

这是1989年全国象棋团体赛对局，大赛结果，广东队9胜2平2负积20分蝉联冠军，而四川队发挥甚佳，也积20分，只因小分略低而屈居亚军，可见本局对争夺名次有重大影响。

开局阶段，双方演成中炮直横车对屏风马两头蛇阵势，这是一个对攻性强、变化复杂的布局。第12回合黑退右炮企图回左马捉双车，其实为徒劳之着，致使左马位置欠佳。

如图81，红用左车牵制黑车炮的同时，伸右肋车捉马，这是一步不引人注目的巧手，通过兑马后取得捉炮的先手，顺手扫掉边卒，并伺机再马踏中卒，以多兵之利为决战提供物质基础。

22. ……　炮8进3
23. 车四平二　炮8平6
24. 车二平四　炮6平8
25. 仕六进五　车7进3
26. 车四平二　炮8平6
27. 车二平一　车7平5
28. 车一退二　炮6退4
29. 车一平三　炮6平9
30. 车三平五　车5平1
31. 车八退五　炮9平7
32. 炮八平九　车1平7

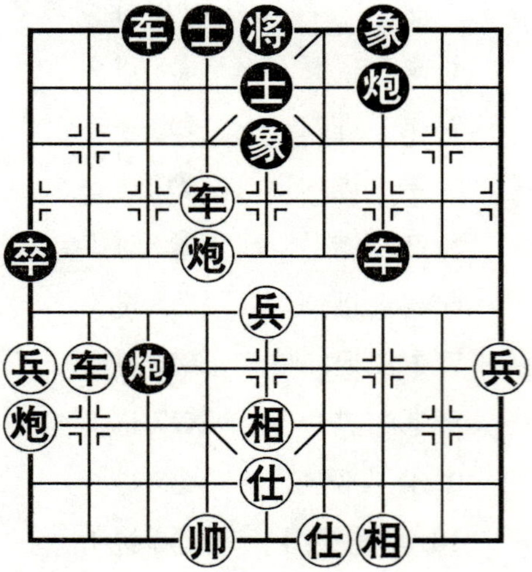

图82

33. 马六进五　马3进5　34. 车五进二　卒1进1
35. 兵五进一　士5退4　36. 车五平四　士4进5
37. 车四平九　炮3进5　38. 车九平六　士5退4
39. 帅五平六　士6进5　40. 炮六进三

黑全力抗衡，没有失误，红决定采取谋卒策略，逐步推进。弈至图 82 局面时，红弈出进炮骑河的巧手，准备架立中炮，这是形势变优的转折点。以后在中炮的控制下，有许多攻杀手段，黑开始感到危机临近。

40. ……　车7 进 2　41. 炮六平五　车7 平 9

42. 炮九平七

黑认输，因接走车3 平 1，则车六平七炮3 平 4，车七平三炮7 平 6，车三进三炮6 退 1，车三退二车1 平 3，车三平五车3 进 7，车五平一抽车胜定。

第 2 局　吕钦先胜于幼华

（1992 年 10 月 25 日弈于北京）

1. 炮二平五　马8 进 7　2. 马二进三　车9 平 8

3. 车一平二　卒7 进 1　4. 车二进六　马2 进 3

5. 马八进七　卒3 进 1　6. 车九进一　炮2 进 1

7. 车二退二　象3 进 5　8. 兵三进一　卒7 进 1

9. 车二平三　马7 进 6　10. 车九平四　炮2 进 1

11. 车四平二　车1 进 1　12. 兵七进一　卒3 进 1

13. 车三平七　车8 进 1　14. 车七平四　车1 平 6

15. 兵五进一　士4 进 5　16. 马七进五　炮8 平 6

17. 车二进七　炮6 进 3　18. 车二退五　炮6 进 2

19. 炮八退一　马6 进 5　20. 车二平五　炮6 进 1

21. 车五平七　炮2 平 3　22. 兵五进一

这是 1992 年全国象棋个人赛对局，双方演成中炮直横车对屏风马两头蛇阵势。黑采取右横车应法，而盘河马受到攻击，只能兑车解脱，但由于横车自塞象眼，中线暴露弱点。吕钦先用车牵制黑马炮，然后抓住机会冲中兵。如图 83，这步冲兵巧手是发起进攻的信号，以后还要摆窝心炮猛击，突破黑防线，夺取中局优势。

至此黑如接走车6进6，则马三进二卒5进1，炮八平五马3退4，后炮进四炮3平4，车七平六炮4平3，车六进三车6退2，马二进三车6平5，仕六进五，伏帅五平六及后炮平三等手段，仍红控制局面。

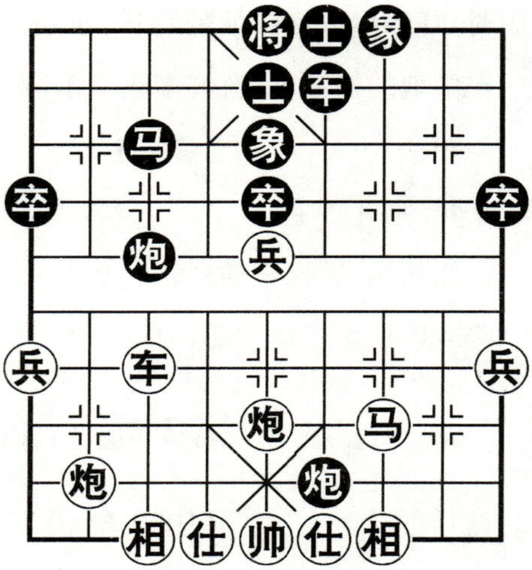

图83

22. …… 车6平7

23. 马三进四 卒5进1

24. 炮八平五 车7进4

25. 前炮进五 象7进5

26. 炮五进六 士5退4

27. 车七进二 车7平6

28. 车七进二 车6退3

29. 车七平八 车6平7

30. 炮五平七 车7进7

31. 炮七进二 士4进5

32. 车八进二 炮6平9

33. 炮七平四 士5退4

34. 炮四平六 炮9进1

35. 炮六退八 将5进1

36. 车八退一 将5退1

37. 车八进一 将5进1

38. 车八退一 将5退1

39. 车八退三 车7退3

40. 仕四进五 车7进3

41. 仕五退四 将5平6

42. 帅五进一 车7退5

43. 兵九进一 卒9进1

44. 车八进一 车7平6

45. 车八平五 卒9进1

46. 兵一进一 炮9退3

47. 炮六进四

红虽破黑士象，但无过河兵，暂难成杀势。如图，黑弃边卒退边炮，准备平中炮逐车再过中卒，是有对攻机会的。吕钦感到形势严峻，决定进炮打车，先下手为强，如黑卒5进1，则车五退二占领中线，黑车不敢吃炮，红再冲边兵即有胜机。所以黑只能平中炮对打车，兑车后又要进入残局的较量。

47. ……　炮9平5
48. 炮六平四　炮5退3
49. 帅五平六　卒5进1
50. 炮四退三　炮5退1
51. 炮四平九　炮5平1
52. 兵一进一　炮1进3
53. 炮九进四　卒5进1
54. 仕六进五　卒5平4
55. 帅六退一　将6平5
56. 相七进五　炮1平4
57. 帅六平五　炮4平5

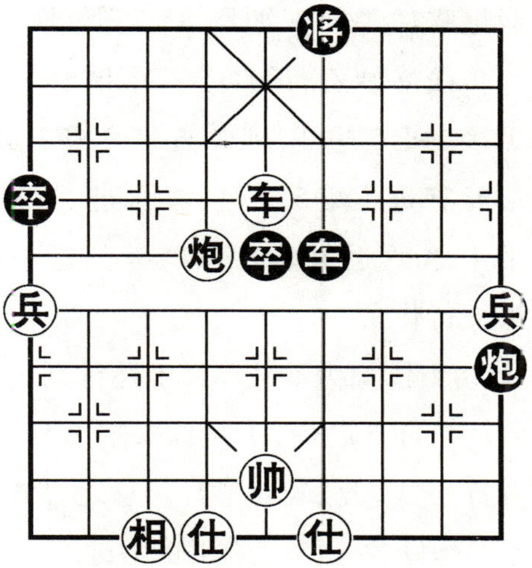

图84

58. 炮九平三　将5平4
59. 炮三退四　卒4平5
60. 相五退三　卒5平6
61. 仕五进六　卒6平5
62. 仕四进五　卒5平6
63. 帅五平四　将4平5
64. 兵一平二　将5进1
65. 兵二平三　将5平4
66. 兵三平四　炮5平6
67. 帅四平五　卒6平5
68. 兵四平五　卒5平4
69. 兵五进一　将4平5
70. 炮三平五　卒4平5
71. 兵五进一　将5平4
72. 炮五平二　卒5平4
73. 相三进五　炮6平5
74. 帅五平四　炮5平4
75. 帅四进一　炮4退1
76. 炮二退二　卒4平3
77. 炮二平九　炮4退1
78. 帅四退一　炮4进1
79. 帅四平五　炮4退1
80. 仕五进四　炮4进3
81. 炮九进一　炮4退2
82. 仕六退五　炮4平5
83. 炮九平六

兑车后，形成炮兵单缺相对炮卒的残局，红方多仕相，取胜要费一番功夫。吕钦先冲兵入宫控制黑将，然后运炮瞄住黑将。如图 85，平肋炮是一步残局妙着，设计了一个圈套，如黑接走炮5 进 1，则帅五平六炮5 进 1，仕五进六炮5 平 4，炮六进二卒3 平 4，仕六退五将4 退 1，兵五进一，黑欠行作负。

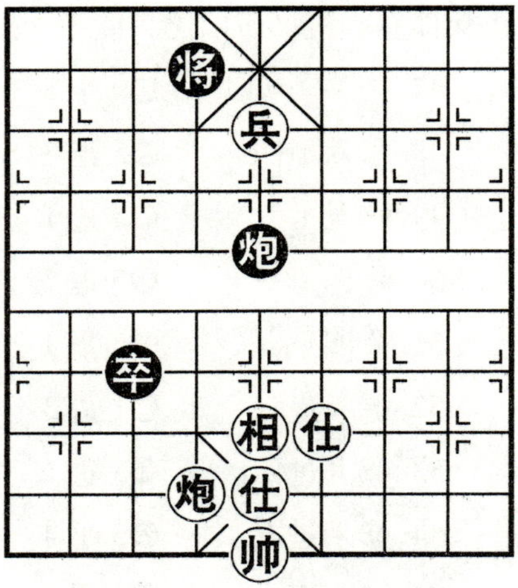

图 85

因此，黑为了破坏红上述计划，必须冲卒直下赶炮，于是红又炮运到右翼打死黑老卒，奠定胜局。总之，吕钦平肋炮妙着，是残局制胜的关键。

83. ……	卒3 进 1	84. 帅五平六	卒3 进 1
85. 炮六进三	炮5 进 1	86. 相五进三	卒3 平 2
87. 仕五进六	卒2 平 3	88. 帅六平五	卒3 平 2
89. 帅五进一	卒2 平 3	90. 炮六平八	卒3 平 2
91. 炮八平九	炮5 平 3	92. 相三退五	炮3 平 5
93. 帅五平四	卒2 平 3	94. 炮九退四	炮5 平 9
95. 炮九平一	卒3 平 4	96. 炮一进一	炮9 平 4
97. 仕四退五	炮4 进 1	98. 仕五退四	炮4 退 2
99. 相五进三	炮4 进 2	100. 帅四进一	炮4 平 8
101. 炮一平二	炮8 平 7	102. 仕六退五	炮7 进 2
103. 帅四平五	卒4 平 3	104. 仕五进六	炮7 退 2
105. 帅五退一	炮7 进 2	106. 相三退一	将4 退 1
107. 兵五进一			

黑认输，因接走卒3 平 2，则帅五进一炮7 退 2，炮二平六胜。

第3局　吕钦先胜吴贵临

（1995年4月9日弈于桂林）

1. 炮二平五	马8进7	2. 马二进三	车9平8
3. 车一平二	卒7进1	4. 车二进六	马2进3
5. 马八进七	卒3进1	6. 车九进一	炮2进1
7. 车二退二	象3进5	8. 兵三进一	卒7进1
9. 车二平三	马7进6	10. 车九平四	炮2进1
11. 车四平二	士4进5	12. 兵七进一	炮2退1
13. 车三平四	马6退8	14. 车二平三	卒3进1
15. 车四平七	炮2退3	16. 马三退五	炮2平3
17. 车七平四	马8退6	18. 车三平二	马6进7
19. 车二进四			

这是第六届银荔杯赛对局，双方用中炮直横车对屏风马两头蛇布阵，吕钦祭出自己独创的马肚车、窝心马怪着，其意图是横车留在右翼，随时再平二路牵制黑车炮。

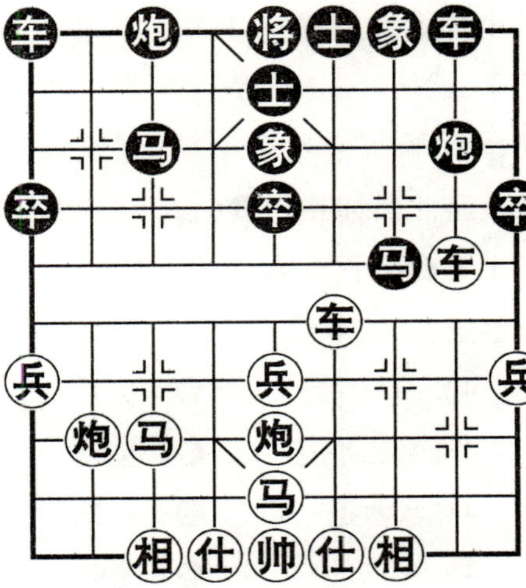

图86

如图86，由于黑未注意及时伸左炮封压，红赶紧伸骑河车，吕钦这步巧手牵制了黑左翼子力，具有深远的战略意义。

19. ……	炮3进1		
20. 马七进六	士5进6	21. 车四进二	车1平4
22. 马五进七	车4进4	23. 车四平三	士6进5

24. 炮五平六　车4平5　25. 炮六平四　马3进2
26. 相七进五　马2进4　27. 马七进六　车5进2
28. 仕六进五　炮3进3　29. 车二退一　车5平3
30. 炮八平六　炮3平5　31. 炮四进三　马7进6
32. 马六退四　车3平6　33. 炮四进一　车6平1
34. 炮六退二　卒9进1　35. 炮四退四　炮8进2
36. 炮四平二　炮5平2　37. 炮二进三　炮2进5
38. 炮六进二　车1进3　39. 车三平五　车8进2
40. 车五平八　象5进7　41. 炮二进一　士5退4
42. 炮六进六

红牵制战术取得效果，黑兑马后，左翼无根车炮更难脱身，结果红谋炮得逞。

如图87，红已多子，但如何进一步扩大优势呢？吕钦这步伸炮巧手，就是为了解决这个问题。暗伏炮六平九打死车，并有沉底攻势。至此黑如接走士6退5，则炮二平五车8平5，炮六平九叫杀得车胜定。

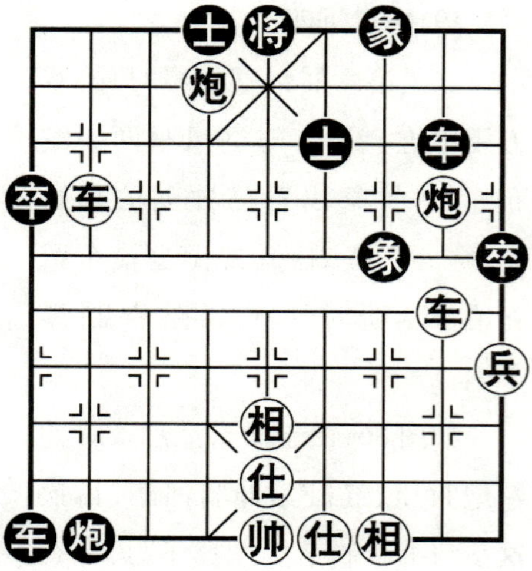

图 87

42. ……　车8退1
43. 车二平五　象7退5
44. 炮六退一　车8平3
45. 炮二进三　象7进9
46. 车五进三　士6退5　47. 炮六平一

黑认输，因接走将5平6，则车八平四士5进6，车四进一车3平6，炮一进二杀。

（八）五六炮对反宫马类

第1局　吕钦先胜赵国荣

（1989年5月9日弈于安徽泾县）

1. 炮二平五　马2进3　　2. 马二进三　炮8平6
3. 车一平二　马8进7　　4. 兵三进一　卒3进1
5. 马八进九　象7进5　　6. 炮八平六　车1平2
7. 车九平八　炮2进4　　8. 车二进六　车9平8
9. 车二进三　马7退8　　10. 车八进一　士4进5
11. 车八平二　马8进9　　12. 兵九进一　车2进3
13. 车二平七　卒7进1
14. 兵三进一　车2平4
15. 仕六进五　炮6平7
16. 兵七进一　车4进3
17. 兵七进一　炮2平5
18. 车七进一　象5进3
19. 相三进一　炮7进5
20. 炮六平三　象3进5
21. 马九进八　车4平2
22. 车七进二　卒9进1
23. 帅五平六　炮5平8

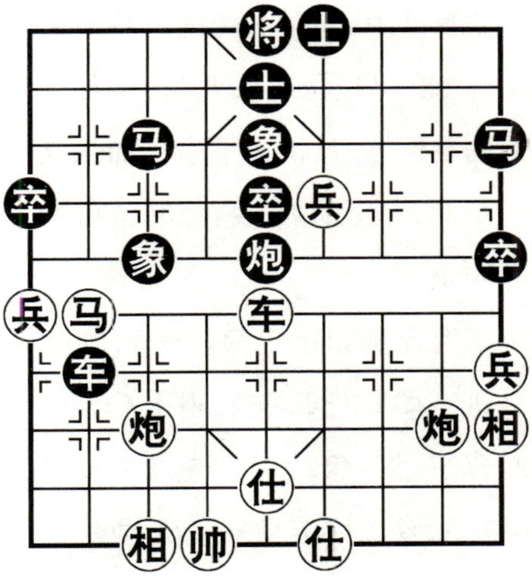

图88

24. 炮三平二　马3退1　　25. 车七平五　马1进3
26. 兵三平四　炮8退2　　27. 兵四进一　炮8平5
28. 炮五平七

这是1989年全国象棋团体赛对局，双方演成五六炮对反宫马阵势。中局阶段黑急于反击，在弃7卒后未及时吃回红过河兵，造成后患。

弈至27回合时，黑希望兑炮简化局势，红如走兵四平五，则炮5进3，相七进五马3进5，车五进二车2退1，车五平一象5退7，大体和势。

吕钦处于略优地位，自然不愿成和，便走出避兑卸炮打马的巧手。诱黑车2平3，则马八退九车3进1，相七进五车3平1，炮二平九，红优势扩大。

28. ……	马3退4	29. 兵四平五	炮5平8
30. 炮七平五	车2平3	31. 兵五平六	车3进3
32. 帅六进一	车3退1	33. 帅六退一	车3进1
34. 帅六进一	车3退3	35. 兵六进一	炮8退3
36. 相一退三	马9进7	37. 车五平六	

红消灭中卒打通中线，又摆中炮发挥威力，同时右炮随时待命出动。如图89，在兵入九宫，出帅助战的条件下，吕钦再平肋车加强支援小兵，是入局的妙着，准备再冲兵叫杀。

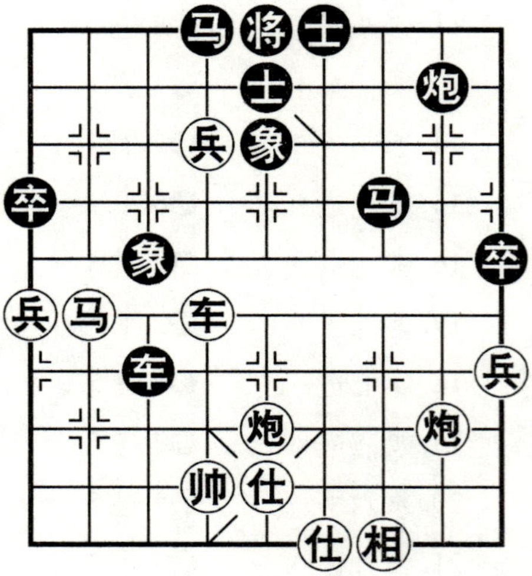
图89

至此黑如接走车3平5，则兵六进一马4进2，马八退七车5退2，炮五进一马2进4，兵六平五士6进5，炮二平五车5平6，车六进三得子。

37. ……	马7进5	38. 车六进一	车3进2
39. 帅六退一	车3进1	40. 帅六进一	车3退1
41. 帅六退一	车3进1	42. 帅六进一	车3退4

43. 马八进九　车3平1　44. 马九退七

黑认输，因接走象5进3，则兵六进一象3退5，炮五进五士5进4，车六平五马4进2，车五平七车1退5，炮二平五杀。

第2局　吕钦先胜徐天红

（1990年6月9日弈于邯郸）

1. 炮二平五　马2进3　2. 马二进三　炮8平6
3. 兵三进一　卒3进1　4. 马八进九　象7进5
5. 炮八平六　车1平2　6. 车九平八　马8进7
7. 车八进六　士6进5　8. 车一平二　炮6进1
9. 车八退二　炮2平1　10. 车八平四　炮6退3
11. 兵九进一　车2进4　12. 仕四进五　马3进4
13. 车四平六　卒3进1　14. 车六平七　炮1平3
15. 炮五平四　炮6进2　16. 炮四进一　车9平8
17. 车二进九　马7退8　18. 相三进五　炮3平4
19. 炮六进五　炮6平4　20. 车七进二　马8进7
21. 车七平九　马4退6　22. 炮四退三　卒7进1
23. 车九退一

这是1990年全国象棋团体赛对局，黑反宫马阵形未及时伸右炮封车，致使红左车过河右车亮出，控制了局面。黑无奈弃卒跃出右马企图对攻，并无进展。红看到黑阵势巩固，暂难打入，便忙里偷闲谋卒。当弈到图90局面时，红已多双兵，为了取得稳定的优势局面，决定退车兑车，这样会丢掉一个相，但从长远来说，多双兵的残局较有把握取胜。因此这步巧手是奠定胜势的关键，而吕钦对于自己的残棋是充满信心的。

23. ……　车2平1　24. 兵九进一　卒7进1
25. 相五进三　马6进7　26. 相七进五　马7退5

27. 马九进八　　马5进6

28. 仕五进四　　马6退7

29. 马三进四　　象5退7

30. 马八进六　　炮4平6

31. 炮四平三　　后马进6

32. 炮三进九　　卒5进1

33. 马四退三　　马7进8

34. 炮三退三　　炮6平7

35. 马三退四　　炮7平9

36. 兵七进一　　将5平6

37. 马四进三　　炮9平7

38. 炮三平八　　炮7进2

39. 兵七进一　　卒5进1

40. 兵五进一　　马8进6

41. 帅五平四　　后马进7

42. 兵五进一

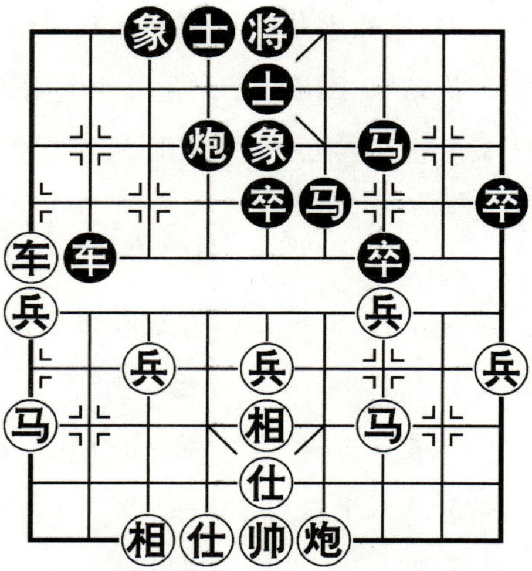

图90

黑全力进行反击，先后破红仕相，但马炮无卒不成势，虽然集中双马炮在侧翼攻击，亦未能造杀。

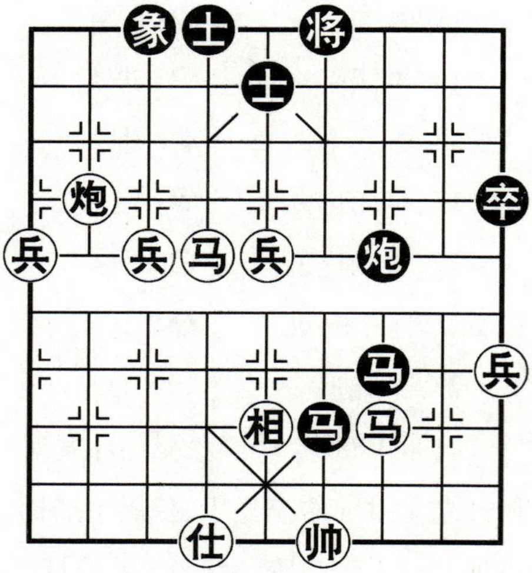

图91

如图91，红冲中兵，保住了三个过河兵，先弃马然后设法吃回黑马，则构成必胜残局。吕钦冲兵巧手走出之后，大局已定。

42. ……　　炮7进3

43. 仕六进五　　炮7平5

44. 仕五进四　　马7进8

45. 帅四进一　　马8退9

46. 炮八平四　　炮5退2

47. 炮四退三　　将6平5

48. 兵七进一	炮5平8	49. 兵五平四	马9退7
50. 帅四平五	马7进8	51. 炮四进一	马8进7
52. 帅五平四	炮8进1	53. 仕四退五	炮8平6
54. 炮四平七	象3进1	55. 马六进五	炮6退1
56. 炮七平五	马7退8	57. 帅四退一	马8退6
58. 帅四平五	将5平6	59. 马五退三	马6进7
60. 帅五平六			

黑见败势已定,主动认输。如接走炮6进1,则马三进二将6进1,兵四进一马7退8,炮五进三士5进4,兵四进一将6平5,兵七平六马8退7,兵六进一象1退3,兵六进一将5退1,炮五退二炮6退3,兵四平五炮6平5,兵六进一杀。

第3局 吕钦先胜蒋全胜

(1996年5月20日弈于成都)

1. 炮二平五	马2进3	2. 马二进三	炮8平6
3. 兵三进一	卒3进1	4. 马八进九	象7进5
5. 炮八平六	车1平2	6. 车九平八	马8进7
7. 车八进六	车9平8	8. 马三进四	炮6进1
9. 炮六进四	炮6平4	10. 车八平六	车8进4
11. 马四进三	马3进4	12. 车一进一	士6进5
13. 兵五进一	炮2进5	14. 兵五进一	马4进3
15. 兵五进一	车2进2	16. 兵五进一	象3进5
17. 车一平四	马3进5	18. 相七进五	卒1进1
19. 车四进二	马7退6	20. 仕六进五	卒9进1
21. 车四平五	卒3进1	22. 相五进七	炮2进2
23. 马九退八	车2进7	24. 仕五退六	车2退5

25. 相七退五　车2平4　26. 马三进一

这是1996年全国象棋团体赛对局，红五六炮布阵，左车顺利过河取得先手，中局时巧冲中兵破象，但中炮被兑掉，攻势被削弱。黑缺象有顾虑，便沉炮兑马，再摆双车巡河邀兑，急于求和。吕钦摸透对方心理，静待棋变，当弈至图92时，黑随手平肋车邀兑，吕钦冷不防跳边马叫杀，在平淡中找到一个绝好的机会，这步妙着使和势变为优势。

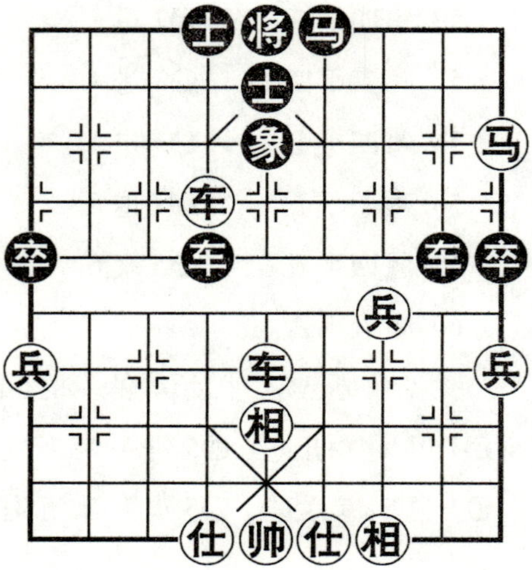

图92

26. ……　士5进6

27. 马一进三　将5进1

28. 车六平九　车8平5

29. 车五进二　车4平5

30. 车九平四

黑虽然实现兑车计划，但支士解杀，升将不安于位，给红以可乘之机。

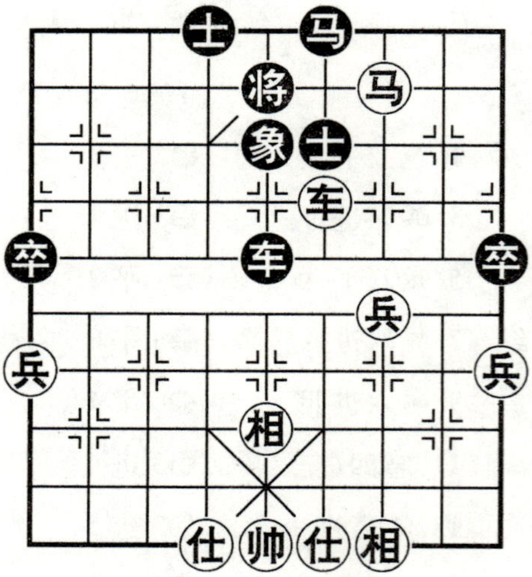

图93

如图93形势，红仅多一兵一相，兵未过河，车马难成杀。黑方是有求和希望。但吕钦注意到黑羊角士的弱点，迅速移车捉士，只要吃掉黑士，红就有取胜希望。如黑接走将5平6，则马三退一马6进4，马一进二将6平5，车四进一，红亦得士。因此，吕钦平车捉士巧手，是对黑致命一击。

30. ……　马6进4　31. 车四进一　马4进3

32. 马3退4	将5平4	33. 车四进一	士4进5
34. 车四平五	将4退1	35. 仕四进五	车5平6
36. 马四进二	车6平4	37. 车五平七	马3进4
38. 车七退一	马4退6	39. 马二退一	

黑缺士无法守住红多双兵的攻势,便主动认输。

第4局　吕钦先胜李来群

(1987年2月9日弈于北京)

1. 炮二平五	马2进3	2. 马二进三	炮8平6
3. 车一平二	马8进7	4. 马八进九	卒7进1
5. 炮八平六	车1平2	6. 车九平八	象7进5
7. 车二进六	炮2进1	8. 车八进四	士6进5
9. 车二平三	车9进2	10. 兵三进一	卒3进1
11. 炮六进四	炮6退2	12. 兵三进一	炮2进1
13. 马三进二	炮6平7	14. 车三平二	炮2平7
15. 车八进五	马3退2	16. 炮五平七	

这是1987年金菱杯大师邀请赛对局,黑布局谋求新变而走出软着,致使红双车亮出控制局面,弈到图94时,黑子力仍难施展,吕钦虽持先手,但仍需寻找攻击点,这步卸中炮平七的巧手,攻守兼备,既利于联相巩固后防,又暗瞄住黑底象,具有深远意义。从本局实战结果来看,这步平炮的确起到举足轻重的作用。

16. ……	前炮进1	17. 马二进三	后炮进3
18. 车二平三	炮7平8	19. 炮六进二	炮8退5
20. 相三进五	炮8平7	21. 车三平四	象3进1
22. 炮六平八	车9平8	23. 兵九进一	车8进2
24. 车四退二	车8平4	25. 仕四进五	马2进4

26. 炮八平七　　士5进6

27. 前炮平九　　炮7平6

28. 车四平八　　车4平8

29. 仕五退四　　象1退3

30. 兵七进一　　马4进3

31. 炮九进一

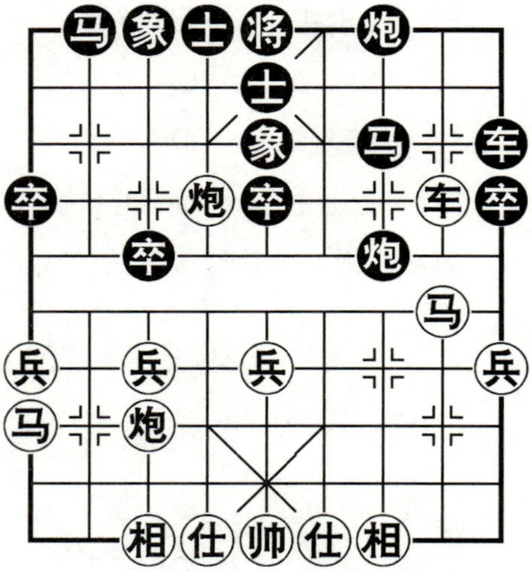

图 94

如图95，红方沉炮为底线攻势埋下伏兵，同时有七路炮配合威胁黑右马及底象，伺机还有车八进三牵制黑中象的手段。吕钦这步沉炮巧手是决战总攻的信号。此着如改兵七进一，则车8平3，相五进七车3平6，炮七进四车6进5，帅五进一车6平4，相七退五马7进8，车八平三车4退8，炮九进一马8进6，黑有强烈攻势，红反而被动。

31. ……　　马3进5

32. 车八进三　　马5退7

33. 马九进八　　车8退3

34. 兵七进一　　车8平1

35. 炮九平八　　将5进1

36. 马八进六　　前马进6

37. 马六进七　　将5退1

38. 马七退五

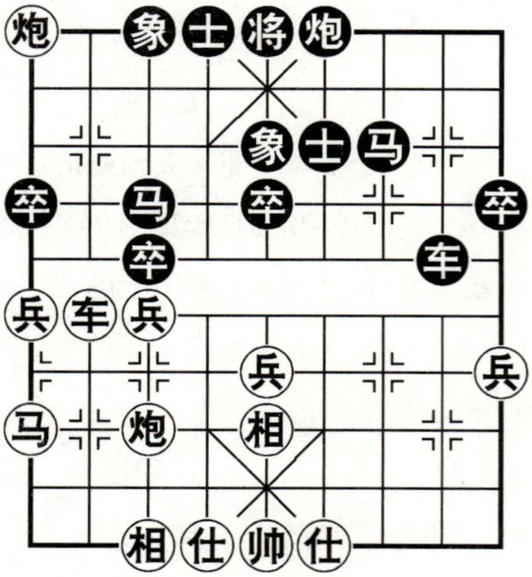

图 95

黑认输，因接走马6退5，则车八平五士6退5，炮七进七杀。另外，又如接走马6退7，则马五进三象5进3，车八平四车1平7，车四进一车7平6，炮七进七杀。

第5局　吕钦先胜李来群

（1992年8月21日弈于华阴）

1. 炮二平五	马2进3	2. 马二进三	炮8平6
3. 车一平二	马8进7	4. 马八进九	卒7进1
5. 炮八平六	车1平2	6. 车九平八	炮2进4
7. 车二进六	车9进2	8. 车二平三	士4进5
9. 马九退七	炮2退3	10. 车三退一	象3进5
11. 车三退一	车9平8	12. 车八进四	车8进6
13. 仕六进五	马7进8	14. 炮六退一	车8退2
15. 炮六进二	马8退6	16. 车三进三	马6进8
17. 车三退三	卒3进1	18. 炮五平六	马8退6
19. 车三平六	炮6平7	20. 相七进五	车8进1
21. 车六进二	炮2进1	22. 车六平七	卒3进1
23. 兵七进一	炮2平7	24. 车八进五	马3退2
25. 车七平五	马6进8	26. 车五平二	前炮进3
27. 炮六平三	炮7进5	28. 兵三进一	炮7进1
29. 马七进八	炮7平9	30. 马八进六	炮9进1
31. 炮六退一	车8进1	32. 炮六退一	车8退1
33. 兵七进一			

双方以五六炮对反宫马开局，黑采用右炮过河封车，为此红退边马咬炮抢先，使左车升起掌握先手。中局阶段，黑弃双卒谋子，但车马被红牵制，双方各有顾忌。

如图96，红肋炮逐车，使黑车不能占据下二线，就不存在马8进9兑车脱身的棋，这样黑左翼车马炮无法施展攻力，但如果右马跃出过河，就会对红构成威胁。吕钦纵观全局，制订了正确的战略方针，一方面用车牵制黑马，同时趁机强渡七兵，不怕黑象5进3吃，因有兵三进一渡河捉死马。而七兵渡河之后，应该控制了黑右马的出路，然后调运红马曲折跳入卧槽攻杀，就会大功告成。所以吕钦这步渡兵巧手吹起进攻的号角，虽少了强子，但多兵得势更为有利。

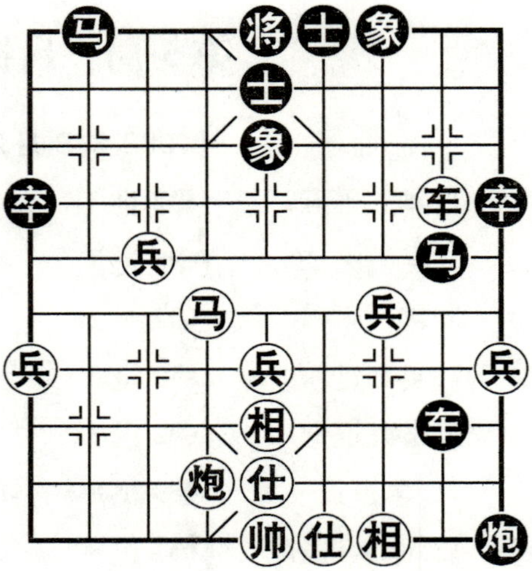

图 96

33. …… 车8 退 1
34. 马六进四 车8 进 1
35. 兵七进一 车8 平 5
36. 车二退一 车5 平 7
37. 马四进六 车7 进 2
38. 马六进七 马2 进 4
39. 仕五进六 车7 退 1
40. 仕四进五 车7 进 1
41. 仕五退四 车7 退 1
42. 仕四进五 车7 进 1
43. 仕五退四 士5 进 4
44. 兵七进一 车7 退 1
45. 仕四进五 车7 进 1
46. 仕五退四 士6 进 5
47. 兵七平六 士5 进 4
48. 车二进三

黑无可奈何，弃马换双相，摆脱牵制以求对攻，但沉底单车炮不能成势，而右马又被牵制，红明显占优。

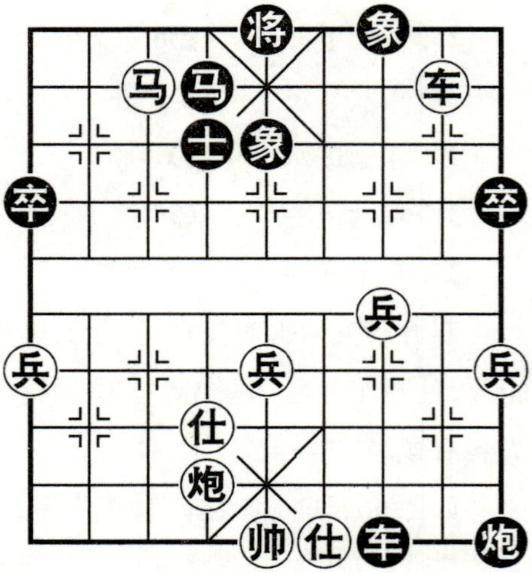

图 97

弈到图 97 时，吕钦走得细致，先用兵换士，然后巧进右车捉马，黑马难逃。如接走将5 平 4，则车二平四车7 退 4，帅五进一车7 平 3，炮六进六马4 进 6，马七退五将4 平 5，炮六平四得子。

48. ……	车7退4	49. 帅五进一	车7进1
50. 车二平六	车7平5	51. 帅五平四	车5平6
52. 帅四平五	将5平6	53. 炮六进六	车6平5
54. 帅五平六	车5平3	55. 帅六平五	车3平5
56. 帅五平六	车5平3	57. 帅六平五	车3进2
58. 帅五进一	车3退6	59. 炮六退一	车3进4
60. 炮六退三	炮9平8	61. 仕六退五	炮8退3
62. 帅五平六	炮8进2	63. 帅六平五	炮8退2
64. 仕五退六			

红得子得势，黑认输。如接走车3平1，则车六退四将6进1，车六平四将6平5，马七退六将5退1，帅五平四炮8退6，马六进七将5进1，车四进四杀。

第6局　吕钦先胜胡荣华

（1989年1月21日弈开广州）

1. 炮二平五	马2进3	2. 马二进三	炮8平6
3. 车一平二	马8进7	4. 炮八平六	车1平2
5. 马八进七	炮2平1	6. 兵七进一	车2进6
7. 兵三进一	车9进1	8. 仕六进五	车9平4
9. 马三进四	车2平3	10. 车二进五	车4进4
11. 马四进六	象7进5	12. 马六进八	

这是第9届五羊杯赛对局，吕钦与胡荣华决战四局，先前已取得2胜1和的佳绩，本局是第4局，胡荣华急于反击，使出反宫马直横车阵势，伸车过河压马，着法新颖。吕钦亦以骑河车带动右马急进，双方展开对攻。

如图98，吕钦跳马巧着，但有进难退，也是险着。如黑接走炮1平2，则马八退九炮2进3，马九进八卒7进1，车二进一卒7进1，车二平三马7退9，车九平八炮2进1，马八退九炮2退1车八进四，卒1进1车八进四，卒1进1车八平一得子。

12. …… 车4退4

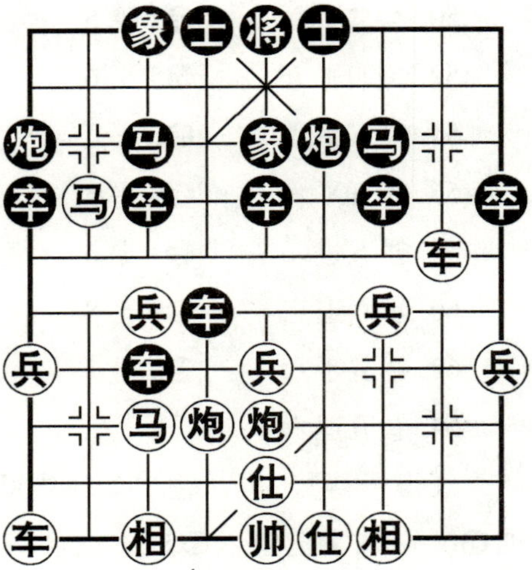

图 98

13. 车九平八 车4平2
14. 兵七进一 象5进3
15. 炮五平三 炮6平5
16. 兵三进一 卒7进1
17. 车二平三 马7退9
18. 炮三平二 炮5平8
19. 炮六平四 象3退5
20. 车三进一 车3退2
21. 相七进五 车3平7
22. 车三退一 象5进7
23. 炮四进四 炮8进1
24. 马七进六 象3进5
25. 马六退四 马3退5
26. 马四进三 马5退3
27. 炮二进二 炮1平2
28. 车八平七 车2平7
29. 马三进一 马9进7
30. 炮四平三 车7平4
31. 炮二平三 马7进9
32. 前炮平一 士6进5
33. 炮三进二 卒5进1
34. 车七进四

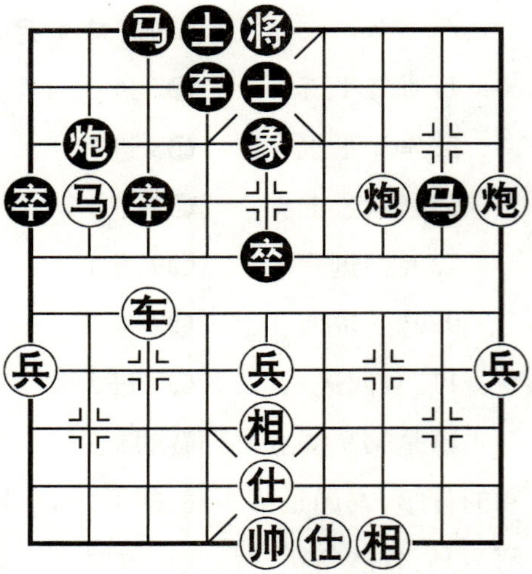

图 99

双方经过子力交换，互相纠缠，红巧退左马吃得一象而略优。如图 99，由于黑没挺 3 卒而误挺中卒，红抓住机会升起左车，只要调往右翼，即可配合双炮攻虚。吕钦升车巧手，是快速制胜的转折点。

34. ……	卒3进1	35. 车七平二	炮8退1
36. 炮一进三	将5平6	37. 炮三进三	将6进1
38. 炮三平七			

红得子得势，黑主动认输，如接走车4进2，则炮七退一将6退1，炮七平八，红保持多子大优，亦属胜局。

(九)五七炮对反宫马类

第1局　吕钦先胜于幼华

(1986年11月23日弈于湘潭)

1. 炮二平五	马2进3	2. 马二进三	炮8平6
3. 兵三进一	卒3进1	4. 马八进九	象7进5
5. 炮八平七	车1平2	6. 车九平八	炮2进4
7. 车一平二	马8进7	8. 兵七进一	卒3进1
9. 兵三进一	卒7进1	10. 车二进四	炮2平3
11. 车八进九	炮3进3	12. 仕六进五	马3退2
13. 炮五进四	士6进5	14. 炮五退一	马2进3
15. 炮七平六	炮3退2	16. 炮六退一	卒3进1
17. 马九进七	车9平8	18. 车二平四	将5平6
19. 兵五进一	车8进3	20. 马三进五	炮3平2
21. 炮六进六	将6进1	22. 炮六退五	炮2退4
23. 车四退二	炮2平6	24. 车四平三	前炮进3
25. 马五退六	马7进6	26. 相三进一	前炮平8
27. 车三平二	卒7进1	28. 炮六平七	马3进5
29. 炮五平六	马5进4	30. 兵五进一	炮8平5

31. 马七退五

这是1986年全国象棋个人赛对局，以往吕钦参加全国赛，最好成绩是亚军，所以特别希望夺冠。此次赛完11轮时，吕钦与于幼华、卜凤波三人并列最高分，当时人们看好吕钦与于幼华，因此第12轮本局开赛后，引起全场注目，认为是冠军争夺战。

双方以五七炮对反宫马布阵，吕钦采取弃双兵急攻变例，一时战云密布，形势紧张。中局时吕钦又弈出退角炮的新变着，但后来错过战机，随手跳错马，局面顿时改观。于幼华反夺主动，控制了局面，但又产生急躁情绪，显得不耐烦，竟然走出平中炮叫将似乎抽车的假棋。如图100，吕钦妙退中马垫将，又保住了右车，必然造成兑车局面，黑攻势缓解，红转危为安。以后的形势，虽然双方子力相当，但心理与技术条件却不同了。由于此局关乎夺魁，于幼华后悔失误，影响情绪，吕钦则松一口气，精神大振。于幼华当年擅长中盘扭杀，但残棋功夫尚欠火候，吕钦则技术全面，残棋功力相当深厚，如此续战，吕钦是大有希望的。

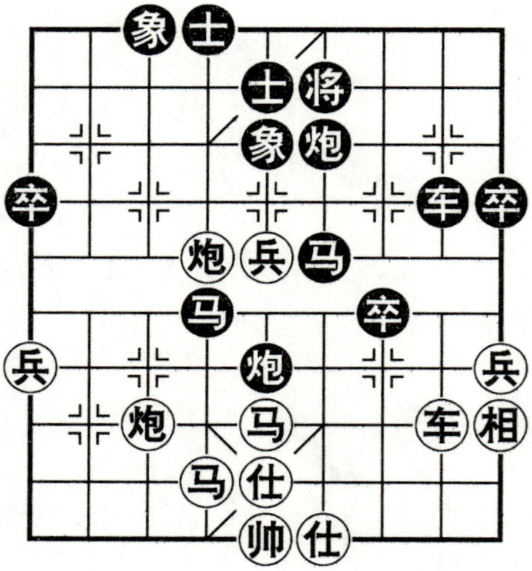

图 100

31. ……	车8进4	32. 炮七平二	马6进7
33. 马六进五	马7进5	34. 马五进三	马5进7
35. 帅五平六	马7退6	36. 炮二平八	象5进7
37. 炮八平四	炮6进5	38. 仕五进四	马4进3
39. 帅六进一	马3退1	40. 兵五平四	马1退3
41. 仕四进五	象3进5	42. 帅六退一	将6退1

43. 相一退三　卒1进1　　44. 相三进五　马3进1

45. 马三退五　卒1进1　　46. 帅六平五　将6平5

47. 炮六进一　马6退8　　48. 相五进三　卒1平2

49. 兵一进一　马1退3　　50. 炮六退二　马8退7

51. 马五进六　马7退6　　52. 兵四进一　象5退3

53. 相三退五　马3进2　　54. 炮六平四　马6进8

55. 炮四平五　将5平6　　56. 兵四平三

经过兑子进入残局阶段，红马炮双兵单缺相，黑双马双卒士象全，本来有可能成和。但有一对头兵卒的问题没有解决，黑如能兑掉兵卒便和，而红如能消灭黑边卒则有胜望。所以运炮赶走黑拐脚马，弈到图101时得以巧运红兵平三，再平二捉马吃卒，形成优势残局，再进而争取获胜。

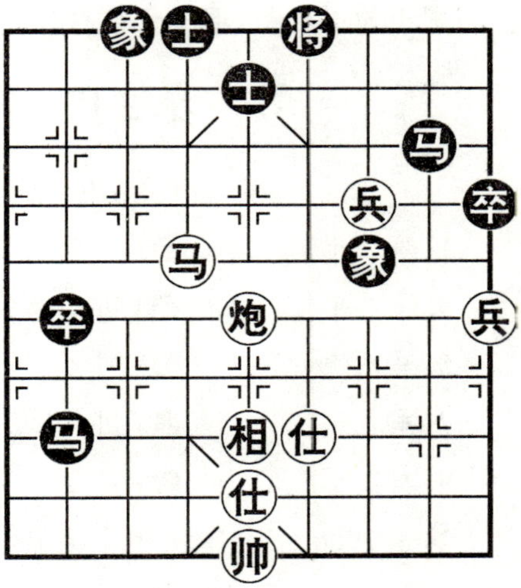

图 101

56. ……　马8退6

57. 兵三平二　马2退4

58. 兵二平一　马6进5

59. 炮五退一　卒2进1　　60. 仕五进六　马5进4

61. 仕四退五　前马进2　　62. 相五进三　卒2平3

63. 炮五进一　马2退4　　64. 马六进四　卒3进1

65. 帅五平六　前马退6　　66. 后兵进一　马4退5

67. 后兵平二　象7退9　　68. 兵一进一　士5进6

69. 兵一平二　马5进3　　70. 炮五退一　马6进7

71. 炮五平四　将6平5　　72. 炮四进四　卒3进1

73. 相三退五　士4进5　　74. 炮四平三　马3进1

75. 炮三进二　将5平4　76. 马四进五　象3进5
77. 马五退七　将4进1　78. 炮三平七　卒3平2
79. 马七退六　马1进2　80. 马六进五　马2退4
81. 马五退七　将4平5　82. 前兵平三　马7退6
83. 兵二进一　马6退4　84. 兵三平四　前马退6
85. 相五进三　马6退5　86. 兵二平三　马5退3
87. 炮七平一　卒2平3　88. 炮一退八

黑士象丢光,过河卒又被打死,攻无力守不住,主动认输。

第2局　吕钦先胜曹霖

(1986年11月12日弈于湘潭)

1. 炮二平五　马2进3　2. 马二进三　炮8平6
3. 车一平二　马8进7　4. 兵三进一　象3进5
5. 马八进九　卒1进1　6. 炮八平七　炮2平1
7. 车九平八　士4进5　8. 车二进六　车1平4
9. 车二平三　车9进2　10. 兵三进一

这是1986年全国象棋个人赛对局,黑反宫马没按常规布阵,而另走飞右象挺边卒等冷门着法,效果欠佳。吕钦把握战机,伸右车过河压马之后,及时冲兵巧手,如图102,已显出开局优势。如黑接走车4进4,则马三进四车4平7,车三退一象5进7,马四进五马3退4,马五退三炮6平5,炮七进四,红多兵破象优。

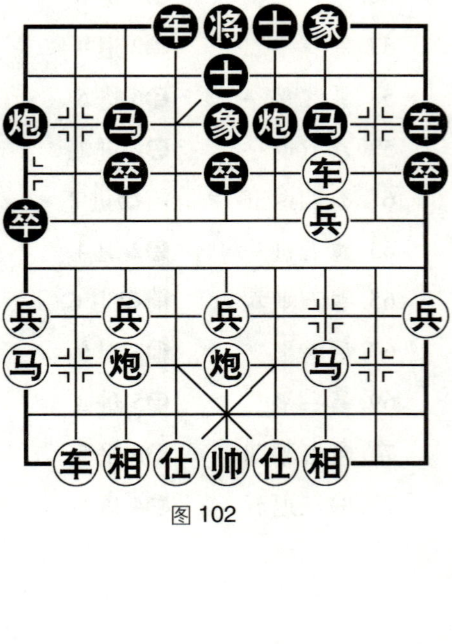

图102

10. ……　车4进5

11. 车三平四	车9平8	12. 兵三进一	马7退8
13. 车四退二	车4进2	14. 炮七进四	车8进4
15. 车四平三	车4退4	16. 炮五平七	炮1进4
17. 车八进三	炮1退1	18. 相七进五	车8退2
19. 兵三进一	炮6进6	20. 兵三进一	炮6平7
21. 车三平二	车8进1	22. 马三进二	马8进7
23. 兵三平四	车4进2	24. 马二进三	象5进7
25. 车八进四	车4退3	26. 兵七进一	炮1进1
27. 兵七进一	马3退4	28. 车八进二	

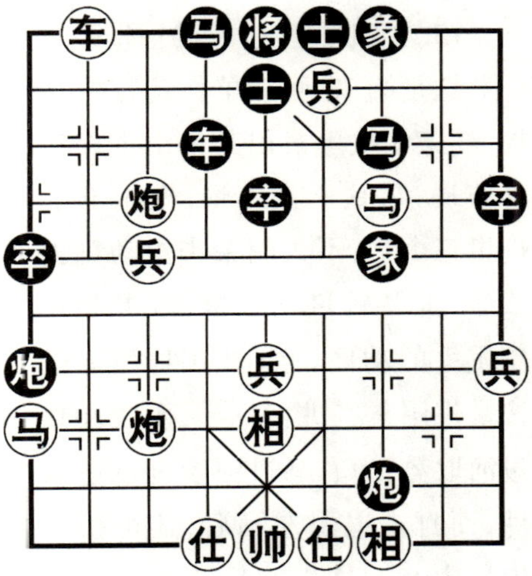

图 103

红三兵长驱直进入九宫，又渡七兵准备跃出边马，发起总攻。黑子力涣散缺乏反击手段，只好退马兑车希望减轻压力。

吕钦处于优势，自然避兑车，于是弈出沉车巧手，牵制黑马，为沉炮叫将创造条件。如急于走前炮进三，则马4进5，车八平六士5进4，马三进五象7退5，前炮退二马7进6，兵七进一马6进5，红欲取胜尚费周折。

28. ……	车4平3		
29. 仕六进五	象7进9	30. 马九进七	炮7退5
31. 前炮平三	车3退1	32. 马七进八	车3进3
33. 马八退九	车3进2	34. 炮三平二	车3平1
35. 炮七进七	马4进5	36. 炮七退二	

红抽吃黑马，多子胜定，黑认输。

第3局　吕钦先胜胡荣华

（1998年1月8日弈于广州）

1. 炮二平五	马2进3	2. 马二进三	炮8平6
3. 车一平二	马8进7	4. 兵三进一	卒3进1
5. 马八进九	象7进5	6. 炮八平七	车1平2
7. 车九平八	炮2进4	8. 兵九进一	士6进5
9. 兵五进一	车9平6	10. 炮五平四	车6平8
11. 车二进九	马7退8	12. 车八进一	马8进7
13. 马三进二	炮2平1	14. 车八进八	马3退2
15. 炮四平三	炮1平9	16. 兵三进一	

这是第18届五羊杯赛首轮对局，胡荣华执黑祭出其镇山宝反宫马布局，吕钦不慌不忙，摆出五七炮挺三个兵，不久胡荣华主动兑去双车，准备较量马炮棋，以考验青年棋手的功底。如图104，吕钦没按常规用马二进三吃卒，而改冲兵过河取势，为右马过河咬马创造条件，而且击退黑左马后，还可摆中炮打中卒。这步冲兵巧手意味深长，为中局取势占优打下基础。

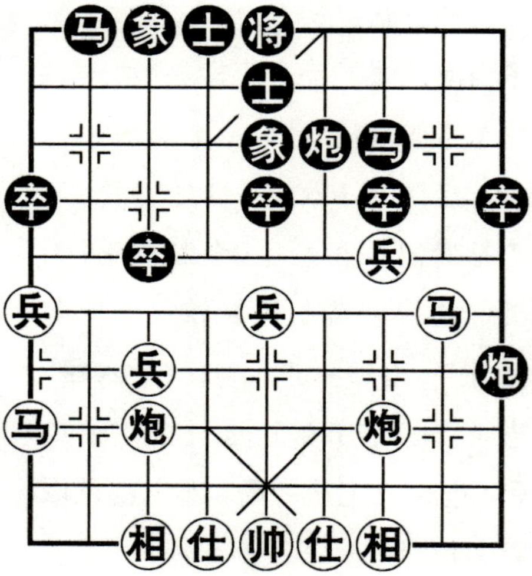

图104

16. ……	象5进7		
17. 马二进四	马7退9	18. 炮三平五	象7退5
19. 炮五进四	卒7进1	20. 马四进六	炮6退1
21. 炮五平九	马9进7	22. 炮七进三	士5进4
23. 相七进五	马2进1	24. 仕六进五	马1退3
25. 炮七进二	炮9退2	26. 兵七进一	炮9平8
27. 马九退七	将5平6	28. 马七进六	炮6平4

29. 前马进四　　炮4平6　　30. 马四退五　　士4进5
31. 马五进七　　马3退1　　32. 兵五进一　　马1进2
33. 兵九进一　　士5退4　　34. 兵九平八　　马7退5
35. 兵八进一　　马2退1　　36. 炮七平八　　马1进3
37. 炮八进二

红双兵过河，配合双炮马联攻，黑全力苦守，子力缩作一团，红逐步扩大控制范围，再调运边马保中兵，摆出总攻的架势。

如图105，吕钦果断沉炮，可能会丢兵，但马踏中象后，有沉边炮的杀招，故此亦属围攻王城之妙着。黑若不吃兵，红直冲八路兵捉马也是胜势。

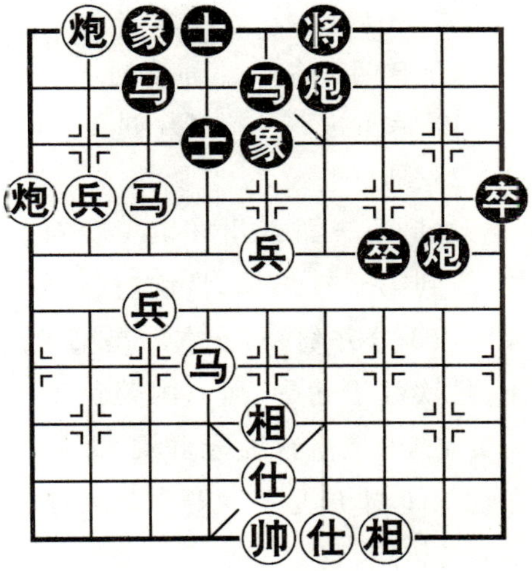

图105

37. ……　　马3进2
38. 马七进五　　马2进3
39. 炮九进三　　将6平5
40. 马五退三　　炮6进2　　41. 兵五进一　　马3退2
42. 兵五平四

红得子成可胜残局，黑认输。

(十)顺　炮　类

第1局　吕钦先胜于幼华

(1990年5月12日弈于泰州)

1. 炮二平五　　炮8平5　　2. 马二进三　　马8进7
3. 车一平二　　车9进1　　4. 马八进七　　车9平4

5. 兵三进一　卒3进1　6. 车二进五　炮5退1
7. 车二平七　车4进1　8. 马三进四　马2进3
9. 炮八进四　象7进5　10. 车七进一　炮5平3
11. 炮八平五　士4进5　12. 车七平八　车1进2
13. 前炮平六　马3进2　14. 车八退一　车4进1
15. 马七退五　炮3平2　16. 车八平六　车4进1
17. 马四进六　前炮进5　18. 车九进二　车1平2
19. 兵五进一　卒1进1　20. 炮五平三　卒1进1
21. 相三进五

这是第三届泰州杯棋王赛对局，战到第4轮结果，吕钦与赵国荣均积3分并驾领先，本局是第5轮，吕钦胜于幼华，而赵国荣负于吴贵临，于是吕钦独冠群雄，最后夺魁，所以本局是吕钦赛事步入佳境的转折点。

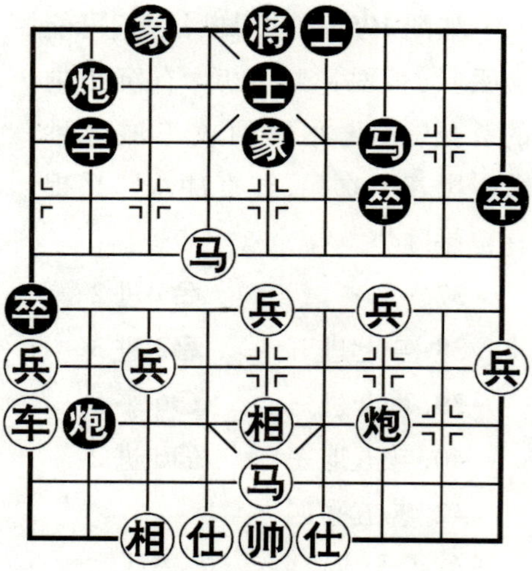
图106

如图105，红多双兵但边车被封，难以开展攻势。为了开拓车路，吕钦决定飞相兑炮，虽然兑子后兵种不齐，但左车亮出，配合双马多兵，将会发挥威力。

21. ……　前炮平7　22. 马五进三　炮2平1
23. 车九平六　卒1进1　24. 马六退四　车2进1
25. 车六进六　炮1进4　26. 兵五进一　卒7进1
27. 马四进六　炮1平5　28. 仕四进五　车2平3
29. 兵三进一　象5进7　30. 车六平九　马7进8
31. 马三进二　车3平6　32. 车九退四　车6进2
33. 马六进八　炮5平4　34. 马二退四

中局阶段，红仅多一兵，但巧运边车牵制了黑车炮，为过河马准备入卧

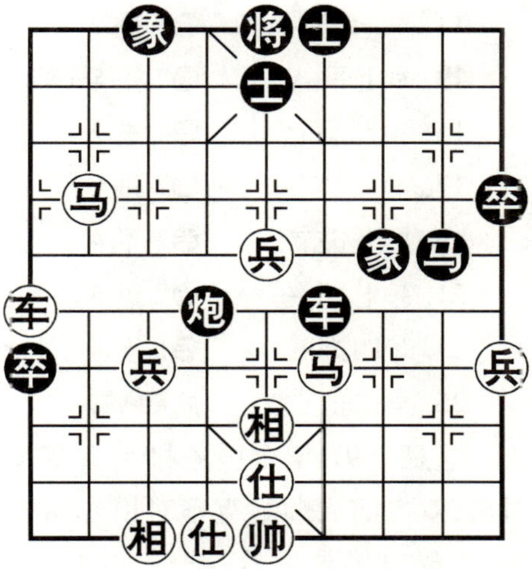
图107

槽攻杀创造了条件。如图107，吕钦献马咬炮，出奇制胜，黑车吃与不吃均难应付。至此，除实战退车外，另有两种变化：（甲）车6进1，车九平六士5进4，马八进六将5进1，马六进七将5退1，马七退六将5进1，车六平二马8退9，车二进四将5进1，马六进七，红胜势。（乙）炮4平2，车九进五车6进1，车九平七士5退4，马八进六将5进1，兵五进一将5平4，马六退七士4进5，马七进八将4进1，车七退二将4退1，车七退二将4退1，车七进四杀。由此可见吕钦献马着法之精妙。

34. ……	车6退2	35. 车九平八	炮4退4
36. 马四进三	车6平3	37. 兵七进一	炮4进5
38. 兵七进一	车3平7	39. 马八进七	炮4退5
40. 马三进五	士5进4	41. 马五进六	将5进1
42. 马七进九			

黑认输。因接走将5平4，则车八进四将4退1，车八进一将4平5，车八平七将5进1，车七平四，红双兵已过河必胜。

第2局　吕钦先胜田长兴

（1991年10月23日弈于大连）

1. 炮二平五	炮8平5	2. 马二进三	马8进7
3. 车一平二	车9进1	4. 马八进七	车9平4
5. 兵三进一	卒3进1	6. 车二进五	炮5退1
7. 车二平七	车4进1	8. 马三进四	马2进3
9. 炮八进四	炮5平3	10. 炮八平七	象3进5

11. 车七退一　炮3 进 2　12. 车七进二　炮2 退 1
13. 车七平八　炮2 平 8　14. 马四进五　炮8 进 2
15. 马五退七　车4 进 2　16. 车八平三　车4 平 3
17. 车三平二　马7 进 6　18. 车二退一　士4 进 5
19. 车九进二　车3 平 4　20. 兵五进一　马3 进 2
21. 兵七进一　马2 进 3　22. 车九平八　马3 退 5
23. 仕四进五　车1 平 4　24. 车八进一　马5 退 6
25. 车二退二　后车平 3　26. 车二平四

这是 1991 年全国象棋个人赛对局，双方演成顺炮直车对横车布局，中局时黑走软着，被红连扫三个卒，而且黑缺炮表现兵种不齐。

如图 108，黑车捉兵，红巧平肋车牵制黑马，并可升到河口保兵，其中暗藏陷阱。如黑接走车3 进 5，则车四进二，黑不能吃车，因红沉底车杀。

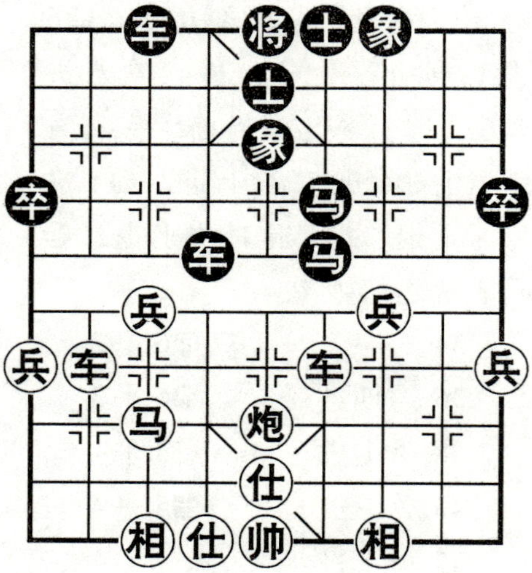

图 108

26. ……　后马退 4
27. 车四进一　马6 退 7
28. 马七进五　车4 平 8
29. 炮五平三　马7 进 5　30. 车四进四　象7 进 9
31. 车四退二　马5 进 4　32. 车四退二　前马退 3
33. 马五进四　象9 退 7　34. 马四进六　车8 平 4
35. 马六退四　马3 进 1　36. 兵九进一　马1 进 3
37. 马四进二　马3 退 5　38. 炮三平六　将5 平 4
39. 马二进三　马5 退 7　40. 车四进一　车4 进 1
41. 车八进一　车4 进 1　42. 车四退二　车4 退 2
43. 马三退四

红跳马入卧槽，平炮左右闪击，终于牵制黑车马。如图 109，吕钦见战机已到不可错过，妙退车咬车，立呈胜势。至此黑如接走车4退1，则马四进六车3进2，车八进五象5退3，马六进七士5进4，车四进六将4进1，车八退一杀。

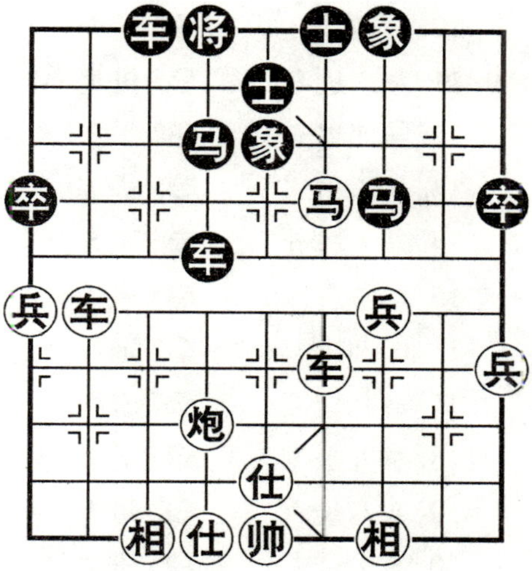
图 109

43. ……	车4进3
44. 仕五进六	马4进5
45. 车八平六	士5进4
46. 车四进二	

黑认输，因接走车3进4，则马四进六马5退4，车四进四将4进1，车六进三将4平5，车六进二车3退3，车四平五将5平6，车五平三马7退9，车三平四将6平5，车六平五将5平4，车四退一将4进1，车五退二杀。

第3局　吕钦先胜郑乃东

（1997年5月15日弈于上海）

1. 炮二平五	炮8平5	2. 马二进三	马8进7
3. 车一平二	车9进1	4. 马八进七	车9平4
5. 兵三进一	卒3进1	6. 车二进五	象3进1
7. 炮8平9	车4进2	8. 车九平八	马2进4
9. 马三进四	车1平3	10. 炮五平六	

这是1997年全国象棋团体赛对局，黑顺炮横车布局，但飞边象是理论上认为吃亏的变例，吕钦当然乘机进攻，如图110弈出卸炮仕角的妙着，形势扩优。黑如接走：（甲）炮5进4，炮六进六炮2平5，马七进五炮5进4，车二平六车4进1，马四进六炮5退2，车八进七，红得子优。（乙）炮2平4，马四进六卒7进1，车二平三象7进9，炮六进四象9进7，炮六进二车3进1，兵三进一炮5平6，兵三进一马7退8，车八进六车3平4，车八平五，红多兵势优。

10. ……　　　　卒5 进 1
11. 炮六进六　　卒5 进 1
12. 马四退五　　炮2 平 3
13. 炮六平二　　卒5 进 1
14. 马七进五　　车4 平 5
15. 前马进六　　车5 进 4
16. 仕四进五　　车5 退 4
17. 马六进五　　象7 进 5
18. 炮九平五　　卒3 进 1
19. 车八进六　　卒3 进 1
20. 相七进九　　车5 进 2
21. 炮二平三　　卒7 进 1
22. 车二进四

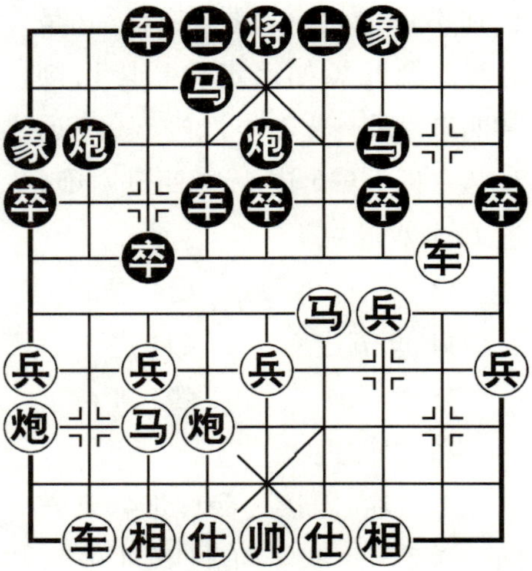
图 110

黑弃马冲中卒，表现了郑乃东作为野路攻杀型棋手的风格，果然能追回一子。但吕钦看得更长远，把子力调到最佳位置，中炮控制中线牵住黑车，右炮随时沉底攻击，双车左右逢源，占领要道，潜伏一个攻杀计划。如图 111，沉底车妙着，伏车八平四士4 进 5，车四进二将5 平 4，车四平五马7 退 5，车二平四弃车杀。

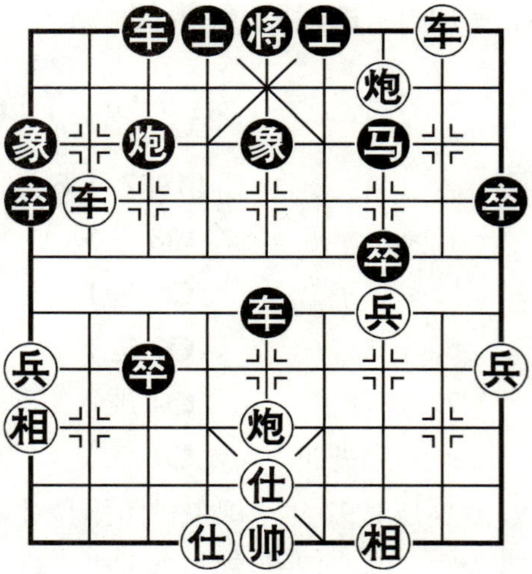
图 111

22. ……　　　　炮3 进 1
23. 车二退二　　炮3 平 5
24. 车二平三　　炮5 进 4
25. 相三进五　　车3 进 1
26. 兵三进一　　车5 进 2
27. 车八平四

红得子得势，伏帅五平四捉士的攻着，黑认输。如接走车3 进 3，则车四进二象5 进 7，炮三进一士6 进 5，炮三平一，再沉车叫将并吃士杀。

第4局　吕钦先胜言穆江

（1987年7月7日弈于蚌埠）

1. 炮二平五	炮8平5	2. 马二进三	马8进7
3. 车一平二	车9进1	4. 炮八平六	马2进3
5. 马八进七	车1平2	6. 车九平八	炮2进4
7. 仕四进五	卒7进1	8. 车二进四	车9平4
9. 车二平七	象3进1	10. 兵三进一	卒3进1
11. 车七平四	卒7进1	12. 车四平三	马7进6
13. 车三进五	炮2平5	14. 车八进九	马3退2
15. 马三进五	炮5进4	16. 帅五平四	车4平6
17. 帅四平五	马2进3	18. 车三退五	车6平4
19. 帅五平四	车4进4	20. 车三进一	车4平6
21. 帅四平五	炮5退2	22. 炮六进五	士4进5
23. 车三进一	车6平5		

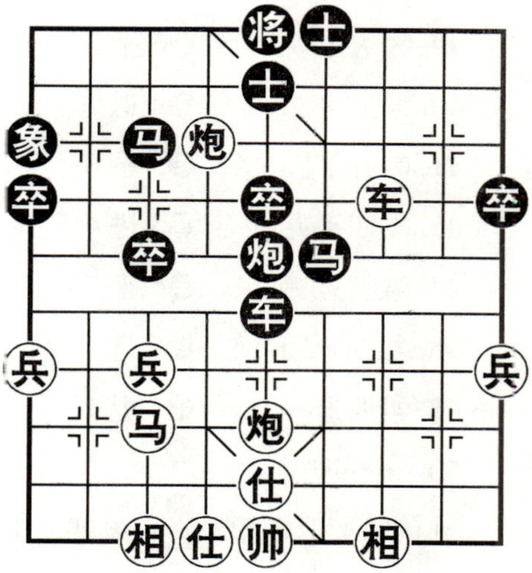

图112

双方演成顺炮直车对横车阵势，中局阶段红忙里偷闲吃底象，眼前略为失先，但长远来说黑缺象是个隐患。当弈至22回合时，吕钦进炮士角，看似捉象，而主要是蹩马腿，并伺机到右翼配合右车攻击。如图112，黑炮镇中路是反击计划的支柱，却误平中车。吕钦抓住机会，立刻飞炮兑炮，从而取得兵种优势。黑缺象怕炮，形势变坏。

24. 炮五进三	车5退1	25. 炮六平二	将5平4

26. 车三退一　马3进4　27. 炮二进二　将4进1
28. 炮二退四　将4退1　29. 炮二平四　象1退3
30. 相三进五　象3进5　31. 车三平二　马4退3
32. 兵九进一　将4平5　33. 兵一进一　士5进6
34. 仕五退四　象5退7　35. 仕四进五　马3退5
36. 车二平三　象7进9　37. 车三进一

红得子后，车炮被牵制，因未能及时运马解围，被黑退窝心马暗伏捉双的手段。吕钦洞察其中变化，决心进车卒林，送回一炮而扫卒占优，这步巧着反映了灵活机动的战术。

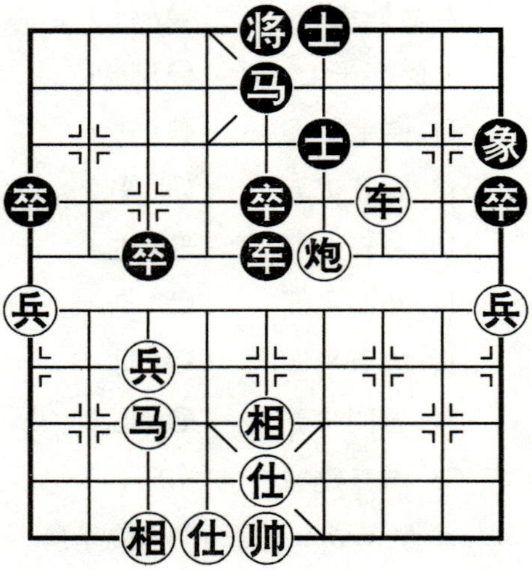

图113

37. ……　车5平6
38. 车三平五　车6退1
39. 车五退一　车6平3
40. 车五进二　象9退7
41. 车五平四　车3平6
42. 车四平九　马5进4　43. 马七进五　马4进5
44. 马五进三　车6平7　45. 车九进二　将5进1
46. 车九平四　马5进3　47. 马三进四　将5平4
48. 车四退一　将4退1　49. 马四进五　将4平5
50. 马五进七

红伏马七退六将5平4，车四平五再跳马的杀着，黑认输。如接走车7退1，帅五平四将5平4，车四进一将4进1，车四退六马3退4，车四进二马4退5，马七退八将4退1，车四平七将4平5，亦红胜势，仅多支撑一阵。

第5局 吕钦先胜郑乃东

（1996年10月22日弈于宁波）

1. 炮二平五	炮8平5	2. 马二进三	马8进7
3. 车一平二	车9进1	4. 炮八平六	车9平4
5. 仕四进五	卒7进1	6. 马八进七	炮2平3
7. 车九平八	炮3进4	8. 车二进四	马2进1
9. 相七进九	车4进3	10. 兵三进一	士4进5
11. 马三进四	车4平6	12. 车八进四	车1平2
13. 车八平六	车2进4	14. 炮五平三	象7进9
15. 炮六平四	车6平3	16. 车六退一	炮5平3
17. 相三进五	象3进5	18. 车二进四	马7进6
19. 兵三进一	象5进7	20. 炮三平二	车2进1
21. 马四进六	后炮退1	22. 车二退一	车2平4
23. 车六进一	马6进4	24. 车二平三	

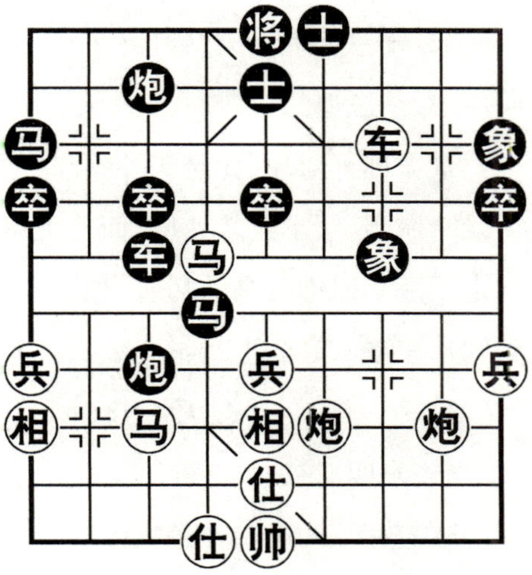

图114

这是1996年全国象棋个人赛对局，双方以顺炮布阵，黑走出右炮打卒等冷门下法，阵形不大协调，红暗暗集结子力于右翼，等待时机。弈完23回合时，红面临兑子局面，如走车二平九，则车3平4，车九平三车4退2，炮二进七象9退7，车三退二车4平8，车三进四马4进5，红未成杀，黑却有进攻手段。

但吕钦并不兑马，出人意料地

弈出平车的妙着，让出沉炮攻杀之路，如图 114，黑不能车3 平 4 吃马，因红炮二进七象9 退 7，车三进二将5 平 4，车三退四抽车。

吕钦这步平车妙着，顿使黑难应付，如接走士5 退 4，则炮二进七将5 进 1，炮二退四将5 平 4，车三平四卒5 进 1，相五进七马4 进 3，马六退七车3 平 4，车四平九，红得子优。

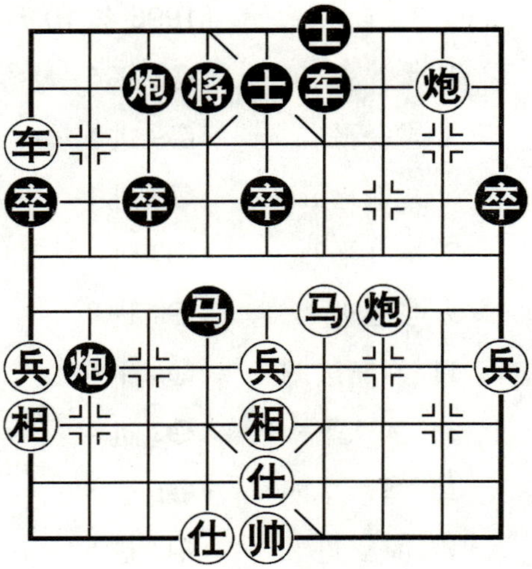

图 115

24. ……　　象7 退 5
25. 炮二进七　　象5 退 7
26. 马六退四　　马4 进 3
27. 车三平一　　前炮平 2
28. 车一平三　　马3 退 4
29. 炮四平三　　将5 平 4
30. 炮三进七　　将4 进 1
31. 车三平九　　车3 平 7
32. 炮三退三　　车7 平 6
33. 炮二退一　　车6 退 3
34. 炮三退二

双方展开对攻，弈至 33 回合时，黑车捉住马炮，红如车九平二保炮，则子力受牵制，延缓了进攻速度，而且黑可退炮打马再马踏相等。此时吕钦轻轻地走了一步退炮打马的巧着，如图 115，伏马四进三捉死车，如黑接走车6 平 8，则炮三平六车8 进 2，车九平六再马四进六杀。

34. ……　　马4 退 6
35. 车九平四　　车6 平 8
36. 车四退二　　炮2 平 9
37. 车四平六　　士5 进 4
38. 马四进五　　将4 退 1
39. 车六进二　　将4 平 5
40. 炮三平五　　炮3 平 5
41. 马五进四

黑认输，因接走炮5 平 2，则车六进二将5 进 1，马四退五杀。

第6局　吕钦先胜王嘉良

（1992年8月23日弈于华阴）

1. 炮二平五　炮8平5　2. 马二进三　马8进7
3. 车一平二　马2进3　4. 马八进七　卒3进1
5. 车二进五　象3进1　6. 炮八进四　车9平8
7. 车二平七　车1平3　8. 兵三进一　车8进6
9. 马三进四　车8平6　10. 炮八平七

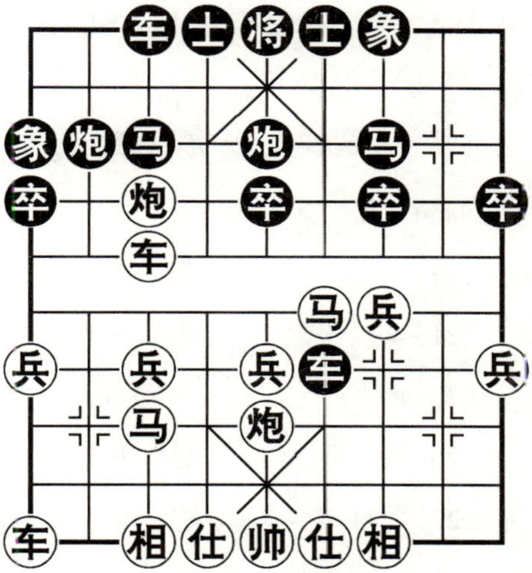

图116

这是华山杯象棋邀请赛对局，黑方以顺炮缓开车开局，挺3卒制马别开生面，当红伸骑河车吃卒时，黑又开出象位车保马。双方着法不落常套。当弈至图116时，吕钦实施巧手，平炮打车而不顾骑河车在象口。至此黑如接走马3退5则车七退一炮2进4，马四进六车6退2，马六进五象7进5，车九平八车6平2，炮五平一卒7进1，兵三进一象5进7，炮七平一马7进9，炮一进四车3进5，炮一进三马5退7，兵七进一，红多兵易走。

10. ……　象1进3　11. 炮七进三　士4进5
12. 马四进三　车6退3　13. 炮五平三　象3退1
14. 炮七平九　卒5进1　15. 车九平八　卒5进1
16. 仕六进五　卒5进1　17. 马七进五　马7进5
18. 相七进五　马5进4　19. 马五进六

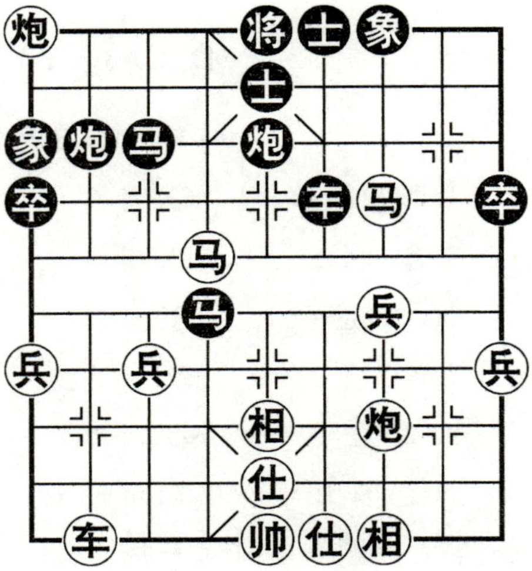

图 117

兑车后红虽有沉底炮，但左车晚出，孤炮难鸣，而黑冲卒从中路猛攻，形势趋于紧张。其中红右炮暗瞄黑底象，伺机发难，故当黑大意跳马过河时，吕钦走出弃马兑子妙着。如图 117，黑如接走车6 平 4，则马三进五象7 进 5，车八进七车4 进 1，车八平七马4 进 2，炮三退一将5 平 4，车七平八，红得子得势优。所以黑只能吃马兑子，这样红车吃炮就会发挥抽将的威胁。

19. ……	马3 进 4	20. 车八进七	将5 平 4
21. 车八进二	将4 进 1	22. 车八退一	将4 进 1
23. 炮九平三	前马进 6	24. 前炮退一	士5 进 6
25. 帅五平六	炮5 进 1	26. 马三进四	士6 进 5
27. 前炮退一	炮5 退 1	28. 车八平五	

黑认输，因接走炮5 平 7，则车五退二将4 退 1，车五平四炮7 进 5，车四退三将4 平 5，马四退二，红多子胜定。

第7局　吕钦先胜宗永生

（1997 年 10 月 16 日弈于漳州）

1. 炮二平五	炮8 平 5	2. 马二进三	马8 进 7
3. 车一平二	卒7 进 1	4. 马八进七	马2 进 3
5. 兵七进一	炮2 进 4	6. 马七进八	炮2 平 7
7. 车九进一	车9 平 8	8. 车二进九	炮7 进 3

9. 仕四进五　马7 退 8　　10. 车九平六　炮5 平 9

11. 车六进三　马8 进 7　　12. 车六平二

这是 1997 年全国象棋个人赛对局，黑以顺炮缓开车布局应战，并兑车轰相对攻。如图 118，面临黑可能冲卒过河的威胁，吕钦不慌不忙，巧手平车右翼，进可逼马退可捉炮。至此黑如接走卒7 进 1，则车二退四炮7 退 1，车二平三卒7 进 1，车三进一卒7 进 1，车三进一马7 退 5，车三进六象3 进 5，兵五进一，红先手扩大。

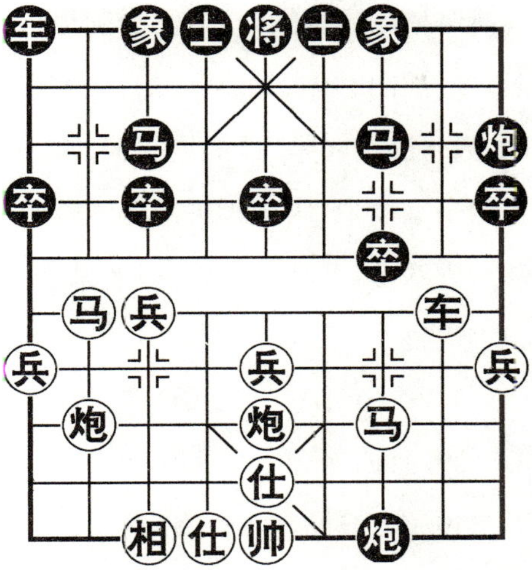

图 118

12. ……　象3 进 5　　13. 马三进四　炮7 退 4

14. 车二进三　士4 进 5　　15. 马四进六　炮9 进 4

16. 马六进七　炮9 平 6　　17. 马七退九　炮6 退 4

18. 车二退一　炮6 进 3　　19. 炮八平九　车1 平 4

20. 马八进七　炮7 平 3　　21. 炮五平三　车4 进 3

22. 炮三进五　车4 平 3　　23. 车二平四　炮6 平 7

24. 炮三平二　炮3 平 4　　25. 相七进五　车3 进 4

26. 相五进三　车3 平 1　　27. 车四平五　卒7 进 1

28. 马九退八　车1 退 1　　29. 马八进六　车1 退 2

30. 马六进八　车1 平 3　　31. 炮二进一　炮4 退 3

32. 兵五进一　卒9 进 1　　33. 兵五进一　炮4 平 2

34. 仕五退四　卒7 进 1　　35. 兵五平六　车3 进 4

36. 炮二平四　象5 退 3　　37. 车五平六　象3 进 5

38. 炮四退三

红多子占优，已构成可胜条件但马跳卧槽的计划未能实现，受到黑炮阻拦。如图119，吕钦巧运炮，先塞象眼，后平肋车叫杀，再退炮骑河，准备炮四平五镇中，伏马八进六将5平4，马六进八将4平5，车六进三的杀着，黑难应付。

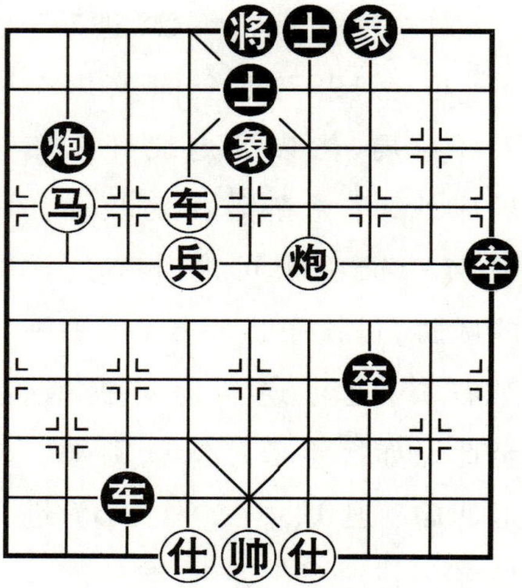

图 119

38. …… 炮2平1
39. 炮四平五 炮1进7
40. 仕六进五 车3进1
41. 仕五退六 车3退1
42. 仕六进五 车3进1
43. 仕五退六 车3退7
44. 仕六进五 炮1退6
45. 马八退九 车3进7
46. 仕五退六 炮1退1
47. 马九进七 炮1退1
48. 车六平九 将5平4
49. 车九进二

红得子得势，黑认输，如接走象5进3，则车九进一将4进1，兵六进一象7进5，炮五平六士5进4，兵六进一将4平5，车九退一将5退1，兵六进一象3退1，炮六平五象5退7，兵六平五将5平4，车九平六杀。

第8局 吕钦先胜邹立武

（1987年7月6日弈于蚌埠）

1. 炮二平五 炮8平5
2. 马二进三 马8进7
3. 兵三进一 马2进3
4. 马八进七 车9进1
5. 车一平二 车9平4
6. 兵七进一 车1进1

7. 相七进九　车4进5　8. 仕六进五　车4平3

9. 车九平七　炮2进3

10. 炮五平四　车1平6

11. 车二进三　炮2平7

12. 相三进五　炮7平4

13. 车二进一　炮4进1

14. 马三进四　车6平4

15. 车七平六　卒5进1

16. 炮四平三　卒5进1

17. 兵五进一　马3进5

18. 马四进三　车4平2

19. 马三进五　象3进5

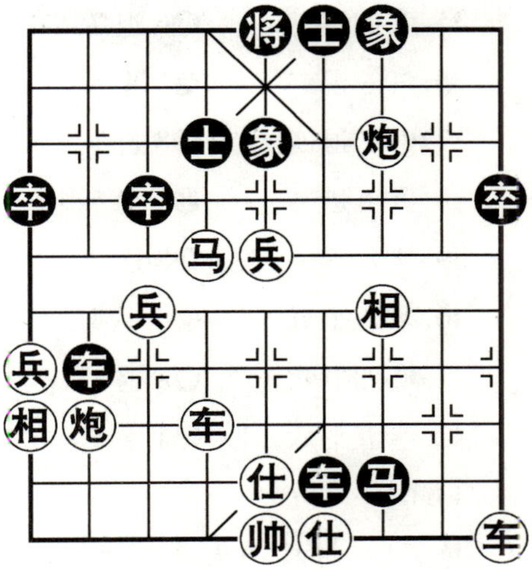

图120

20. 兵五进一　马5进7　21. 车二平六　车2进5

22. 炮三进二　士4进5　23. 马七进五　炮4平9

24. 马五进六　士5进4　25. 炮三进三　车3平6

26. 后车进二　车6进2　27. 前车平三　炮9进3

28. 车三退四　马7进6　29. 车三平一　马6进7

30. 相五进三

双方演成顺炮两头蛇对双横车布局，黑运车过河压马，积极反击，红寓攻于守，先手左车保马，又进右车兵林，暗伏升仕角炮打死车，由此红方掌握主动。中局阶段，双方子力互缠，混战一场，弈至于29回合时，黑弃炮跳马卧槽咬车，同时伏车6进1，帅五平四车2平6的杀着。如图120，吕钦巧手飞相瞄马解杀，这样送还一车后，双方子力大体相等，而红多过河兵有势。飞相后疏通车路，以便移车还中炮实施攻击。红方形势由此转优。

30. ……　马7进9　31. 兵五进一　士6进5

32. 马六进四　马9退7　33. 炮三退六　车6平7

34. 兵五进一　车7 平 6
35. 马四进三　车6 退 7
36. 马三退二　车6 平 8
37. 马二退四　车8 进 1
38. 兵五进一　士4 退 5
39. 车六平一　车8 进 2
40. 炮八平五　将5 平 4
41. 马四退六　车8 退 1
42. 炮五平六　将4 平 5
43. 车一平五

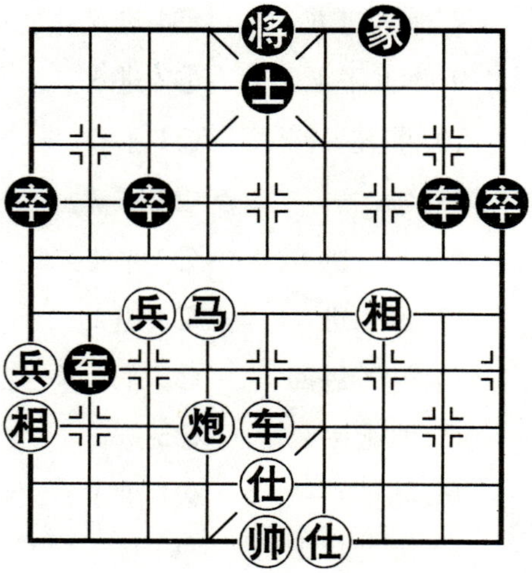

图 121

兑子后，红兵冲入九宫，换黑士象，突破黑防线，此时控制中路十分重要。如图 121，吕钦摆中车是制胜的关键，随时落仕露帅助攻，或者升车再摆中炮有抽将手段，黑单士象难以防守。如接走车2 退 4，则车五进三车2 平 5，车五平八车8 平 6，炮六平五将5 平 6，马六进四车5 进 3，炮五平四车5 平 6，马四退二前车进 2，仕五进四，红多子胜定。

43. ……　车2 进 3　　44. 仕五退六　车2 退 8
45. 车五进三　车8 平 6　　46. 炮六平五　象7 进 5
47. 车五进二　将5 平 6　　48. 仕四进五　车2 平 4
49. 车五退三　车4 进 3　　50. 相三退一　卒9 进 1
51. 车五平三　士5 进 6　　52. 相一退三　车6 平 4
53. 马六退四　前车平 6　　54. 马四进六　车6 退 1
55. 炮五平六　车6 平 7　　56. 车三平五

黑认输，如接走车4 平 6，则炮六平四车7 进 6，炮四退二将6 进 1，仕五进四车6 进 4，车五进四将6 退 1，车五进一将6 进 1，马六进五杀。

（十一）列 炮 类

第1局 吕钦先胜胡荣华

（1993年7月3日弈于广州）

1. 炮二平五	马8进7	2. 马二进三	车9平8
3. 兵三进一	炮8平9	4. 马八进七	炮2平5
5. 车九平八	马2进3	6. 马三进四	车1进1
7. 车一进一	车1平4	8. 马四进三	车8进6
9. 炮五平四	卒3进1	10. 相七进五	炮9进4
11. 炮八进一	车8进1	12. 仕六进五	炮9平3
13. 车一平三	车4进7	14. 炮四退一	车4退3
15. 炮四进一	卒3进1	16. 炮八进四	炮5平2
17. 车八进七	象7进5	18. 兵三进一	马3进4
19. 兵三平四	马4进2	20. 马三进五	

这是首届嘉宝杯粤沪象棋对抗赛对局，第一场吕钦执先与胡荣华相遇，自然引起人们的兴趣。胡荣华祭出三步虎转列炮，希望加强反击力，出其不意，因为在吕钦对局中，下这种阵式较少。可惜中局弈出19回合，吕钦轻轻移一步兵，未引起胡荣华注意，却勉强跳马过河对攻。于是吕钦果断用马踏象，露车捉马，如图122，这步巧手突破黑防线，红方由此步入佳境。

20. ……	象3进5	21. 车三进六	象5退3
22. 车三退一	士4进5	23. 车三平五	车8退1
24. 兵四进一	车8平6	25. 兵四进一	马2退3
26. 车八退四	车4退3	27. 车五退二	卒3平4
28. 车五进二	卒4平3	29. 马七退八	车6退4

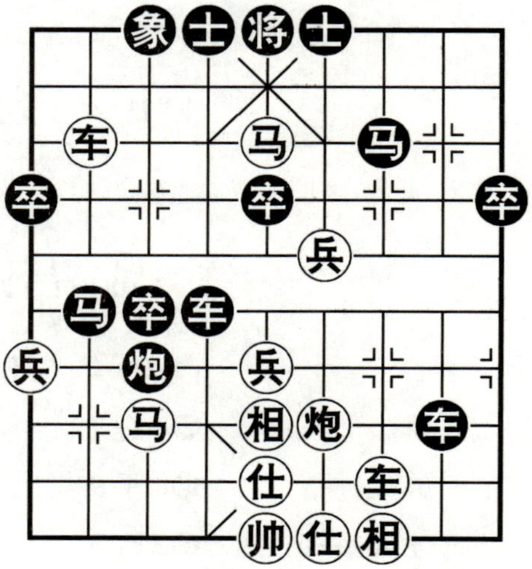

图 122

30. 相五进七

黑处劣势难走,因思考良久,超时作负。假如接走炮3进2,则马八进九炮3退1,车八平七马3进4,车五退二炮3平2,车七平六马4退3,炮四平二象3进5,车五进三车6平8,车五平六士5进4,炮二平五将5平4,炮五平七马3进1,兵九进一马1进3,车六平七马3退2,炮七平六将4平5,炮六平五将5平4,车七进六将4进1,马九进八士4退5,马八进七将4进1,车七退二抽车胜定。因此这局棋本身也是吕钦应胜的。

第2局　吕钦先胜胡荣华

(1993年7月5日弈于广州)

1. 炮二平五	马8进7	2. 马二进三	车9平8
3. 车一平二	炮8进4	4. 兵三进一	炮2平5
5. 马八进九	马2进3	6. 车九平八	卒3进1
7. 炮八平七	马3进4	8. 车八进四	马4进5
9. 马三进五	炮5进4	10. 仕六进五	炮5退2
11. 炮七进三	车1进2	12. 车八平六	象7进5
13. 炮七进一	炮8进1	14. 马九退七	士6进5
15. 兵七进一	车1平3	16. 兵七进一	象5进3
17. 车六进二	象3退1	18. 马七进六	

这是首届嘉宝杯粤沪赛对局,吕钦对胡荣华共弈4局,结果吕钦2胜1和1负。本局双方又弈成列炮阵式,红跳边马,准备平七炮控制黑右马,黑及

时挺卒跃马，再踏中卒对攻。红在右车被封的条件下，曲折调运左马，如图123，吕钦巧手跳马，伏炮七平五马7进5，车六平五炮5平3，车五平三将5平6，马六进五车3平8，车三平四将6平5，马五进三象3进5，马三进四咬双车。所以黑必须逃中炮或补中象。

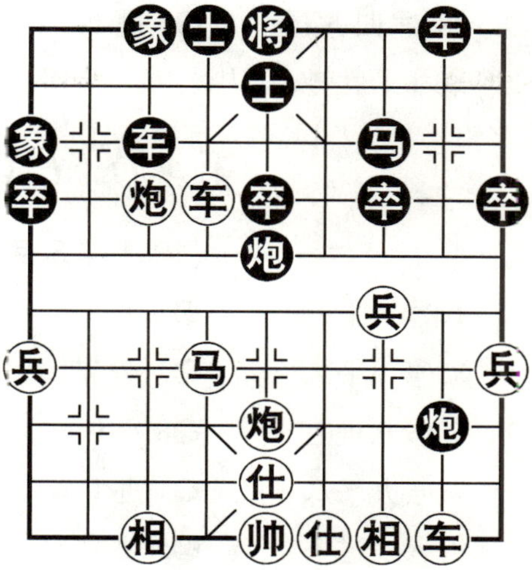

图123

18. …… 炮5进2
19. 马六进八 炮5退2
20. 马八进九 车3平2
21. 炮七平五 象3进5
22. 帅五平六 将5平6
23. 车二进一 车8进1
24. 车二平四 车8平6
25. 后炮平四 车6平9
26. 炮四进五

红双车双炮马全部投入战斗，从中路、肋线连续发动攻势，弈至图124局面时，竟伸炮士角打车，妙着惊人。至此黑不能士5进6吃，因红车四进六车9平6，车六进三杀。又如黑接图124走车2进7，则炮四平九车9平6，车四进七将6进1，炮九平三车2平3，帅六进一炮8进1，仕五进四车3退1，帅六退一炮5进4，帅六平五炮5平7，仕四退五，红多子优。

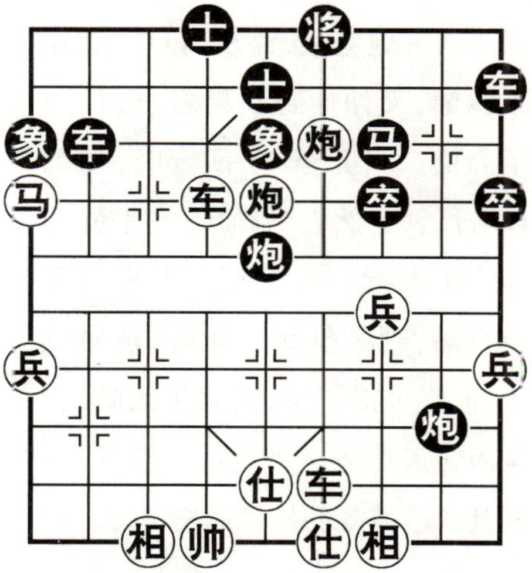

图124

26. …… 象5退3
27. 炮四平五 车9平6

28. 车四进七　将6进1　29. 前炮退二

红多子胜势，黑认输。

第3局　吕钦先胜胡荣华

（1991年3月1日弈于常州）

1. 炮二平五　马8进7　2. 马二进三　车9平8

3. 车一平二　炮2平5　4. 车二进六　马2进3

5. 马八进七　炮8平9　6. 车二进三　马7退8

7. 车九平八　车1进1　8. 炮八进六　卒3进1

9. 兵三进一　炮5退1　10. 马三进四　象7进5

11. 炮五平二　炮9进4　12. 相七进五　炮5平9

13. 马四进三　马8进7　14. 车八进七　前炮平7

15. 兵三进一　炮9平8　16. 马三进五

这是第三届后肖杯赛对局，黑以小列手炮应战，谋求对攻。红兑车稳健，又伸炮封住黑右车，控制了局面。当弈至16回合时，如图125，吕钦突然弃马踏象，在平静的局势中激起一阵波澜。黑只有飞象吃马，则红挺兵捉死马，虽属兑子，但红多得了象，削弱了黑防线，从而转入优势。吕钦这步妙着，体现其凶稳兼备的技术风格。

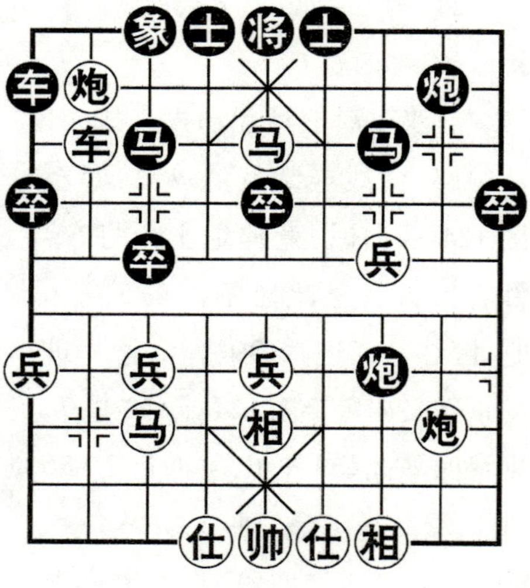

图125

16. ……　象3进5

17. 兵三进一　炮7平3　18. 兵三进一　炮8进5

19. 兵五进一　象5进7　20. 仕六进五　士4进5

21. 马七退八　马3进4　22. 马八进六　象7退5

23. 炮八进一　　炮3平6　　24. 炮八平四

黑丢象后，虽然伸炮跃马争取对攻机会，但右车难出不成势。吕钦控制局势，轻轻沉一步炮，未引起胡荣华注意。弈到图126时，吕钦飞炮砸士，妙着惊人，进一步摧毁黑士象防线，为入局奠定基础。

至此黑如接走士5退6，则车八进二将5进1，车八平四炮6平2，车四平二炮8平6，炮二进六炮2退5，兵三进一炮6退5，兵三平四将5平6，炮二平八，红多子胜定。

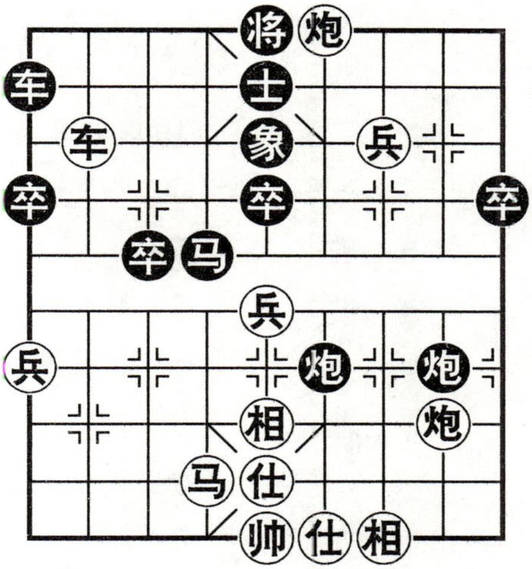

图126

24. ……　　车1平4

25. 炮四平一　　士5退4

26. 兵五进一　　卒5进1

27. 车八退一　　车4平9

28. 炮一平六　　卒5进1

29. 车八平二　　马4进6　　30. 炮六平八　　象5退7

31. 炮八退五　　车9平4　　32. 炮二退一　　车4进4

33. 炮八进四　　车4退3　　34. 炮八退四　　卒3进1

35. 相五进七　　炮6进2　　36. 马六进五　　炮6退2

37. 马五退七　　车4平7　　38. 炮八平五　　车7进6

39. 马七进六　　炮8平7　　40. 相三进五　　将5平6

41. 车二退二

黑认输，因接走马6退7，则车二平三马7进9，车三进五将6进1，马六进五将6进1，车三退二杀。

(十二)挺兵转中炮对卒底炮冲3卒类

第1局　吕钦先胜卜风波

(1993年8月10日弈于青岛)

1. 兵七进一　炮2平3　2. 炮二平五　象3进5
3. 马二进三　卒3进1　4. 车一平二　卒3进1
5. 马八进九　马2进4　6. 车九平八　士4进5
7. 炮八平六　马4进3　8. 炮五进四　卒3平2
9. 相七进五　马8进7　10. 炮五平四　炮8平9
11. 仕六进五　车1平4　12. 兵九进一　车4进5
13. 兵三进一　车9进1　14. 炮四平九　车9平6
15. 车二进五　炮3平1　16. 车二平八　卒2平1
17. 马九进七　士5退4　18. 前车进一　马3进2
19. 炮九平三　车6进3　20. 后车进二　车6平1
21. 炮六退二

这是1993年全国象棋个人赛对局,双方以挺兵对卒底炮开局,黑采取冲3卒对攻变例,表现出北派棋手的风格。红在左车被封的情况下,右车骑河移左骚扰,带动边马跃出,其中埋下伏兵。黑并未察觉,骑河车立于险地而不顾,为了保住边卒,又把左车移至边线。吕钦看战机已到,不能错过,便弈出退炮底线的妙着。如图127,伏仕五进六打死车,黑必须逃车,则炮六平九打串得子,获得中局优势。

21. ……　车4进1　22. 炮六平九　车1平3
23. 炮九进七　车3进2　24. 炮九平三　车4进2
25. 后车退二　马2进1　26. 后车平六　车4进1

27. 仕五退六　　马1 进 3
28. 帅五进一　　炮9 退 1
29. 炮三平五　　士6 进 5
30. 炮五退二　　马3 退 4
31. 帅五退一　　马4 进 3
32. 帅五进一　　炮9 平 6
33. 炮三平二　　马3 退 4
34. 帅五退一　　马4 进 3
35. 帅五进一　　马3 退 2
36. 炮二退六　　炮6 退 1
37. 炮五平四　　马2 退 3

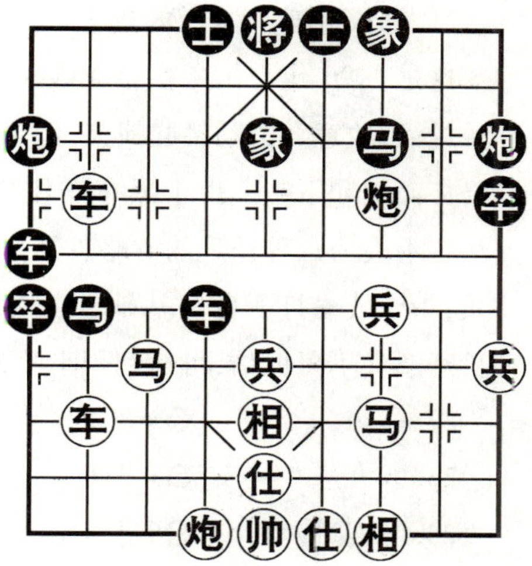

图 127

38. 炮四退一　　车3 进 1　　39. 车八平四　　车3 平 4
40. 炮四进六　　士5 退 6　　41. 帅五退一

红多子大优，黑缺乏对攻能力，见大势已去，主动认输。

第 2 局　吕钦先胜万春林

（1996 年 10 月 24 日弈于宁波）

1. 兵七进一　　炮2 平 3　　2. 炮二平五　　象3 进 5
3. 马二进三　　卒3 进 1　　4. 马八进九　　卒3 进 1
5. 车一平二　　马2 进 4　　6. 车九平八　　士4 进 5
7. 炮八平六　　马4 进 3　　8. 炮五进四　　卒3 平 2
9. 相七进五　　马8 进 7　　10. 炮五平四　　车9 平 8
11. 车二进六　　炮8 平 9　　12. 兵三进一　　卒1 进 1
13. 车二进三　　马7 退 8　　14. 炮四平一　　卒7 进 1
15. 兵三进一　　车1 平 4　　16. 兵三进一　　车4 进 7
17. 炮一平七　　车4 退 4　　18. 炮七退五　　车4 平 7
19. 马三进四　　车7 平 3　　20. 炮七平三　　卒2 平 3

21. 车八进五　马8进7　22. 车八平九

这是1996年全国象棋个人赛对局，双方布阵稳健，兑车后局面平淡，红冲兵过河，故意弃边马挑起战火，但黑不愿吃子失先，决定退车消灭红兵，于是局势又缓和下来。由于黑车守住卒林线，红马难以进取，在这种情况下，谋兵就不失为一种长远的方略。红伸车骑河，吃掉边卒，如图128，红方暂多双兵，为中残局打下良好基础。吕钦谋卒看似平淡，实为中局占优的巧手，其长远意义不可低估，可达到积小胜为大胜的目的。

22. ……　卒3平4
23. 兵九进一　车3平6
24. 马四进六　车6平4
25. 马九进八　马7进6
26. 马六退四　车4平2
27. 车九平四　车2进2
28. 兵九进一　车2进1
29. 车四平五　炮9平6
30. 炮三进三　士5退4
31. 炮三平六　炮3退1
32. 马四退三　炮3平5

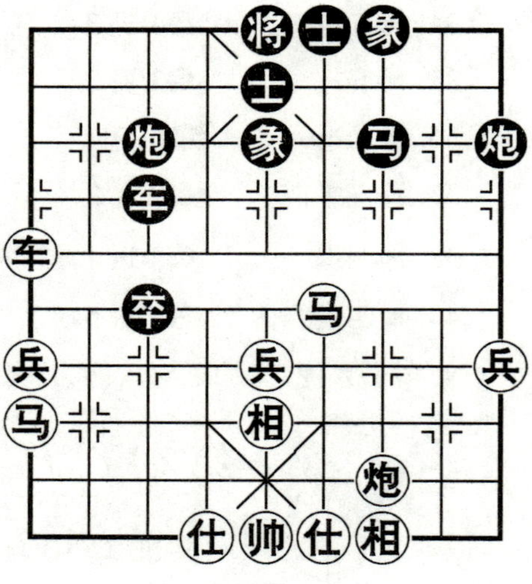

图128

33. 车五平四　炮6平7　34. 仕四进五　炮5进5
35. 炮六平五　士4进5　36. 车四平八

双方兑马后，红兵种齐全而黑缺马，红多兵优势明显，如图129，吕钦果断决定强迫兑车，以形成马炮双兵仕相全对双炮士象全的优胜残局，虽然残棋需要较长时间，但黑无对攻机会，形势是一面倒的，红方容易掌握。吕钦的兑车巧手，大局已定。

36. ……　车2退2　37. 兵九平八　炮5平7
38. 马三进五　后炮退1　39. 兵一进一　前炮退四
40. 兵一进一　将5平4　41. 炮五平六　将4平5

42. 马五进四　前炮进2
43. 兵八进一　士5进6
44. 兵一平二　前炮退1
45. 兵二进一　前炮进1
46. 兵八平七　后炮平4
47. 炮六平五　士6进5
48. 兵二平三　炮7平9
49. 兵三平四　将5平4
50. 炮五平二　炮9平8
51. 兵七平六　炮8退3
52. 兵六平五　将4平5

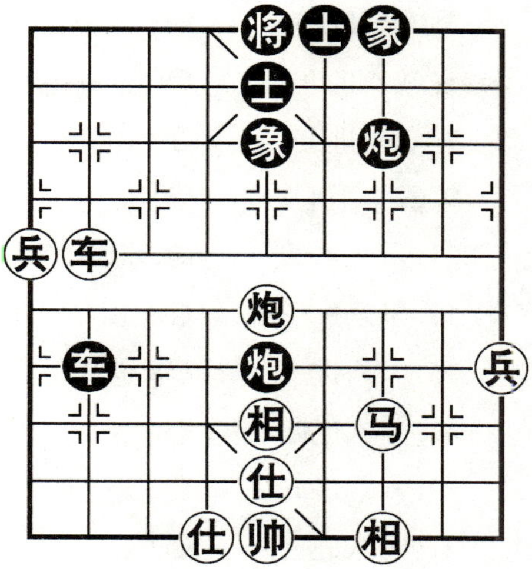

图129

53. 炮二平一　炮8平6　54. 马四进二　炮6退1
55. 仕五退四　将5平4　56. 仕六进五　象5进3
57. 兵四进一　士5进6　58. 马二进四　炮4平6
59. 马四退六　前炮平4　60. 兵五平四　炮6平5
61. 马六进八　象7进5　62. 炮一平六　炮4平2
63. 兵四进一　炮5进1　64. 炮六进二　象5退3
65. 马八退七　炮5进5　66. 炮六退三　炮2平3
67. 马七进八　炮3平2　68. 马八退六　将4平5
69. 兵四进一

残局阶段，红双兵左右推进，以一兵换双士，后又破象构成胜势，至此黑认输，因接走炮5退3，则马六进七将5平4，马七退八炮5平3，兵四平五炮2进1，马八退七炮3进1，马七退五炮2进7，马五进六杀。

第3局　吕钦先胜黄世清

（1993年8月13日弈于青岛）

1. 兵七进一　炮2平3　2. 炮二平五　象3进5

3. 马二进三　卒3进1　4. 车一平二　卒3进1
5. 马八进九　车9进1　6. 车九平八　车9平4
7. 仕六进五　士4进5　8. 车二进四　卒7进1
9. 车二平七　卒1进1　10. 炮八平六　车4进2
11. 车八进八　炮8退1　12. 车八退一　炮8进1
13. 车八进一　炮8退1　14. 车八退一　炮8进1
15. 车八进一　马8进9　16. 炮六退二　炮8退1
17. 车八退四　炮3退1　18. 炮五平六　车4平1
19. 相七进五　马2进1　20. 车七平二　炮8平7
21. 车八进三　炮7进1　22. 车八进一　后车平2
23. 车八进一　马1退2　24. 兵三进一　车1平2
25. 马九退七　炮3进6　26. 马三进四　车2进5
27. 马四进五　炮7退1　28. 兵三进一　炮3平1
29. 车二平七　炮1进2　30. 后炮进一　炮7进8
31. 相五退三　车2进1　32. 后炮退一　车2退4
33. 马七退九　车2平3　34. 兵三平四　马9进7
35. 马五退六　马7进6　36. 仕五进四　车3进1
37. 仕四进五　车3平5　38. 马九进八　车5平1
39. 马八进七　车1平3　40. 马七进九　马2进1
41. 兵一进一　马6退8　42. 马九进八　车3退4
43. 马八退九　马8进7　44. 兵四进一　马7退9
45. 兵四平五　马9退7　46. 前炮平五　马7进5
47. 帅五平四　车3进2　48. 马九退八　车3进2
49. 兵五进一

这是1993年全国象棋个人赛对局，因为进入第12轮，所以胜负对双方名次均有重大影响，于是展开一场激战。

双方演成挺兵对卒底炮开局，但黑采用少见的担子炮双边马阵形，在混战中弃炮抽车，使局面出现有利于黑方的变化。

按通常经验，有车胜无车。吕钦在无车的情况下，承受较大压力。但他沉着应战，双炮摆好位置，双马连环有力，并利用过河兵进行骚扰。如图130，如作持久战，黑卒过河之后会对红更加不利，吕钦果断冲兵吃象，挑起对攻以争取更多机会。如黑接走象7进5，则炮五进五士5进6，炮六平五马5进7，前炮退四马7进8，帅四进一，红空头炮有巨大威力。吕钦无车对有车，冲兵破象巧手是扭转局势的关键。

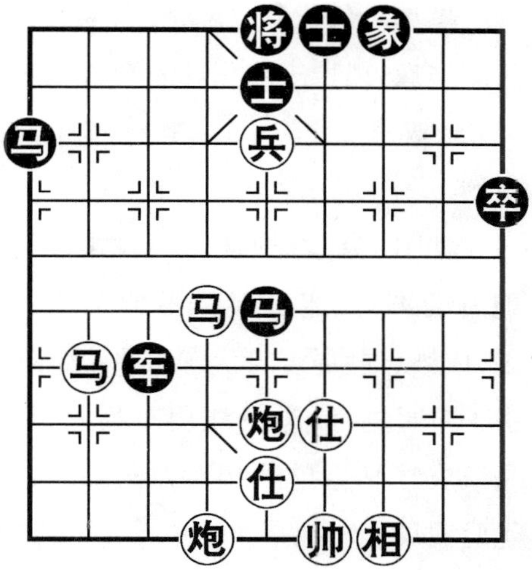

图130

49. ……	马5进7	50. 兵五进一	将5进1
51. 马八进九	马7进5	52. 相三进五	车3退2
53. 马九退七	将5退1	54. 马六进五	车3退1
55. 马五进六	车3平6	56. 马七进六	士6进5
57. 前马退八	马1退2	58. 马六退五	车6进2
59. 马八退六	马2进3	60. 相五退七	马3进5
61. 炮六平五	马5进7	62. 马五退六	马7进8
63. 后马进五	马8进9	64. 炮五平六	卒9进1
65. 炮六进二	马9退8	66. 炮六平五	将5平6
67. 马五进七	马8退7	68. 马六进五	象7进5
69. 马五退三	将6进1	70. 马三进二	将6退1
71. 马七进八	车6平4	72. 马二退三	将6进1
73. 马三退四	车4退1	74. 马八退六	马7进8
75. 炮五进一	马8进7	76. 炮五平八	象5进7

77. 炮八进五

黑单士象防务空虚，红双马盘旋攻着连珠，黑忙于应付。不久红再掠一士，双马展开攻杀，黑有车也难抗衡。

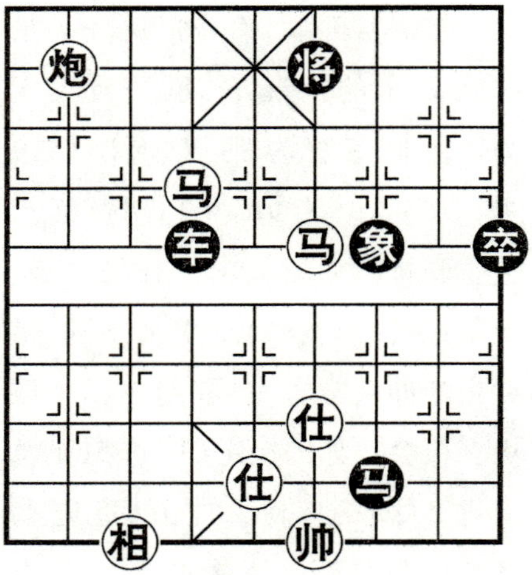

图 131

如图131，红炮从正面攻击改为侧面袭击，战术灵活。吕钦伸炮叫杀，成妙着胜局。暗伏马六进七，将6进1马四进六，黑只能用车换马，于是形成红马炮单缺相对黑马象卒的优胜残局。

77. ……　　将6 退 1

78. 马四进三　　将6 平 5　　79. 马六进七　　将5 平 4

80. 马三退五

伏马五进四杀，黑认输。因接走象7 退 5，则马七退五将4 平 5，前马进七将5 平 6，马五进三杀。

第4局　吕钦先胜刘殿中

（1994 年 10 月 10 日弈于郴州）

1. 兵七进一　　炮2 平 3　　2. 炮二平五　　象3 进 5

3. 马二进三　　卒3 进 1　　4. 马八进九　　卒3 进 1

5. 车一平二　　车9 进 1　　6. 车九平八　　车9 平 4

7. 仕六进五　　士4 进 5　　8. 车二进四　　卒7 进 1

9. 车二平七　　马8 进 7　　10. 炮八平六　　炮3 进 2

11. 马九进七　　马2 进 1　　12. 兵三进一　　炮3 进 2

13. 兵三进一　　炮8 进 4　　14. 马三进四　　象5 进 7

15. 车八进五　　象7 退 5　　16. 马四进六　　车4 平 3

17. 马六进四

这是1994年全国象棋个人赛对局，双方刚进入中局，红就弃马渡兵抢先，接着伸左车骑河捉象，跃出右马过河打车。如图132，吕钦又弈出弃车妙着，跳马准备入卧槽攻杀，黑如接走士5进6，则炮五进四士6进5，车七平三马7退6，炮五退二车3平4，车三进五车1平2，车八平二炮8平7，车二进四，再车吃马绝杀。

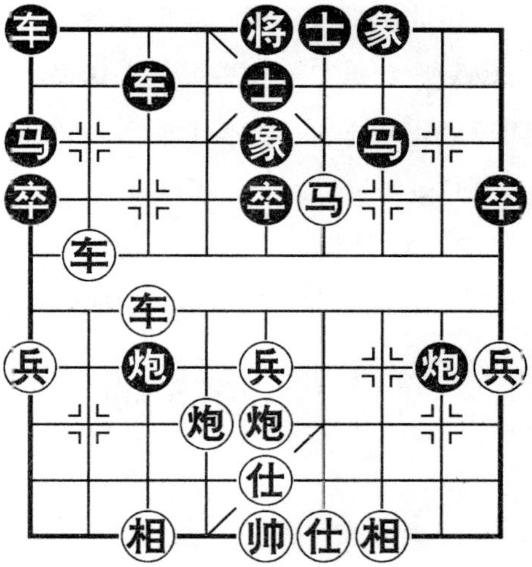

图132

17. …… 士5退4
18. 车七进四 马1退3
19. 车八平三 炮3退4
20. 炮六进五 车1平2
21. 车三进二 车2进3
22. 车三退四 炮8退1
23. 车三进一 炮8进1
24. 车三平七 炮3进2
25. 炮六进一 炮8退5
26. 马四进三 将5进1
27. 炮六退六 炮8进1

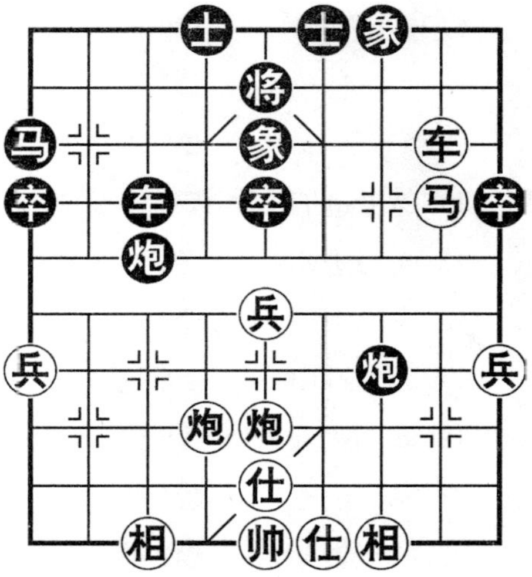

图133

28. 兵五进一 车2平3
29. 车七退一 马3进1
30. 车七平二 炮8平7
31. 车二进四 炮7进4
32. 马三退二

兑车后，红借势追回一子仍保持优越地位，黑竭力防守。如图133，吕钦退马巧手，伏车二进一，将5退1马二进四的杀着。

至此黑如接走炮7退5，则车二进一炮7平6，马二退四炮3平2，马四进三将5平4，车二平四士4进5，马三进四将4退1，车四平五车3退1，炮五进四象5退3，车五平六将4平5，马四退五杀。

32. …… 将5平4　33. 车二进一 士4进5

34. 炮五进一

黑认输，因接走将4退1，则炮五平六将4平5，马二进三杀。

第5局　吕钦先胜陶汉明

（1994年12月28日弈于哈尔滨）

1. 兵七进一 炮2平3　2. 炮二平五 象3进5

3. 马二进三 卒3进1　4. 车一平二 卒3进1

5. 马八进九 车9进1　6. 车九平八 车9平4

7. 仕六进五 车4进4　8. 炮五进四 士4进5

9. 炮五平一 马8进9　10. 炮八平四 马2进1

11. 相七进五 车4平6　12. 兵一进一 车6平9

13. 车二进六 炮8平6　14. 炮一平三 马9进7

15. 车二平三 车9平6　16. 车八进七 炮6进5

17. 仕五进四 车6进2　18. 马三进一 炮3进2

19. 仕四进五 车6进1　20. 马一进三 炮3平7

21. 相五进七 车1平3　22. 马三进五 车6退4

23. 马五进七 马1退2　24. 相三进五 车6平3

25. 马七进八 前车平1　26. 车八退四 炮7平9

27. 车三平一 车1平8　28. 仕五退四 车3进1

29. 马九进七 士5退4　30. 马七进五 车3平6

31. 车八进三 车8进5　32. 马八退六 马2进4

33. 车八平四

这是高科技杯赛对局，挺兵对卒底炮开局后，双方中局求变，吕钦弃边兵怪招诱离黑车，接着又弃士换取对左翼的控制。于是演成红多兵但缺士，双方互有顾忌的局面。正当黑沉车牵制红仕，又调右车移左肋攻杀之际，吕钦早已经巧运左车邀兑。如图134，这一巧手不但解救危局，而且立即显示出多兵的优势，是全盘棋战的转折点。

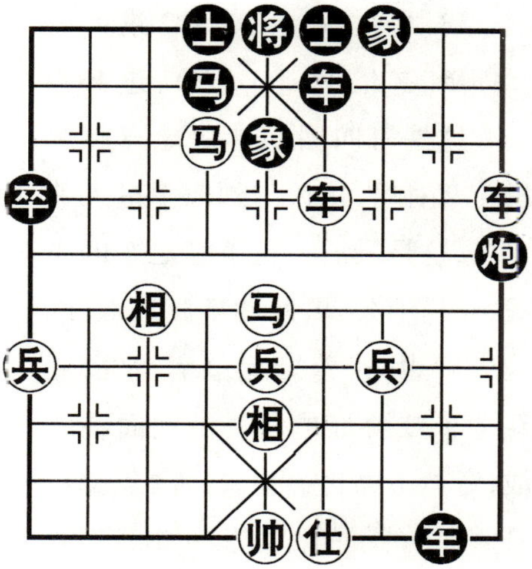

图 134

33. …… 车6进2
34. 马五进四 炮9进5
35. 马四进三 将5进1
36. 兵三进一 车8退8
37. 车一退六 车8平7
38. 车一进六 车7平6
39. 兵五进一 车6进5
40. 兵九进一 车6平4

至此黑超时判负，其实从棋局形势来看，也是红优胜，假如接走马六退八将5退1，兵五进一马4进2，兵五平六士4进5，车一平七将5平4，车七进一马2退3，车七平九车4平2，车九退一，红多三个兵胜定。

第6局　吕钦先胜刘殿中

（1997年8月19日弈于上海）

1. 兵七进一 炮2平3
2. 炮二平五 象3进5
3. 马二进三 卒3进1
4. 马八进九 卒3进1
5. 车一平二 车9进1
6. 仕六进五 车9平4
7. 炮五进四 士4进5
8. 炮五平一 马8进9
9. 车二进四 卒3进1
10. 炮八进二 炮8平7
11. 相七进五 卒3平4
12. 炮八平九 炮3平1

13. 车九平七　　马2进3　　14. 车七进六　　炮1进3

15. 兵九进一　　卒1进1　　16. 兵三进一

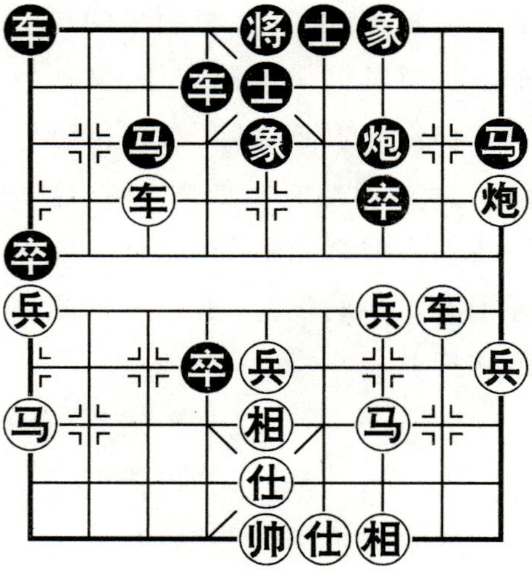

图135

这是第四届嘉丰房地产杯象棋比赛对局，吕钦与刘殿中进入前二名，这是最后一轮争夺冠军的决战，开局不久，黑便冲卒渡河，给红构成后患，接着挺起边卒，企图兑兵亮车威胁红边马。吕钦面临挑战，竟然不顾边兵丢失，而挺三兵，希望在右翼展开攻势。如图135，这样肯定会导致激烈的局势。吕钦这一步挺兵巧手，是敢于进攻意识的表现。以后有进车炮，跃马盘河咬卒等手段。

16. ……　　卒1进1

17. 车二进三　　炮7平6

18. 马三进四　　卒1进1

19. 马九退七　　卒4平5

20. 马四进三　　车1平2

21. 仕五退六　　车4进7

22. 仕四进五　　炮6进6

23. 马三进五　　卒5进1

24. 马五进三　　将5平4

25. 炮一平六

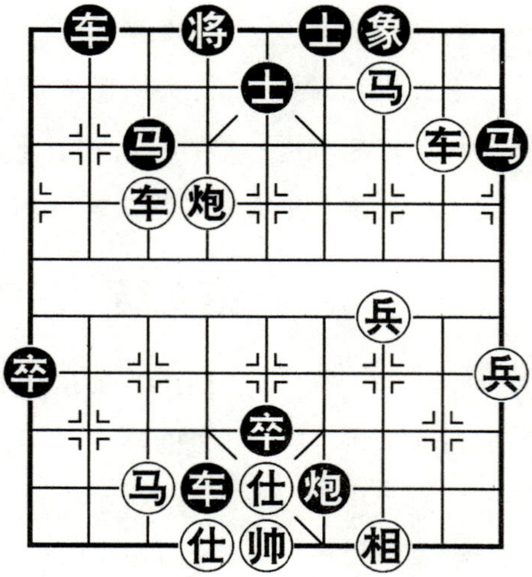

图136

在对攻过程中，局势复杂多变，赛场气氛紧张，刘殿中漏算一种杀法，错过了战机，应在23回合改走象7进5，车二平一卒5进1，车一平五卒5进1，车五退六车4进1，帅五平六车2

进9杀。

吕钦逃过此劫，精神大振，弈出平肋炮解杀还杀的妙着。如黑接走❸5进1，则㊕六进五❸2进9，㊕五退六❸4进1，㊕五进一，黑无连杀手段，红有惊无险。吕钦平肋炮之妙，起死回生，反败为胜。

又至此黑如接走❸4进1，则㊕六退三❸5进1，㊕六进五❸2进9，㊕五退六❸4进1，㊕五进一❸6平3，㊕七平六❸5进4，㊕六进一杀。

25. ……	卒5进1	26. 仕六进五	车2进9
27. 仕五退六	象7进5	28. 车二平五	马9退7
29. 车五平七	炮6平5	30. 前车进二	将4进1
31. 炮六退三	士5进6	32. 后车平六	将4平5
33. 车六平五	将5平6	34. 炮六平四	马7进6
35. 车七退一	士6进5	36. 车五进二	

黑认输，因接走将6退1，车七进一杀。

（十三）挺兵转中炮对卒底炮横车类

第1局 吕钦先胜柳大华

（1993年4月27日弈于南京）

1. 兵七进一	炮2平3	2. 炮二平五	象3进5
3. 马二进三	车9进1	4. 马八进七	车9平2
5. 车一平二	马2进4	6. 炮八平九	马8进9
7. 马七进六	卒9进1	8. 炮五平六	车1进1
9. 相三进五	车2进5	10. 仕六进五	车2平4
11. 车二进四	车1平2	12. 炮六退二	车2进6

13. 炮九进四　炮3平1　14. 车九进二　车2退4
15. 炮九退二　炮8平6　16. 兵三进一　卒5进1
17. 马六退四

这是1993年全国象棋团体赛对局，红布阵严谨，采用流行的退底炮变例，埋下伏兵，忙里偷闲边炮取卒。黑双车扼守要道，牵制红盘河马，施展纠缠战术，局势暂时平稳。

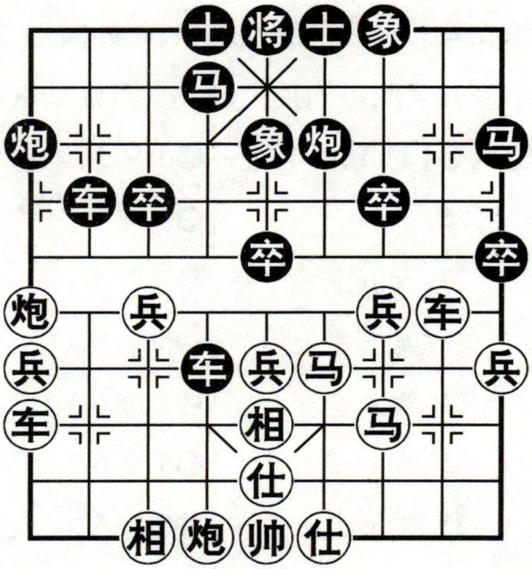
图137

如图137，黑大意挺起中卒，暴露出一个弱点，吕钦手疾眼快，洞察其中变化，立即退马咬卒，黑如车2进1保卒，则仕五进六打双得子。吕钦此着退马巧手必得中卒，在平稳局势下谋卒，为中残局占优奠定基础。看似小事，对后来影响胜负关系重大。

17. ……　车4进2　18. 马四进五　士4进5
19. 车九平六　车4退1　20. 仕五进六　马4进2
21. 兵三进一　卒7进1　22. 车二进二　炮1进4
23. 炮九进四　炮6平7　24. 马三进四　车2进3
25. 仕四进五　炮7退1　26. 炮九平三　马9退7
27. 车二平三　马7进9　28. 车三平七　炮1平5
29. 马四进六　炮5平8　30. 马六进八　炮8退5
31. 车七平二　炮8平7　32. 马八退六　马2退3
33. 车二进一

黑全力抗衡，边炮连取双兵，使子力达到均势，但红双马占领中心区域，八面威风，肋炮潜伏底线，棉里藏针，子力比较活跃。

如图 138，吕钦抓住黑左翼子力的弱点，进车巧手逼边马，有㊉六进五踏象的手段。如果黑退车保象，则红㊉五进三，又可兑马得象。所以吕钦这步进车巧手，是中局占优的关键。

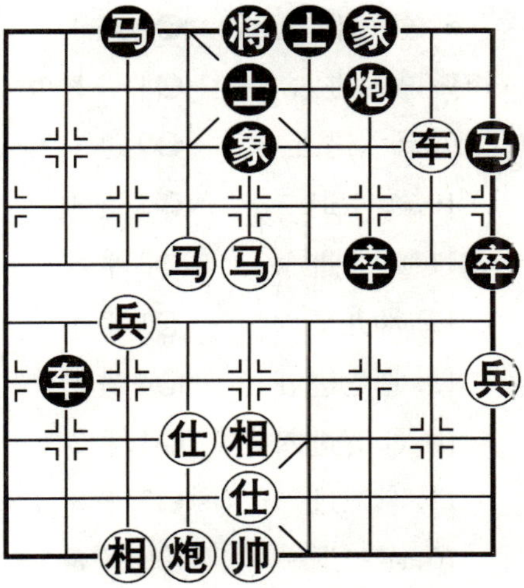

图 138

33. ……　车2 退 4
34. 马五进三　象5 进 3
35. 车二进一　马9 进 7
36. 车二平三　马7 进 5
37. 车三退三　马5 退 6
38. 车三平一　马3 进 4
39. 马六退五　象3 退 5
40. 车一平四　马6 进 8
41. 车四平二　车2 进 1
42. 马五进三　马8 退 6
43. 车二平九　象5 退 3
44. 兵一进一　车2 平 5
45. 车九平四　马6 进 8
46. 车四平二　马8 退 6
47. 兵七进一　马4 进 6
48. 车二平四　前马退 8
49. 兵一进一　象7 进 5
50. 兵七平六　象5 进 7
51. 兵一平二　车5 平 2
52. 马三退五　象7 退 9
53. 车四退一　马8 进 6
54. 马五进七　前马进 8
55. 车四进三

黑认输，因接走士5 进 6，则马七进八，形成红马炮兵仕相全对黑单马士象全的必胜残局。

第 2 局　吕钦先胜葛维蒲

（1995 年 7 月 17 日弈于广州）

1. 兵七进一　炮2 平 3
2. 炮二平五　象3 进 5
3. 马二进三　车9 进 1
4. 马八进七　车9 平 2

5. 车一平二　马2进4
6. 炮八平九　马8进9
7. 马七进六　士4进5
8. 炮五平六　车1进1
9. 仕六进五　卒9进1
10. 炮六退二　车2进3
11. 车二进六　炮8平6
12. 炮九平六　炮3平4
13. 相七进五　炮4进5
14. 仕五进六　车1平2
15. 兵三进一　车2平8
16. 车二退一　马9进8
17. 仕六退五　炮6退1
18. 兵九进一　车2进3
19. 车九进三　炮6平7
20. 车九平七　卒7进1
21. 兵三进一　车2平7
22. 马三进四　马8退7
23. 车七平八

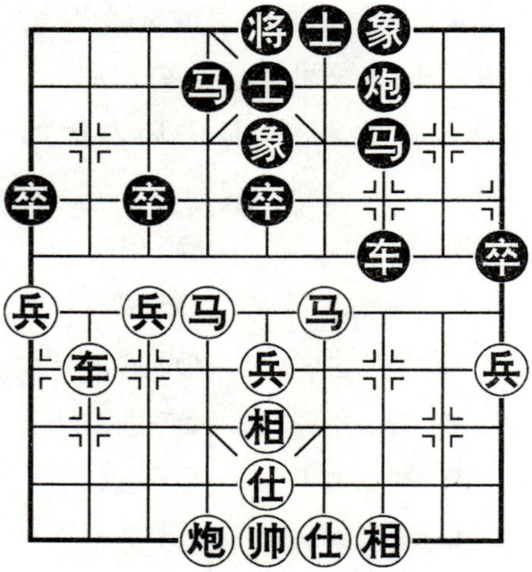
图139

这是第3届粤沪嘉宝杯象棋比赛对局，黑方布局很谨慎，兑炮兑车后，局势似乎平稳。但在兑兵卒时，黑不慎把占领要道的右车移到左翼，吕钦以敏锐的局面感觉，立即平车占领通道。如图139，此平车巧手非同小可，为后来进车牵马、擒士创造条件，由此局势朝有利红方发展。

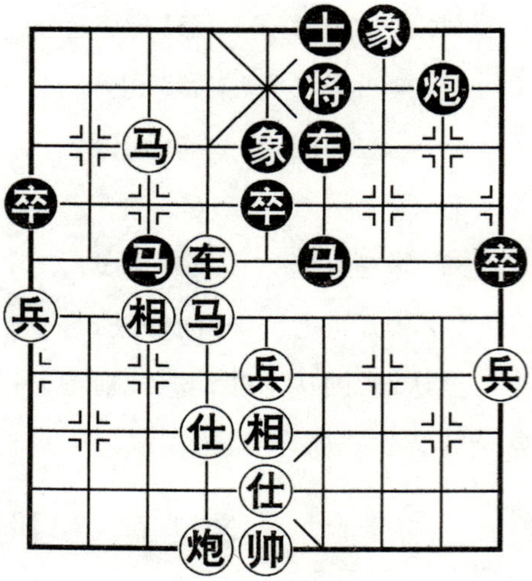
图140

至此黑如接走马7进6，则马六退七马6退7，车八进五车7平6，马四退六士5进4，车八退二士4退5，车八平九车6平2，马七进八，伏冲七兵再平炮打车的手段，仍红先手。

23. ……	马7进6	24. 马六退七	马6退7
25. 车八进五	卒3进1	26. 车八平七	卒3进1
27. 车七进一	士5退4	28. 车七平六	将5进1
29. 仕五进六	车7平6	30. 马四进六	马4进2
31. 仕四进五	炮7平8	32. 相五进七	车6退2
33. 相三进五	马2进3	34. 马七进六	马7进6
35. 马六进七	将5平6	36. 车六退四	

如图140，红破士取得一点优势，但攻力尚不足，黑邀兑马以减轻压力。红如主动兑马，则黑车巡河防守得力。吕钦善于分析形势，巧手退骑河车来兑子，便于谋中卒及边卒，以扩大优势。

至此黑如接走马6进4，则炮六进四车6进1，车六平二炮8平7，车二进三车6平7，炮六进四将6进1，车二退一将6退1，车二平五炮7平4，马七进六杀。

36. ……	马6进4	37. 炮六进四	士6进5
38. 马七退五	车6进1	39. 马五退七	炮8进8
40. 帅五平六	象5进3	41. 车六平七	车6进6
42. 帅六进一	车6退3	43. 兵五进一	炮8退7
44. 炮六进四	士5退4	45. 车七平一	车6平4
46. 帅六退一			

红多双兵，黑单士象难守，主动认输。

第3局　吕钦先胜柳大华

（1992年1月15日弈于广州）

1. 兵七进一	炮2平3	2. 炮二平五	象3进5
3. 马八进九	车9进1	4. 马二进三	车9平4
5. 车一平二	士4进5	6. 车九平八	马8进9

7. 兵三进一	车4 进 3	8. 马三进四	车4 平 6
9. 炮八进二	马2 进 4	10. 炮五平四	车6 平 5
11. 兵五进一	车5 平 4	12. 马四进三	炮8 平 6
13. 马三进一	象7 进 9	14. 相七进五	车4 进 2
15. 车二进五	车1 平 2	16. 炮八进二	车2 进 2
17. 兵九进一	炮3 进 3	18. 兵九进一	卒1 进 1
19. 车二平九	卒3 进 1	20. 仕六进五	车2 平 1
21. 车九进二	炮6 平 1	22. 车八进四	炮1 平 4
23. 炮八平九	炮4 平 1	24. 炮九平一	炮3 进 1
25. 兵一进一			

双方以挺兵对卒底炮开局，考虑到柳大华的棋艺风格是大刀阔斧，擅长中盘扭杀，吕钦避其锋芒，第 3 回合就跳边马，防止黑冲 3 卒过河对攻。第 12 回合先吃一卒，保持平稳局势。双方互相斗内功，都没有大的进展，吕钦采取谋卒策略，积小胜为大胜，使柳大华难以发挥其特长。如图 141，吕钦轻轻一步挺兵巧手，保存实力，以后此兵过河确实发挥了大作用。这是与全盘棋的战略思想密切相关的。

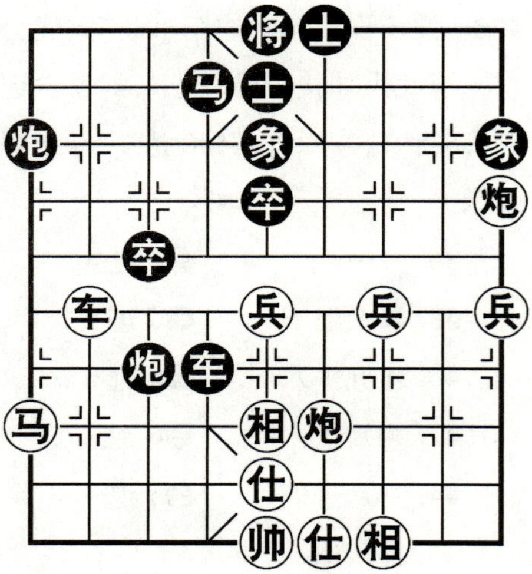
图 141

25. ……	炮1 平 3	26. 炮一平三	士5 退 4
27. 兵一进一	前炮进一	28. 炮四平七	炮3 进 5
29. 兵一平二	象9 退 7	30. 炮三平一	车4 平 1
31. 马九退八	炮3 退 1	32. 马八进七	车1 进 3
33. 仕五退六	车1 退 2	34. 炮一退四	炮3 平 9

35. 兵三进一　车1退3
36. 车八进四　马4进3
37. 车八退二　马3退4
38. 车八平六

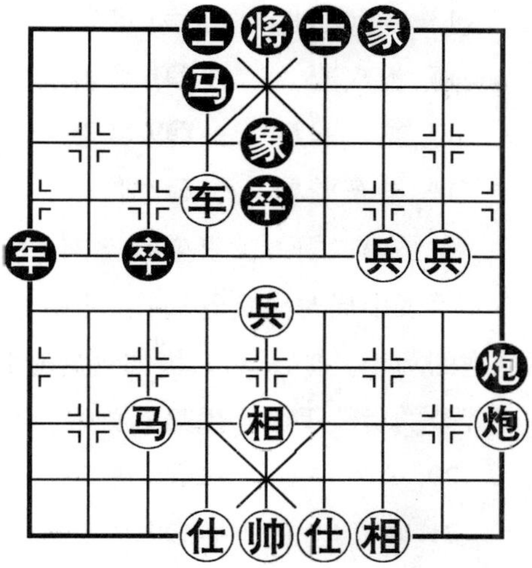
图 142

红在稳住阵势的情况下，忙里偷闲驱边兵渡河，又趁势冲三兵联手，初呈优势。如图142，吕钦见谋卒策略有成效，又运车捉黑拐脚马，黑逃马则丢中卒，只能退车保马，于是黑子力受制陷于被动地位。吕钦这步平车巧手，是控制局面扩大优势的要着。

38. ……　车1退3　39. 兵三进一　马4进2
40. 车六平五　车1平4　41. 车五平八　马2进4
42. 车八退三　炮9退5　43. 兵五进一　炮9平5
44. 炮一进三　卒3进1　45. 兵五平六　卒3进1
46. 车八平七　马4进2　47. 车七平四

红多三兵且过河，已经具备必胜条件，黑无对攻手段，主动认输。

第4局　吕钦先胜林宏敏

（1994年8月1日弈于上海）

1. 兵七进一　炮2平3　2. 炮二平五　象3进5
3. 马八进九　车9进1　4. 马二进三　车9平4
5. 车一平二　士4进5　6. 车九平八　马8进9
7. 兵三进一　车4进3　8. 马三进四　车4平6
9. 炮八进二　炮8平6　10. 炮五平四　车6平1
11. 兵九进一　车1平2　12. 马四进五　车2平5

13. 马五进七　车5 进 2　14. 仕四进五　马2 进 3

15. 炮八进三　车1 平 2　16. 车二进五　车5 平 9

17. 车二平五　车9 退 2　18. 车五退二　马9 退 7

19. 车五平八　车2 平 1　20. 车八平四

这是第二届粤沪嘉宝杯赛对局，双方布阵严谨，红采取稳健攻法，保持小先手。中局时黑贪吃边兵，使中车离开岗位，吕钦抓住机会，弈出平肋车兑炮的巧手。如图 143，黑如逃炮避兑，红车四进五捉马兼塞象眼，有炮八平五轰象的后续手段。黑只能兑炮，则兵种不全，会陷入单方面防守的处境。

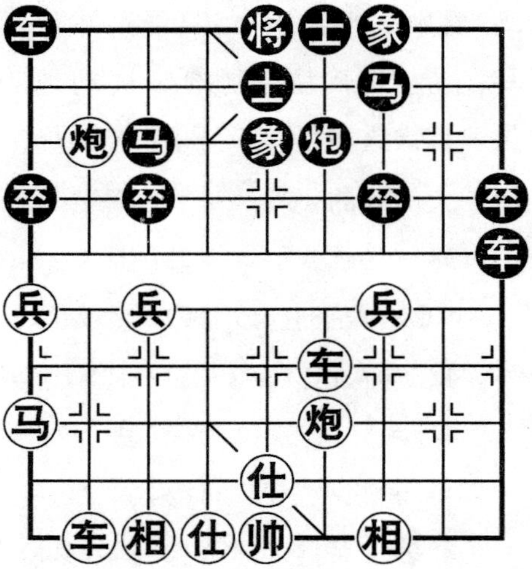

图 143

20. ……　炮6 进 5

21. 车四退一　车9 平 5

22. 车四进六　马7 进 8

23. 马九进八　车5 退 1

24. 相七进五　卒7 进 1

25. 车八进二　马3 退 4

26. 兵三进一　象5 进 7

27. 马八退七　马4 进 3

28. 炮八退一　卒3 进 1

29. 兵七进一　车1 平 2

30. 炮八进一　象7 退 5

31. 马七进六　车5 进 2　32. 兵七进一　马3 进 5

33. 马六进五　车5 退 2　34. 兵七进一　象5 进 3

35. 兵七进一　车5 退 1　36. 炮八进一　车5 平 3

37. 炮八退四　车3 平 5　38. 车四退二　马8 退 6

39. 车四平九　马6 进 5　40. 车八进一　车5 平 4

41. 炮八进四　马5 进 4　42. 车八平七　象3 退 5

43. 兵九进一　马4 退 3　44. 兵九平八　车4 平 3

45. 兵七平六　车3 平 2　46. 炮八平五

在双方子力互缠时，红 28 回合退炮打串，得到七兵渡河的机会，接着通过运车捉马扫卒，形成双兵渡河的优势局面。当小兵进入九宫时，吕钦认为时机已到，突然挥炮砸士，这一步妙着吹响了决战的号角。如图 144，黑如接走士6 进 5，则兵八平七前车平 4，车九进二士5 退 6，车七平四象5 进 3，帅五平四士6 进 5，兵六平五将5 平 4，车四进六杀。所以黑不敢吃炮，但防线被破，以后很难守住红方攻势。

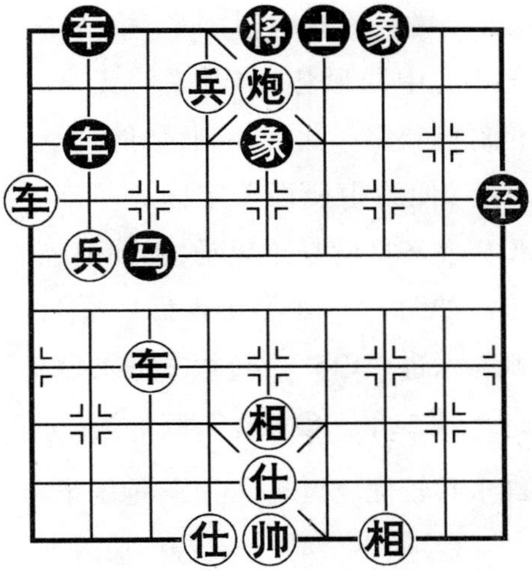

图 144

46. ……	前车平 4
47. 炮五平二	车4 退 1
48. 炮二进一	车4 平 8
49. 炮二平四	将5 平 6
50. 兵八平七	象5 进 3
51. 车七进二	车8 平 7
52. 车九平五	车2 进 1
53. 车七进四	将6 进 1
54. 车七平五	

缺士怕车，黑认输，因接走车7 进 1，则后车平四车7 平 6，车四平二车6 平 2，车五平三前车平 9，车三退一，抽车胜定。

第 5 局　吕钦先胜陶汉明

（1995 年 12 月 19 日弈于广州）

1. 兵七进一	炮2 平 3	2. 炮二平五	象3 进 5
3. 马八进九	车9 进 1	4. 车九平八	车9 平 4
5. 马二进三	士4 进 5	6. 车一平二	马8 进 9
7. 兵三进一	车4 进 3	8. 马三进四	车4 平 6
9. 炮八进二	马2 进 4	10. 炮五平四	车6 平 2
11. 马四进三	炮8 平 6	12. 马三进一	象7 进 9

13. 相三进五	车2平6	14. 炮四进五	炮3平6
15. 车八进三	卒1进1	16. 车八平六	马4进2
17. 炮八进二			

这是第十六届五羊杯赛对局，双方演出流行的挺兵对卒底炮阵势，吕钦先跳边马避免黑冲3卒对攻，开局阶段只吃得一卒，维持小先手。中局形势，乍看平淡无奇，但红已获多一兵之小利，如能再吃一卒，便为中残局奠定优势基础。所以左车平肋赶走黑马，再伸炮瞄卒。如图145，如黑接走车1平4，则车六进六将5平4，车二进六马2退4，车二平一象9退7，兵一进一，红多兵较优。因此，吕钦伸炮瞄卒巧手，具有深远的意义。

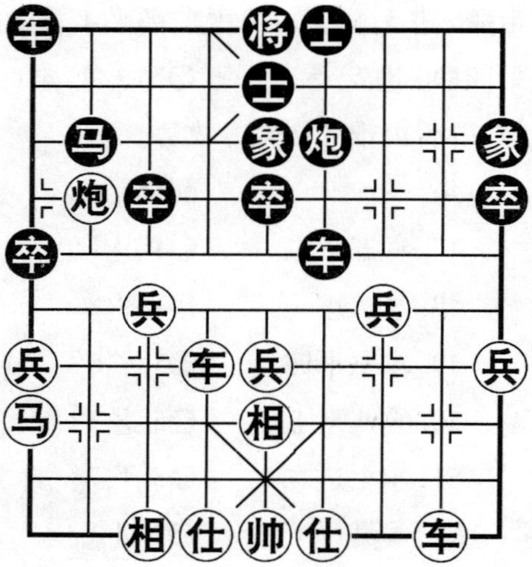

图145

17. ……	车1进3	18. 车六平八	卒9进1
19. 车二进六	马2退4	20. 炮八平五	卒3进1
21. 炮五平八	卒3进1	22. 相五进七	炮6进7
23. 相七退五	卒1进1	24. 兵九进一	车1进2
25. 炮八退二	炮6退3	26. 兵五进一	炮6进1
27. 马九退七	车6平2	28. 炮八平七	车2平4
29. 仕六进五	炮6平9	30. 车二退三	车4进4
31. 车八平七	车1退1	32. 车二平六	车4退2
33. 车七平六	马4进2	34. 马七进八	车1平8
35. 仕五进四	象9退7	36. 炮七退二	炮9进1
37. 车六平五	炮9平2	38. 兵五进一	炮2进1
39. 相七进九	车8进5	40. 帅五进一	车8退1

41. 帅五退一　车8平2　42. 马八进六　马2进1
43. 兵五进一　车2退3　44. 车五平六　车2进2
45. 车六平七　车2退2　46. 马六进四

红谋卒策略如愿以偿，获得多双兵之利，但被黑炮破仕亦有顾虑。由于黑边车受阻，未能发挥双车胁士的优势，红又及时联车邀兑，于是形成红优局面。如图146，弈至45回合时，黑为使边马有机会渡河配合车炮作战，退骑河车捉马。吕钦估计总攻时机已到，没按前回合那样平肋车保马，而是大胆跃马过河，既不怕黑马来攻，也不怕黑平中车捉兵相，这一妙着成为入局的前奏。

至此黑如接走（甲）马1进2，炮七平六士5进6，马四进二士6进5，马二进三将5平6，炮六进一马2进1，车七退二马1进3，炮六退三炮2平4，帅五平六，黑马必死，红胜定。（乙）车2平5，马四进二车5进2，仕四退五炮2退8，车七进五车5平8，马二进三将5平4，炮七平六炮2进3，兵五平六炮2平4，车七退三，红捉双得子胜定。

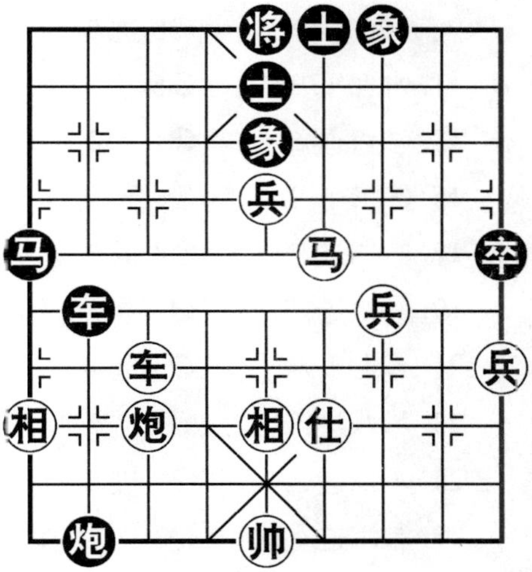

图146

46. ……　车2进1　47. 车七平八　马1进2
48. 帅五平六　马2退3　49. 兵五进一　炮2退8
50. 相五进七　马3进5　51. 仕四退五　象7进5
52. 炮七平一　象5退7　53. 炮一平五　象7进5
54. 马四进五　士5进4　55. 马五退三　马5进7
56. 马三退一　炮2平4　57. 仕五进六　炮4进6
58. 马一进三　炮4退1　59. 炮五进一　将5平4
60. 马三退四　炮4平2　61. 马四退三　马7退5

62. 相七退五	炮2退1	63. 相九进七	

至此，红多双兵构成必胜残局，黑思考良久亦无对策，超时判负。

第6局　吕钦先胜李雪松

（1998年12月13日弈于深圳）

1. 兵七进一	炮2平3	2. 炮二平五	象3进5
3. 马二进三	车9进1	4. 炮五进四	士4进5
5. 相七进五	马2进4	6. 炮五退一	车1平2
7. 马八进六	车9平6	8. 兵三进一	车2进4
9. 兵五进一	车6进5	10. 车一进一	马8进7
11. 车九平八	车6平1	12. 炮八平七	车2进5
13. 马六退八	车1平2	14. 马八进六	车2平4
15. 车一平二	炮8平9	16. 马三进四	炮9进4
17. 马四进三	车4退3	18. 兵三进一	炮9平1
19. 马六进四	炮1进3	20. 仕六进五	炮3平2
21. 炮七平八	卒3进1	22. 兵七进一	车4平2
23. 炮八进五	马4进2	24. 兵七平六	马7进5
25. 车二进二	车2进6	26. 仕五退六	马5退3
27. 兵六进一	马3进4	28. 兵六进一	马2进3
29. 兵六进一			

这是1998年全国象棋个人赛对局，双方以挺兵对卒底炮开局，红炮击中卒，逼黑支士自塞车路，企图破坏黑横车过宫计划，这个变例演成红多兵黑得先的局面。果然在中局阶段，黑左炮移右沉底偷袭，红左翼十分空虚，形势危急，眼看黑双马盘河，随时渡河助战。

如图147，在此影响胜负的关键时刻，吕钦胸有成竹，直冲小兵入宫，伏马三进二再跳士角的杀着，这样迫使黑退车叫将抽吃红兵，就可以转危为安了。吕钦这步冲兵巧手，起死回生，使局势发生转折。

至此黑如接走马3进4，则车二平六车2退3，相五退七，红车生根得子。

另外又如黑接走马3进2,则车二平六马2进3,车六退二车2平3,马三进二炮1退1,马二退四杀。

29. …… 车2退8
30. 相五退七 车2平4
31. 车二平九 炮1平2
32. 仕四进五 马4退3
33. 车九平七 将5平4
34. 炮五平四 炮2退6
35. 马三退五 后马进4
36. 车七平二 炮2平3
37. 相三进五 炮3退3
38. 兵三进一 卒1进1
39. 马四进三 卒1进1

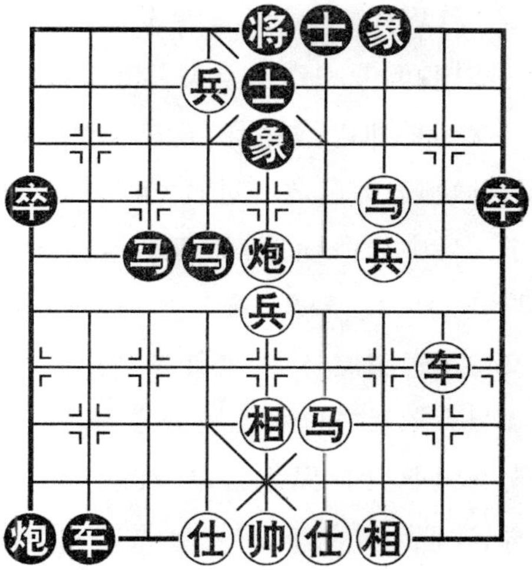

图 147

40. 兵三进一 马4退3
41. 炮四平七 象5进3
42. 车二进三 卒9进1
43. 车二平八 象3退5
44. 马三进四 卒9进1
45. 兵三进一 卒1进1
46. 车八进一 车4进2
47. 马四进二 马3进4
48. 兵三进一 车4平2
49. 车八平九 象5退7
50. 马二进三 卒1平2
51. 车九进二 炮3平2
52. 车九退四 马4退3
53. 车九平七 车2退1
54. 车七进一 炮2进1
55. 马三退二 炮2平3
56. 车七平六 炮3平4
57. 马二退四 卒9平8
58. 车六平七 将4平5
59. 马五进三 炮4平3
60. 车七平九 车2退2
61. 车九进一 马3进2
62. 车九进一 炮3平2
63. 马三退二 卒2进1
64. 车九退二 炮2平4
65. 车九平七 卒2进1
66. 马二进四 士5进6
67. 车七进二 将5平4

68. 车七退三　　炮4平6　　69. 后马进六　　炮6进2

70. 马六进四

红巩固阵势之后，便发挥过河兵的作用，但考虑到黑象头马潜伏威胁，吕钦明智地以炮兑马，这样虽然造成兵种缺陷，但可放心进攻，无后顾之忧了。后中局阶段，吕钦双马盘旋运用自如，驱兵换双象，突破黑一道防线，又运车牵制黑马炮，处处主动出击，使黑只有招架之攻而无还击之力。当弈至69回合时，黑炮打串，红跳后马咬马，看似为了兑子，殊不知吕钦竟不吃马而吃士叫杀，如图148，这一妙着立成杀势。如黑接走炮6平5，则车七平六炮5平4，车六平五马2退3，车五进四杀。

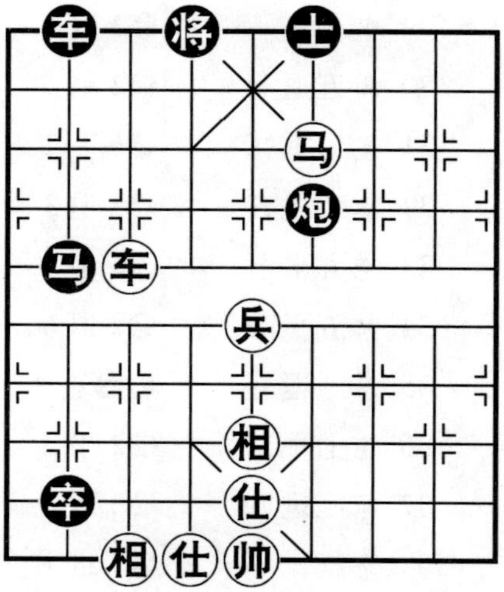

图148

70. ……　　士6进5　　71. 车七平六　　炮6平4

72. 车六平二　　炮4平6　　73. 车二进四　　士5退6

74. 车二退一

黑无法解救红车二平六的杀着，便认输。

第7局　吕钦先胜万春林

（1988年9月4日弈于呼和浩特）

1. 兵三进一　　炮8平7　　2. 炮八平五　　象3进5

3. 马二进一　　马8进9　　4. 车一平二　　车9进1

5. 马八进七　　车9平4　　6. 车九平八　　车4进3

7. 兵一进一　　马2进4　　8. 马一进二　　车1平2

9. 马二进一　　炮7进3　　10. 炮二平一　　炮2进4

11. ㊣兵七进一	炮7进1	12. 车二进四	炮2平3
13. 炮五进四	士4进5	14. 车八进九	马4退2
15. 相七进五	马2进3	16. 炮五退二	马3进5
17. 车二退三	炮7平9	18. 兵一进一	马5进6
19. 马一进三	卒7进1	20. 车二平四	炮9平6
21. 兵一进一	马9进7	22. 兵一平二	马7进5
23. 车四平八	炮6平9	24. 车八平四	马6进8
25. 仕四进五	车4退1	26. 炮一平二	将5平4
27. 相三进一	车4进3	28. 马三退四	马5进3
29. 炮五平六	将4平5	30. 炮二平三	马3退4
31. 马四进六	车4退1	32. 马六退五	炮9平5
33. 马五进四	炮5退2	34. 车四进二	马8进7
35. 帅五平四	马7退5	36. 炮三平四	炮5平3
37. 相一退三	炮3进3	38. 相三进五	炮3平6
39. 车四平七	炮6平7	40. 车七进三	卒1进1
41. 车七平九	象5退3	42. 帅四平五	车4平6
43. 马四退六	车6平4	44. 马六进八	象7进5
45. 车九退一	炮7退1	46. 车九平四	炮7平3
47. 帅五平四	炮3退4	48. 车四进一	车4平5
49. 相五退七	卒7进1	50. 车四平六	炮3平2
51. 兵九进一	车5退1	52. 帅四平五	卒7进1
53. 兵二平三	卒7进1	54. 车六进一	

这是1988年全国象棋个人赛对局，红布局未占便宜，多一兵但子力不够活跃。黑中局错过了一个反先的机会，被红迅速兑子缓解。残局双方大体均势，但黑认为红单缺相有弱点，随手冲卒贪攻，不料吕钦突施妙着，伸车士角送吃，竟然找到取胜的机会。如图149，如黑接走车5退1，则车六平八车5平7，马八退七车7进2，相七进九红胜势。

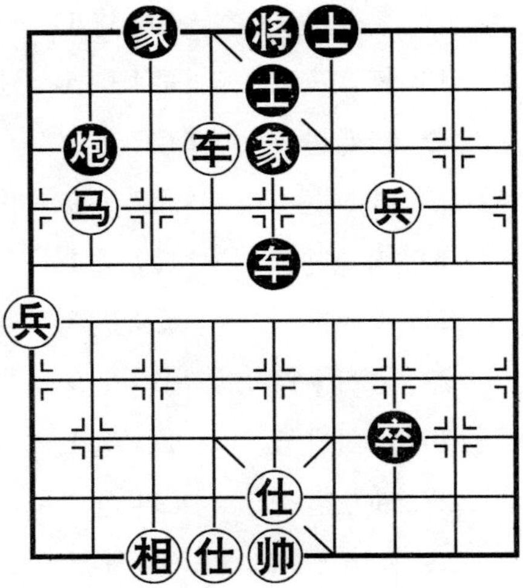

图 149

54. ……　　车5进4
55. 仕六进五　　士5进4
56. 马八进六　　将5平4
57. 兵九进一　　炮2平3
58. 兵九平八　　炮3退1
59. 兵三平四　　卒7进1
60. 马六进八　　卒7平6
61. 相七进五　　将4平5
62. 马八退七　　炮3平5
63. 马七退六　　炮5平4
64. 兵八进一　　士6进5
65. 兵八平七　　炮4进3
66. 仕五进四　　将5平4
67. 兵七平六　　炮4平5
68. 相五退七　　炮5平9

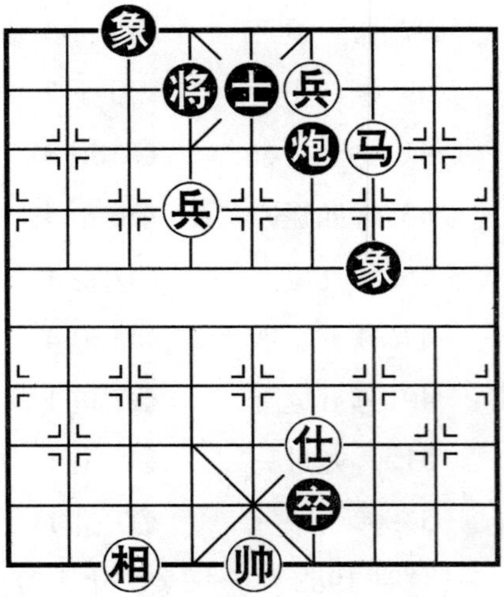

图 150

69. 马六进四　　炮9退4
70. 兵四平五　　炮9平6
71. 仕四退五　　炮6平9
72. 相七进五　　炮9平6
73. 马四退三　　卒6平7
74. 兵五平四　　炮6平9
75. 兵四平三　　炮9进4
76. 马三进二　　炮9退1
77. 兵三进一　　象5进7
78. 兵三进一　　炮9平6
79. 马二进三　　炮6退1
80. 兵三平四　　将4进1
81. 相五退七　　卒7平6
82. 仕五进四

兑车后，红马双兵对黑炮卒单缺士，取胜仍需费一番周折。红双兵分两侧,针对黑士进行攻击。如图 150,吕钦落相之后巧支角仕,使出将军脱袍战术,露帅助攻,至此黑如接走士5 退 4,则马三退一象7 退 9,马一退二象9 进 7,马二进三炮6 平 7,马三退五炮7 平 5,帅五平六士4 进 5,兵六进一士5 进 4,马五进七将4 退 1,兵四平五炮5 平 8,马七进八杀。

82. ……	象7 退 5	83. 兵六平五	象5 进 3
84. 兵五平四	象3 退 5	85. 前兵平五	

黑认输,因接走将4 平 5,则兵四进一卒6 平 7,帅五平六卒7 平 8,马三退一卒8 平 7,马一退二卒7 平 8,马二进三卒8 平 7,兵四进一将5 退 1,马三退五卒7 平 8,马五进六将5 平 4,兵四平五卒8 平 7,帅六平五卒7 平 8,马六进八杀。

第 8 局　吕钦先胜朱祖勤

(1997 年 10 月 6 日弈于漳州)

1. 兵七进一	炮2 平 3	2. 炮二平五	象7 进 5
3. 马八进九	马2 进 1	4. 车九平八	卒1 进 1
5. 马二进三	车1 进 1	6. 车一平二	车1 平 4
7. 兵五进一	马8 进 6	8. 兵五进一	车4 进 5
9. 车二进五	士6 进 5	10. 炮八进六	卒5 进 1
11. 车二平五			

这是 1997 年全国象棋个人赛对局,红挺兵转中炮对卒底炮右横车阵势,由于黑拐脚马弱点,红伸炮瞄马得先。黑决定弃马吃兵,此时吕钦胸怀大局,出人意外地不吃马而吃卒,以保持先手。至此黑如接走炮3 退 1,则炮五进五象3 进 5,车五进二马1 退 2,炮八平九马2 进 4,炮九进一炮3 退 1,车五进一将5 平 6,炮九平六打双车,红优。

11. ……	马1 退 3	12. 炮八进一	车4 退 4
13. 马三进五	马3 进 1	14. 炮八平九	卒7 进 1

15. 车八进八　　炮8进2

16. 车五平三

黑升炮打车是假棋，红车顺便扫卒，黑不能走象5进7吃车，因红车八平五将5平6，车五进一杀。

至此黑认输，其实还可支撑一阵，例如接走炮8退1，则车三进三炮3退1，马五进四炮8平5，炮五进五将5平6，马四进三马6进7，车三平五杀。

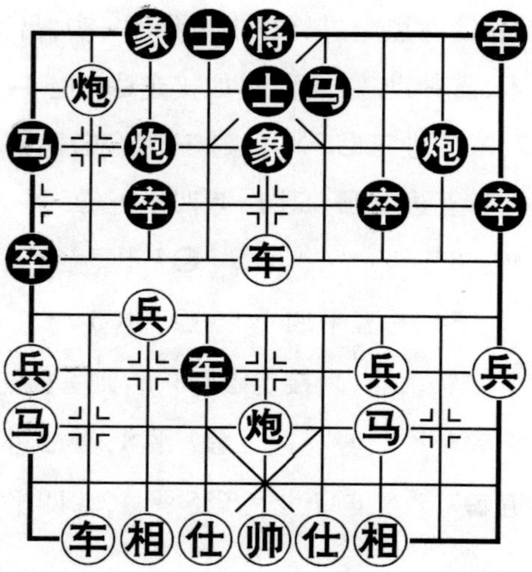

图151

（十四）挺兵转中炮对卒底炮直车类

第1局　吕钦先胜闫文清

1. 兵七进一	炮2平3	2. 炮二平五	象3进5
3. 仕六进五	马8进7	4. 马二进三	车9平8
5. 兵三进一	炮8平9	6. 炮八平六	车8进4
7. 车一平二	车8平4	8. 马八进七	马2进1
9. 炮五平四			

这是1988年全国象棋个人赛对局，此前吕钦的战绩不够理想，排名在第4位，此轮与闫文清相遇，一举取胜之后，士气大振，以后连连告捷，终于夺魁。

本局双方以挺兵对卒底炮布阵，吕钦采取流行的补士变例，双马活跃，如图152卸炮巧手，准备跳马三进四咬车抢先。如黑接走车4平6防马，则红又有马七进六咬车，由此黑陷被动。

9. …… 卒7进1

10. 车二进四 车1平2

11. 马三进四 车4平2

12. 相七进五 士4进5

13. 马七进六 前车平5

14. 炮四平三 车5进2

15. 马四进六 炮3退1

16. 兵三进一 车5平7

17. 车二进三 车7平4

18. 前马进五

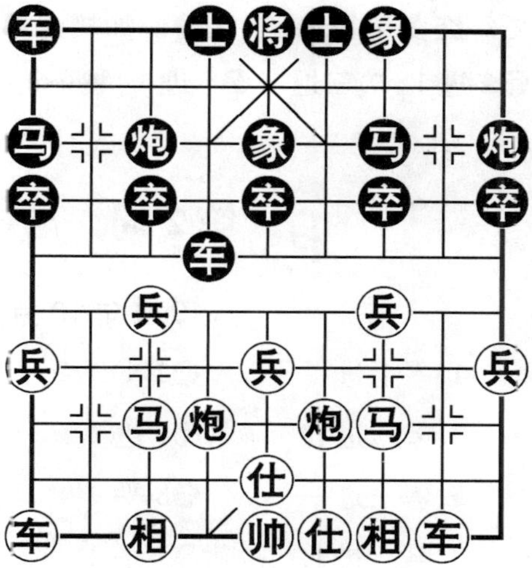

图152

红双马盘河，展开战斗，先跳马赶退黑炮，又伸车捉拿黑马。黑平肋车提串希望兑子缓和局势，但吕钦却弃马踏象，妙着攻陷黑防线，由此势如破竹。

如图153黑如接走象7进5，则车二平三炮9进4，车三平五车4退1，兵三平四炮9平7，车五平九，红势优。

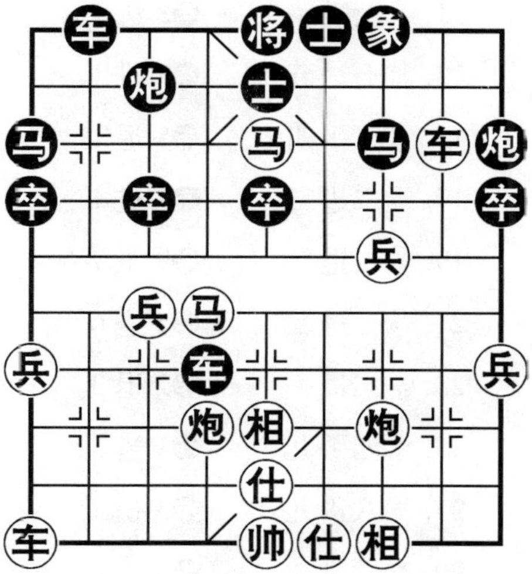

图153

18. …… 炮3平4

19. 马五退七 马1进3

20. 马六进七 炮4进6

21. 炮三平六 车2进3

22. 兵七进一 炮9进4

23. 车二平三 炮9平5

24. 炮六退二 车4平3

25. 炮六进六 车2进5

26. 炮六平一 车3退2

27. 车三进二 士5进4

28. 马七进六 车2平3

29. 车九平六

红多子得势，黑认输。如接走士4退5，炮一进三士5进4，马六退四将5进1，车三退一将5进1，炮一退二将5平6，兵三进一后车平9，兵三进一杀。

第2局　吕钦先胜于幼华

（1990年10月12日弈于杭州）

1. 兵七进一	炮2平3	2. 炮二平五	象3进5
3. 仕六进五	马8进7	4. 马二进三	车9平8
5. 兵三进一	炮8平9	6. 炮八平六	马2进1
7. 马八进七	车1平2	8. 马七进六	士4进5
9. 马六进五	马7进5	10. 炮五进四	卒3进1
11. 兵七进一	车8进4	12. 车一平二	车8平3
13. 相七进五	卒7进1	14. 车二进五	车3平5
15. 炮五平四	车5退1	16. 炮四退二	炮3退2
17. 车二进二	卒7进1	18. 相五进三	炮3进2
19. 车二退二	炮9平7	20. 相三退五	车5平7
21. 马三进二	车2进6	22. 马二进四	炮7平6
23. 车二进一	车2退3	24. 车二平三	车2平7
25. 炮四平九	马1进3	26. 车九平八	车7平6
27. 车八进九	炮3退2	28. 炮九平五	马3进5
29. 炮六进六	炮3平4	30. 马四退二	马5退4
31. 车八退四	马4进2	32. 炮六退六	马2退4
33. 炮六平九	炮6平9	34. 兵一进一	车6平5
35. 相五进七	车5平3	36. 炮九平三	车3平5
37. 车八平三	炮4平1	38. 车三平八	车5平2
39. 马二进三			

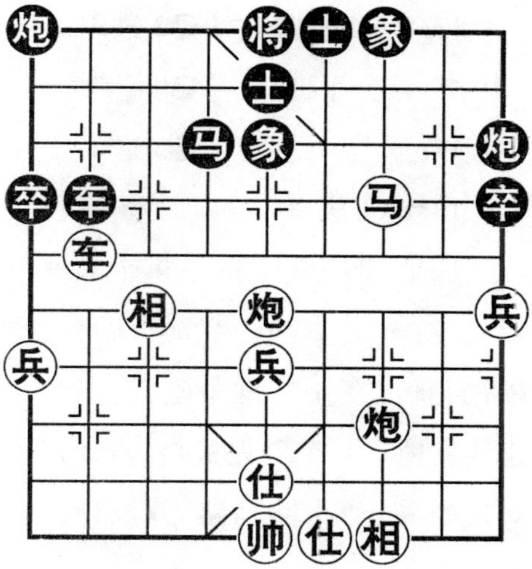

图 154

这是1990年全国象棋个人赛对局，红开局活马晚车，跳出左马踏卒，多得一兵之利。本来双方中局形势比较平稳，黑用卒林车坚守，红亦难进取。吕钦摆好中炮与三路炮，等待机会，果然于幼华麻痹大意，随手平车邀兑，吕钦立即走出跳马过河叫杀，这步妙着弃车弃马任黑吃，如图154，黑如吃车则炮打象闷宫，黑如吃马则车沉底杀。另外黑如接走车2平5，则炮三进七象5退7，车八进四杀。

39. ……	将5平4	40. 炮三平六

黑认输，因如接走（甲）将4平5，则马三退五车2平6，马五进四车6退1，车八进四马4退3，车八平七杀。（乙）车2平4，则车八进四将4进1，车八平九炮9进3，马三退五车4进1，炮五平六车4进1，马五进七杀。

第3局　吕钦先胜许银川

（1991年10月17日弈于大连）

1. 兵七进一	炮2平3	2. 炮二平五	象3进5
3. 马八进九	马8进7	4. 马二进三	车9平8
5. 兵三进一	炮8平9	6. 车九平八	卒1进1
7. 炮八平七	士4进5	8. 马三进四	车8进4
9. 马四进三	炮9退1	10. 炮五平三	马2进1
11. 车八进七	马1进2	12. 相三进五	车1平3

13. 仕四进五　马2 进 4　14. 炮七进一　车8 进 3
15. 炮三平四　炮9 平 7　16. 马三退四　车8 退 3
17. 炮七平六　炮3 退 1　18. 马四进六　车8 平 5
19. 兵五进一

这是 1991 年全国象棋个人赛对局，红开局多吃一卒，但马路被阻，而且黑摆中车准备吃兵捉炮。吕钦发现有一个争先机会，主动挺兵送吃，疏通炮路马路，并设计一个小圈套。

如图 155 黑如接走车5 进 1，则炮六平三马7 进 6，炮三进五炮3 平 7，马六进四士5 进 6，兵三进一捉死马。

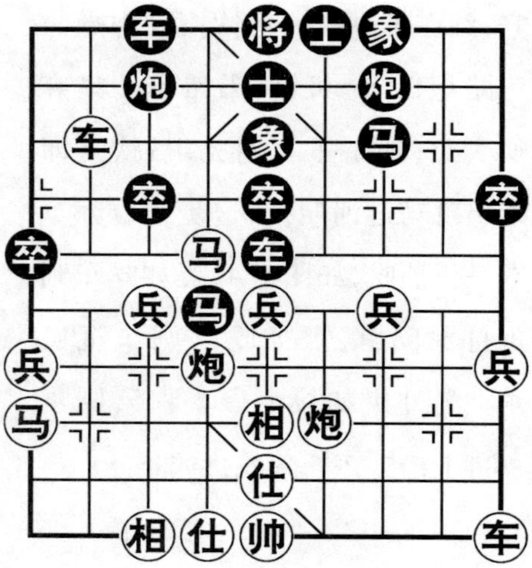

图 155

19. ……　车5 进 1
20. 炮六平三　马7 进 8　21. 炮三进五　炮3 平 7
22. 兵三进一　炮7 进 1　23. 车八退三　马8 退 9
24. 兵三平四　车3 平 4　25. 兵七进一　卒3 进 1
26. 车一平三　炮7 平 6　27. 炮四进五　士5 进 6
28. 马六进七　车4 平 3　29. 马七进九　车3 平 4
30. 后马进七　车5 平 8　31. 兵四进一　士6 退 5
32. 兵四平五　卒3 进 1　33. 车八平七　车8 退 2
34. 马九退七　车4 进 2　35. 前马退八　马4 退 5
36. 车七进二　车4 进 4　37. 兵一进一　象5 进 3
38. 车三进九　车4 平 8　39. 马七进六　前车进 3
40. 仕五退四　马5 退 4

黑失误丢象，又退马速败，至此主动认输，因红接走车七进三士5退4，马八进七后车平4，车七平六杀。

第4局　吕钦先胜崔岩

（1995年10月9日弈于吴县市）

1. 兵七进一　炮2平3　2. 炮二平五　象3进5
3. 马八进九　马8进7　4. 马二进三　车9平8
5. 兵三进一　炮8平9　6. 车九平八　炮3进3
7. 炮八平六　士4进5　8. 车一平二　车8进9
9. 马三退二　马2进3　10. 炮五平三　车1平2
11. 车八进九　马3退2　12. 相七进五　炮3退1
13. 炮三进四　炮9进4　14. 兵九进一　炮9退2
15. 兵三进一

这是1995年全国象棋个人赛对局，双方开局不久便兑掉双车，较量马炮棋实力。如图156，红虽少一兵，但子路比较畅通，前面卸炮瞄马取卒，暗伏威胁得以巧渡三兵。在无车棋的条件下，吕钦这步巧手渡兵不可忽视，以后黑为消灭此兵却弃中卒，红中兵渡河又成为黑之后患，最后就是靠此兵与马炮配合成杀的。

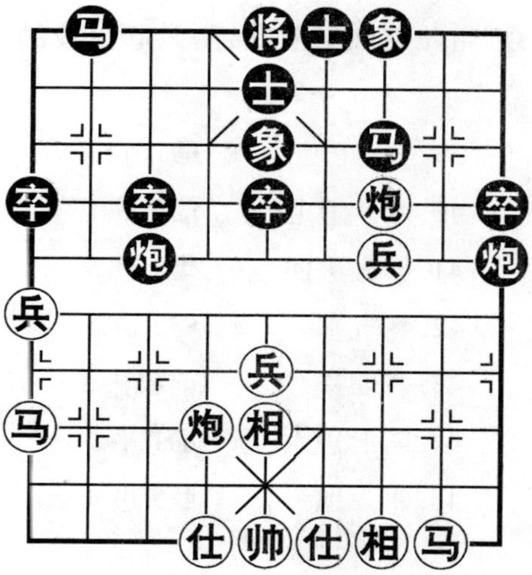

图156

15. ……　卒5进1
16. 炮六进三　马7进5　17. 兵三平四　马5退3
18. 马二进三　炮3平2　19. 马三进一　卒3进1

20. 炮六退四　卒5进1　21. 兵五进一　炮2平6
22. 马一进三　炮6平7　23. 炮六进五　卒1进1
24. 炮六平一　炮9平8　25. 兵九进一　炮7平1
26. 马三进四　炮8平7　27. 炮三平二　将5平4
28. 仕六进五　炮7进2　29. 马九退七　炮1平2
30. 炮二进三　炮7平5　31. 炮一退二　炮5平1
32. 马七进八　炮1退5　33. 炮一退一　马3进4
34. 兵五进一　马4退3　35. 马四退三　炮2进1
36. 马三进一　炮2平5　37. 炮一平五　马2进1
38. 马一进二　马1进2　39. 马二退四

在无车棋战斗中，双方子力相等，但红子力比较活跃，又有沉底炮过河兵的优越。如图157，吕钦巧手退马赶走黑炮，实现炮轰中象的计划，由此突破黑防线，是发起总攻的前奏。

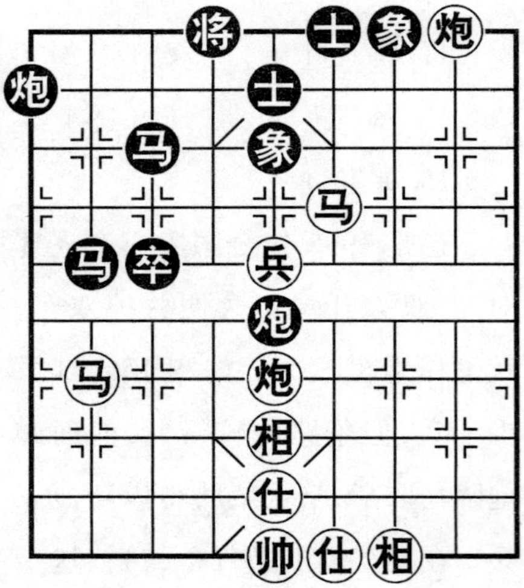

图157

39. ……　炮1平2
40. 马八退七　炮5平1
41. 炮五进四　马2进3
42. 炮五平一　炮2进7
43. 马四进二　前马进1
44. 马七进六　炮1平3　45. 马二进三　将4进1
46. 炮二退一　士5进4　47. 马三退四　将4平5
48. 兵五进一

伏炮一进一杀，黑认输，因接走将5平6则兵五进一士6进5，炮一进一将6退1，马四进三炮2进1，炮二进一将6进1，马三退二将6退1，炮一进一杀。

(十五)挺兵转中炮对卒底炮正马类

第1局　吕钦先胜赵庆阁

(1991年10月27日弈于大连)

1. 兵七进一	炮2平3	2. 炮二平五	马8进7
3. 马二进三	马2进1	4. 车一平二	车1平2
5. 马八进七	车9平8	6. 车九平八	车2进6
7. 马七进六	士6进5	8. 车二进六	象7进5
9. 兵七进一	车2退1	10. 兵七进一	炮3平4
11. 马六退七	车2平3	12. 兵七平六	车3进2
13. 兵六进一	士5进4	14. 车二平三	车8平7
15. 炮八进五	士4进5	16. 仕四进五	炮8进2
17. 炮五平六	马7退9	18. 车三进三	马9退7
19. 相三进五	马7进6	20. 车八进六	车3退5
21. 兵三进一	炮8退1	22. 车八退三	车3进2
23. 炮八进一	卒1进1	24. 车八进四	车3退3
25. 马三进四	卒5进1	26. 马四进三	炮8进3
27. 兵九进一			

这是1991年全国象棋个人赛对局,红开局跃出左马抢先,兑子后黑士架不协调,而且左马失根。红在多兵子活的形势下控制局面,遇到黑方的顽强抵抗。

当弈至27回合时,吕钦发现黑边马弱点可以利用,走出巧送边兵的怪招。如图158,黑如接走卒1进1,则炮六平九象5进3,炮九进五象3退1,炮八进一象3进5,车八平九得象。

27. …… 卒1 进 1
28. 炮六平九 卒1 平 2
29. 炮八平九 士5 退 4
30. 车八平六 炮8 平 7
31. 马三退四 马1 进 3
32. 前炮进一 车3 平 4
33. 车六平七 车4 平 1
34. 前炮平八 车1 平 2
35. 炮八平六 马3 进 1
36. 炮六退三 卒2 进 1
37. 炮六平九 卒2 进 1
38. 后炮进二 将5 进 1
39. 马四进六 马6 进 8
40. 兵五进一

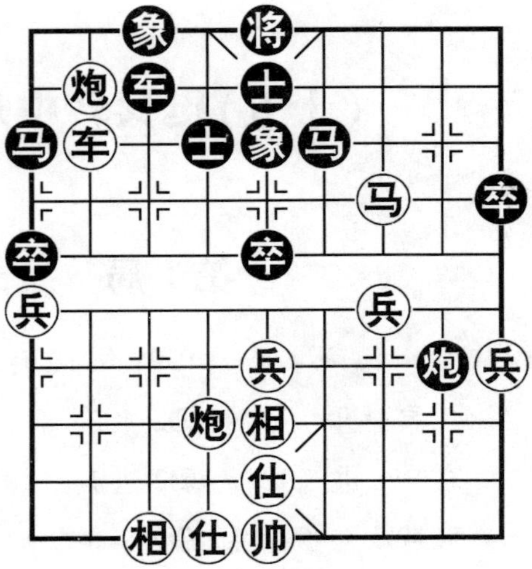
图 158

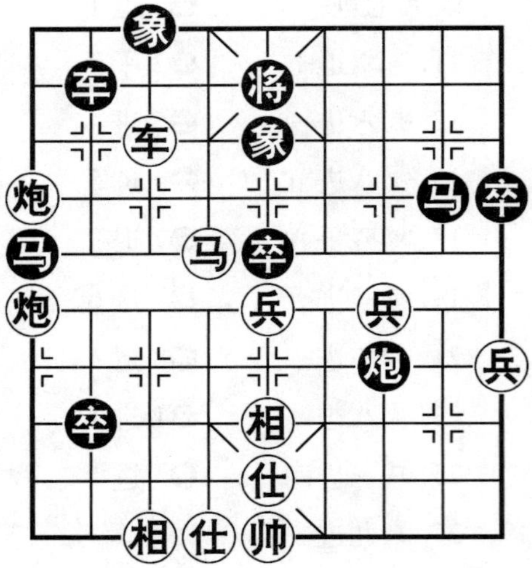
图 159

红利用沉底炮的威力，先后破黑双士，但黑防守严密，红暂时无明显进展。可是弈至 40 回合时，黑麻痹大意，急于跃马寻求反击机会，吕钦抓住机会，挺起中兵，如图 159，如黑接走卒5 进 1，则马六进四马8 退 6，前炮平五将5 平 6，车七平六马6 退 8，马四进二将6 进 1，车六退二象5 进 3，车六平七，红大优。吕钦弃兵妙着，是制胜的关键。

40. …… 炮7 进 2 41. 兵五进一

红兵渡河威力大增，黑估计难以支撑，便认输。

第2局　吕钦先胜谢盖洲

（1996年3月28日弈于泰国）

1. 兵七进一	炮2平3	2. 炮二平五	马8进7
3. 马二进三	卒3进1	4. 车一平二	卒3进1
5. 马八进九	车9平8	6. 车二进四	炮3退1
7. 炮八进六	车1进1	8. 车九平八	炮3进8
9. 仕六进五	炮3退2	10. 马三退一	车8进1
11. 炮八退二	炮8平9	12. 车二平七	车1平3
13. 车七进四	车8平3	14. 炮八平三	

这是中泰友谊赛对局，双方布阵不落常套，黑第6回合退炮，等待红车吃卒时则跳马2进3打车，于是红伸炮压马，形成对攻局面。兑车后，吕钦平炮吃卒，如图160，捉马兼有炮轰象的手段。

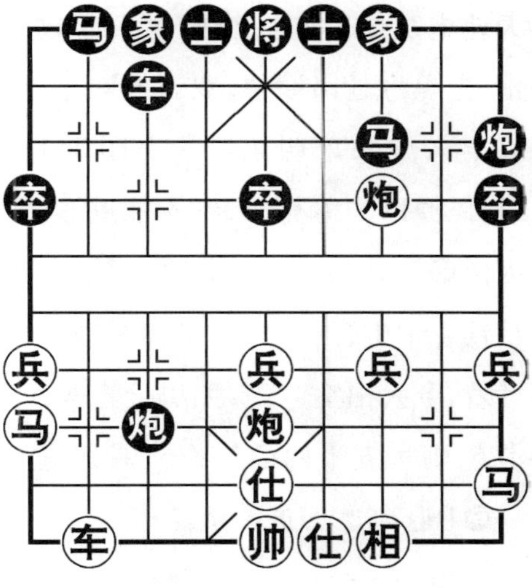

图160

至此黑如接走马2进1，则炮三进三士6进5，兵三进一象3进5，炮三平一车3进3，兵五进一马1进3，车八进三，仍红略优。

14. ……	马2进1	15. 炮三进三	士6进5
16. 车八进四	炮9进4	17. 兵三进一	炮3进2
18. 车八退四	象3进5	19. 炮三退一	车3进3
20. 兵九进一	马7进6	21. 马一进三	炮9进3
22. 马三进四	车3进1	23. 车八进四	车3进2

24. 马九退八　车3进1　25. 兵三进一　马1进3
26. 车八退二　马6进4　27. 炮三平四　车3退2
28. 炮四退二　卒5进1　29. 炮四平九　车3退1
30. 炮九进三　象5退3　31. 车八进七　马3退4
32. 炮五进三　将5平6　33. 车八退三　前马退3
34. 炮五退一　炮3平6　35. 仕五退四　车3进4
36. 帅五进一　车3平6　37. 马四进三　马3进4
38. 马三进二　将6进1　39. 兵三平四　车6平2
40. 炮九退一

双方展开激烈的对攻，红运用天地炮从中路与底线同时发起攻击，把黑将赶出原位，双炮换双士，以车马炮联攻叫杀。弈至图161时，黑原以为逼兑车，红不能逃车，因黑车2退1杀。在此紧急关头，吕钦急中生智，竟然走出弃车退炮妙着，令人拍案叫绝，如黑接走车2退6，则炮五平四车2平6，兵四进一马4退6，兵四进一杀。

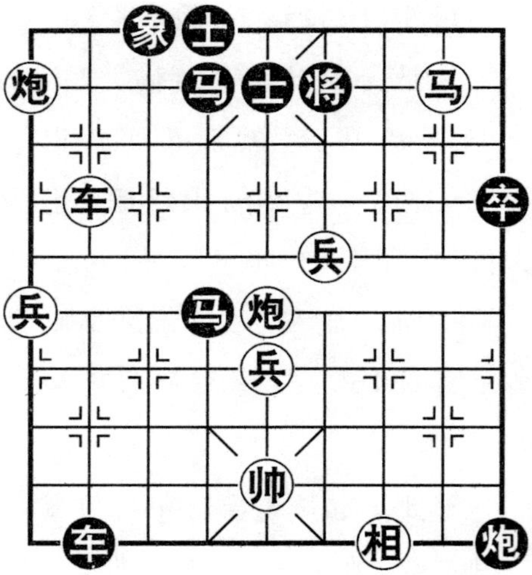
图 161

40. ……　车2平5
41. 帅五平六　车5平4　42. 帅六平五　前马进3
43. 帅五进一　车4平5　44. 帅五平六　车5平4
45. 帅六平五

黑认输，因不能长将，如接走车4平6，则车八平四杀。

(十六)挺兵对卒底炮转斗炮类

第1局　吕钦先胜言穆江

(1987年11月6日弈于番禺)

1. 兵七进一	炮2平3	2. 炮二平五	炮8平5
3. 马二进三	马2进1	4. 马八进七	车1平2
5. 车九平八	卒3进1	6. 马七进六	卒3进1
7. 马六进五	炮3进1	8. 炮八进五	车9进1
9. 车一进一	车9平4	10. 车一平八	车4进2
11. 炮八退一	炮3进6	12. 后车平七	车2进3
13. 车八进五	车4平2	14. 车七进四	车2平3
15. 车七平八	马8进9	16. 兵三进一	士6进5
17. 兵一进一	卒1进1	18. 仕四进五	马9退7
19. 马三进四	炮5进4	20. 马五进六	车3平6
21. 车八平五	炮5平2	22. 仕五退四	马7进5
23. 车五平七	马1进2	24. 车七平八	马2退3
25. 炮五平七	象3进1	26. 马四退六	

这是1987年全国象棋团体决赛对局,双方演成挺兵对卒底炮转顺炮局,在对攻中黑先得一相,而红双马灵活,各有利弊。中局阶段,双方强子相等,吕钦又不愿过早兑子成和,终于找到一个机会,巧退盘河马。如图162,黑炮无路可逃,只能平车捉双马,这样兑子后红取得兵种优势。吕钦退马巧手,是中局夺优的手段。

26. ……	车6平4	27. 车八退一	车4退2

28. 炮七平六　马3进4

29. 炮六平五　车4进2

30. 马六进五　车4平6

31. 仕六进五　将5平6

32. 车八平二　车6进1

33. 马五退四　将6平5

34. 马四退六　车6进1

35. 车二进六　马4进3

36. 炮五进一　马3退4

37. 炮五进三　车6退5

38. 马六进七　象7进9

39. 车二退二　车6进3

40. 炮五退四　车6平5

41. 车二平一　象1进3

42. 车一进二　士5退6

43. 车一退三　马4进6

44. 炮五平二

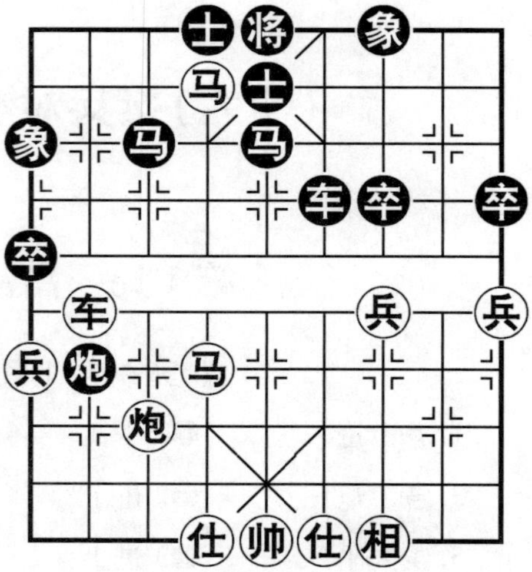

图 162

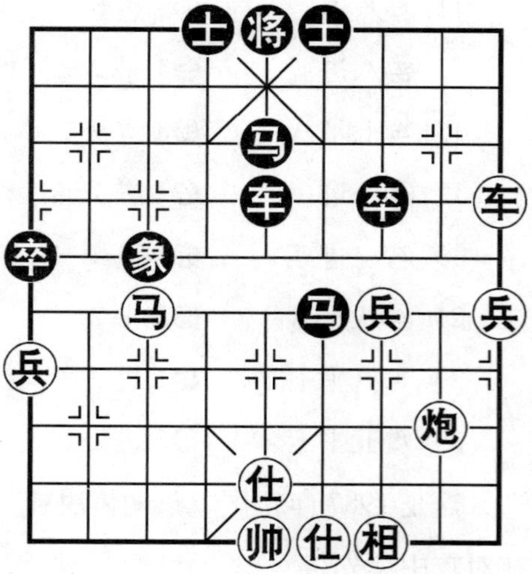

图 163

红运子取势，先摆中炮牵制黑车马，沉车袭击黑象。如图 163，吕钦针对黑左翼空虚，而且黑车来不及调回防守之际，突施卸炮巧手，准备沉底取势，这是最后阶段夺取优势的转折点。

44. ……　车5进2

45. 马七退六　车5平2

46. 炮二进七　士6进5

47. 炮二退五　马5进4

48. 仕五退六　象3退5

49. 车一进三　士5退6

50. 车一退四　卒7进1　51. 车一平三　车2平4
52. 车三平五　车4进2　53. 炮二平四　车4退1
54. 仕四进五　士4进5　55. 炮四退二　马4进5
56. 相三进一　车4平1　57. 车五进二　马5进7
58. 车五退二　卒1进1　59. 车五退一　车1平8
60. 车五平九　车8进3　61. 炮四退二　士5退4
62. 车九平五

至此红形成必胜残局，黑认输。

第2局　吕钦先胜陈孝堃

（1989年3月22日弈于北京）

1. 兵七进一　炮2平3　2. 炮二平五　炮8平5
3. 马二进三　马2进1　4. 马八进七　卒3进1
5. 马七进六　车1平2　6. 车九平八　卒3进1
7. 马六进五　炮3进1　8. 炮八进五　车9进1
9. 车一进一　车9平4　10. 车一平八　车4进2
11. 炮八退一　炮3进6　12. 后车平七　车2进3
13. 车八进五　车4平2　14. 车七进四　车2平3
15. 车七平八　炮5退1　16. 马五进四

这是1989年棋圣赛对局，双方以挺兵对卒底炮转顺炮的流行着法开局，兑车后红马路较畅通，但如跳开中马，容易兑炮形成和势。黑求变走出窝心炮软着，原意是联象再跳拐脚马。

吕钦不放过取势的机会，立即进马象眼，如图164，牵制了黑兑炮的棋，否则红有退士角马叫将的手段。吕钦进马象眼的巧手，使黑感到很不舒服。

16. ……　马8进9　17. 兵三进一　马1退3
18. 车八平四　马3进5　19. 仕四进五　马9退7

20. 兵五进一　　马5进4
21. 兵五进一　　马4进3
22. 炮五进六　　士4进5
23. 马三进五　　马7进6
24. 马四退二　　马6进5
25. 马二退四　　车3平4
26. 帅五平四　　将5平4
27. 马五进七　　车4平3
28. 车四退一

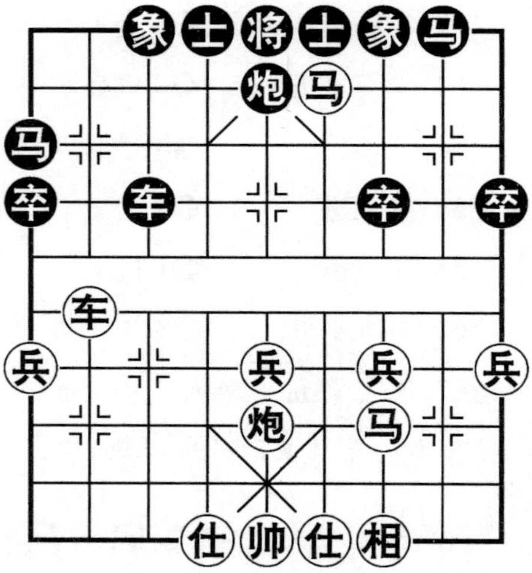
图 164

兑炮后红仅多一兵，但黑马受到追击，红马借势占领佳位。如图165，吕钦妙着弃马，退车造杀势，黑如接走车3进2，则车四平六士5进4，车六进四将4平5，车六进一士6进5，马四进三杀。

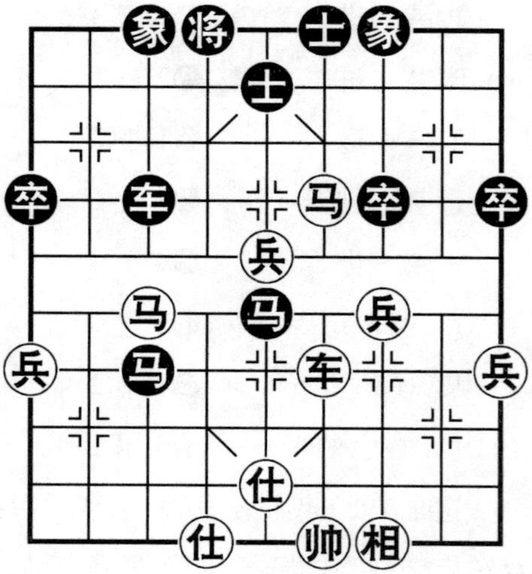
图 165

28. ……　　士5进4
29. 马四进六　　车3进2
30. 车四平六　　车3退3
31. 马六退四　　将4平5
32. 马四退五　　车3平6
33. 帅四平五　　马3进1
34. 兵五进一　　车6进3
35. 马五进四　　士6进5
36. 车六退二　　象7进5
37. 车六平八　　马1退3
38. 车八进八　　马3退4
39. 马四进三　　车6退4
40. 马三退一　　马4退3
41. 车八退三　　卒7进1
42. 马一退三　　车6平7

43. 兵五进一　卒7进1　44. 车八平七　马3退4
45. 兵五进一　车7平5　46. 车七进三　车5进2
47. 马三进四　车5退2　48. 马四退二　卒7平6
49. 车七退三　车5进1　50. 马二退四　车5平7
51. 相三进五　马4进2　52. 车七进二　车7平2
53. 车七进一

黑认输，因接走马2退4，则马四进三将5平6，车七平六得子，形成红必胜残局。

第3局　吕钦先胜孙寿华

（1990年10月11日弈于杭州）

1. 兵七进一　炮8平5　2. 马二进三　马8进7
3. 车一平二　车9平8　4. 炮二进四　炮2平3
5. 炮八平五　士6进5　6. 马八进九　马2进1
7. 车九平八　卒1进1　8. 兵三进一　车1进1
9. 仕六进五　车1平4　10. 马三进四　车4进4
11. 马四进五　马7进5　12. 炮五进四　车4退2
13. 炮五退二　卒3进1　14. 炮二平六　车8进9
15. 兵七进一　车8退5　16. 炮六退一　将5平6
17. 相七进五　炮5进4　18. 车八进三　车8进2
19. 炮六平五　炮5平4　20. 前炮平九　车8平6
21. 炮九进一　象7进5　22. 炮九平六　炮4平5
23. 炮六退六　象5进3　24. 兵九进一　象3退5
25. 炮五平七　炮3平4　26. 车八平七　炮4退1
27. 马九进八　士5进4　28. 兵九进一　炮4平7
29. 车七平六

这是1990年全国象棋个人赛对局，黑还中炮应红挺兵，又演变成卒底炮斗列炮局，红开局多一个兵，中局利用黑贪吃中兵之误，升车牵制了黑车炮。如图166，吕钦平肋车逼炮巧手，准备续走马八退七炮7平5，炮七退一困死黑炮。

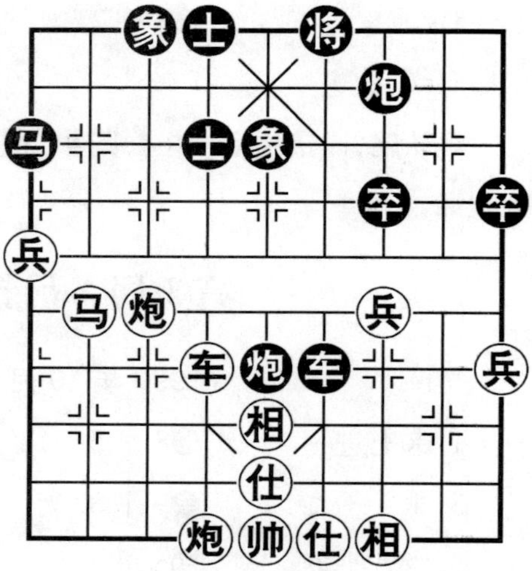

图166

29. ……　　炮7平5
30. 车六进四　　前炮退1
31. 车六进二　　将6进1
32. 车六退五

红大优，黑主动认输，因接走前炮平3，则车六平七车6退2，兵九进一马1退2，炮六平八炮5退1，车七进四将6退1，车七平八车6退3，马八进七车6平2，马七进八象5进3，炮八进六卒9进1，兵九进一将6进1，兵九进一炮5平9，炮八进三炮9平2，兵九进一捉死炮胜定。

第4局　吕钦先胜赵汝权

（1994年4月24日弈于桂林）

1. 兵七进一	炮2平3	2. 炮八平五	炮8平5
3. 马二进三	马8进7	4. 车一平二	车1进1
5. 马八进七	车1平4	6. 车九平八	马2进1
7. 炮二平一	车4进3	8. 仕六进五	士6进5
9. 兵三进一	卒7进1	10. 兵三进一	车4平7
11. 马三进四	车7平6	12. 车二进四	炮3进3
13. 马四退二	炮5平3	14. 车八进七	象7进5

15. 马七进八　车9平8　16. 车二进五　马7退8

17. 马八进七　车6平3　18. 马七进五

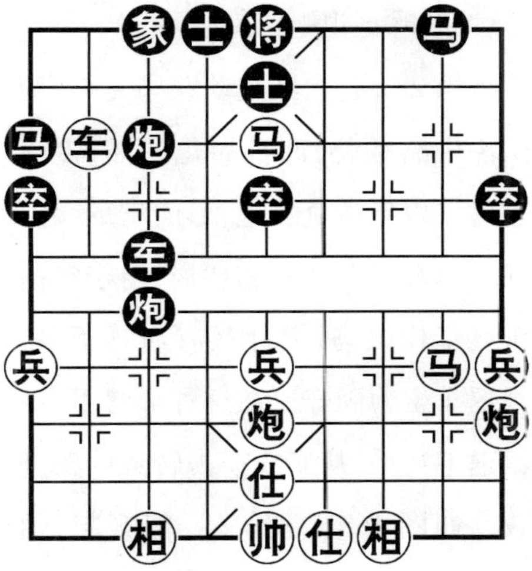

图 167

这是第五届银荔杯赛对局，前4轮吕钦战绩不佳，1胜1和1负，其中1场轮空。第5轮与赵汝权相遇，是力争上游的关键。

黑开局斗列炮谋求对攻，后来卸炮暴露弱点，红及时伸左车逼马，在掌握小先手的情况下破黑一象。如图167，吕钦巧手破象，取得一点小便宜，为后来中残局扩优奠定基础。

18. ……　象3进5

19. 相七进九　前炮平7　20. 马二退四　炮7退3

21. 车八平九　车3进2　22. 车九退一　车3平5

23. 炮五进四　车5退2　24. 炮五平二　卒9进1

25. 相九进七　象5退3　26. 相七退五　炮3平5

27. 炮二退二　炮5进1　28. 马四进三　车5平7

29. 车九平五　车7进1　30. 车五平二　马8进6

31. 炮一进三　炮7平5　32. 炮一进四　士5进6

33. 炮一退二　士6退5　34. 炮一进二　士5进6

35. 炮一退五　车7进4　36. 车二平五　车7退3

37. 炮二平五　炮5退1　38. 炮五进四　士6退5

39. 车五平四　马6进8　40. 车四平二　马8退7

41. 炮一进五　士5退6　42. 兵一进一　车7平1

43. 兵一进一　士4进5　44. 兵一进一　车1平7

45. 兵一进一　　车7 退 4　　46. 兵一平二　　车7 平 6

47. 兵二进一　　车6 退 1　　48. 相五进三　　象3 进 5

49. 炮一退七

第 28 回合，红主动跃马兑炮，消除黑中路威胁，而且简化局面，多兵占优。以后再兑一炮，形成车炮兵单缺相对车马单缺象的残局，由于红炮沉底牵住黑马，又冲兵有逼马手段，黑退车全力固守。在这种形势下，吕钦退炮巧手，从底线袭击转为中路进攻。如图 168，黑车又不能升起，怕红平兵捉死马，而红摆中炮之后，便有车二平八将5 平 4，车八平六将4 平 5，帅五平六绝杀的手段，所以黑只有转换士架来防守。

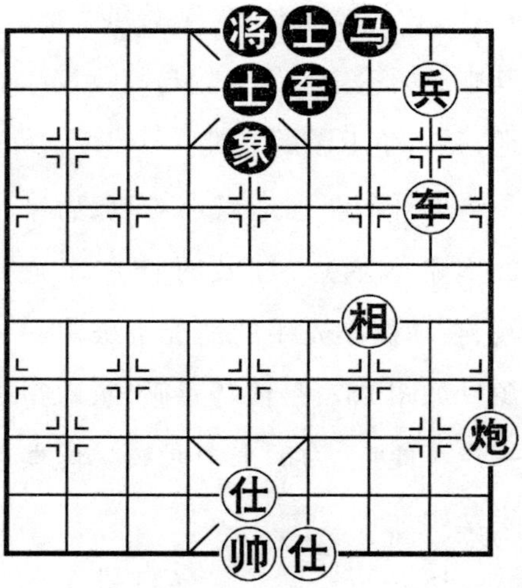

图 168

49. ……　　士5 退 4　　50. 炮一平五　　士6 进 5

51. 车二平三　　马7 进 6　　52. 兵二平三　　车6 退 1

53. 车三平四

黑认输，因接走马6 退 8，则车四平二车6 进 4，车二进二车6 退 4，兵三平四车6 平 7，车二退一车7 平 9，车二平五车9 进 1，车五进一杀。

第 5 局　吕钦先胜林宏敏

（1995 年 6 月 8 日弈于上海）

1. 兵七进一　　炮2 平 3　　2. 炮八平五　　炮8 平 5

3. 马二进三　　马8 进 7　　4. 车一平二　　卒3 进 1

5. 马八进九　卒3进1　6. 车九平八　马2进1
7. 仕六进五　车9平8　8. 炮二进四　卒7进1
9. 车八进五　炮3进7　10. 车八平三　炮3退2
11. 马三退一　马7退9　12. 炮二平九　车8进9
13. 炮九进三　马1进3　14. 炮五进四　炮5进4
15. 相三进五　炮5退2　16. 车三退一　卒3平4
17. 马九进七　车8退6　18. 炮九退三　车8退1
19. 马七进六　车8平4　20. 马六进八　马9进7
21. 车三进二　车4平3　22. 炮五平一　马3退5
23. 车三进一　炮3平1　24. 马八进六

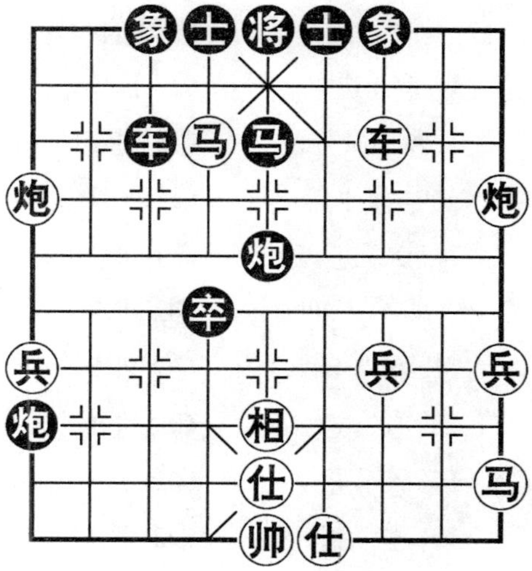
图169

这是第二届嘉丰房地产杯赛对局，赛程分为两个小组预赛，再进行同名次决赛的办法。吕钦在小组预赛第3轮与林宏敏相遇，赛前吕钦1胜1和，而林宏敏2战皆负。吕钦的目标首先取得小组第一，才有决赛夺冠的资格。所以吕钦本局志在必得，开局不久就弃相伸骑河车对攻，林宏敏亦不示弱，挥炮打相沉底，又给红一个空头炮，顿时局面变得十分紧张复杂，双方混战激烈。在紧要时刻，林宏敏误算一着，故意弃马弄巧成拙，吕钦走出挂角马叫将的巧手。如图169，逼黑车吃马，则吃回一炮得子，这是中局优劣的转折点。

24. ……　车3平4　25. 炮九退四　车4平2
26. 炮九平六　卒4进1　27. 炮六退二　卒4进1

28. 炮一平五　士4进5　29. 炮五平三　士5退4
30. 炮三进三　士6进5　31. 炮三平二　将5平6
32. 马一进二　卒4平5　33. 马二进一

红先造成杀势，黑认输，如接走车2进6，则车三进二将6进1，马一进二将6进1，车三退二将6退1，车三进一将6进1，车三平四杀。

（十七）对　兵　类

第1局　吕钦先胜刘军

（1991年10月15日弈于大连）

1. 兵七进一　卒7进1　2. 炮二平三　炮8平5
3. 炮八平五　马8进7　4. 马八进七　马2进1
5. 车九平八　车1平2　6. 马二进一　车9平8
7. 兵一进一　卒1进1　8. 车一进一　士6进5
9. 车一平四　炮2进2　10. 车八进三　炮5平2
11. 车八平六　象7进5　12. 车四进三　后炮平4
13. 马一进二　卒9进1　14. 炮三平二　车8平7
15. 兵一进一　炮2平9　16. 车四进二　车2进4
17. 车六进一　车2平4　18. 车六进一　炮9平4
19. 炮五进四　马7进5　20. 车四平五　前炮进2
21. 马二进四　前炮平3　22. 相七进五　车7平6
23. 车五退一　车6进3　24. 炮二平四　车6平4
25. 仕六进五　卒3进1　26. 兵七进一　车4平2
27. 车五平六　炮3平2　28. 兵五进一　炮2进1
29. 车六进一　车2进3　30. 车六平二　士5退6
31. 炮四平一

这是1991年全国象棋个人赛对局，双方演成对兵转列炮阵势。中局时黑弃卒运车勉强对攻，吕钦发觉黑左翼空虚，急忙调车炮配合过河马发起侧面攻势。吕钦这步平边炮巧手，黑难抵挡其沉底手段。

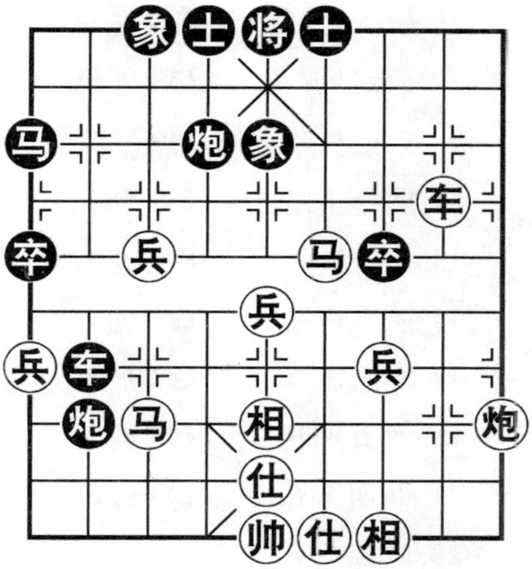

图170

如图170，黑如接走士4进5，则炮一进七象5退7，车二平三象3进5，马四进五，红破双象大优。

31. ……	象5退7		
32. 炮一进七	马1退3		
33. 车二平五	马3进5	34. 马四进五	象3进5
35. 车五进一	士4进5	36. 车五平三	车2平3
37. 车三进二	士5进6	38. 车三退四	士6进5
39. 车三进四	士5退6	40. 马七退八	车3平1
41. 车三退三	士6进5	42. 车三平八	炮2退1
43. 马八进七	车1进3	44. 仕五退六	炮2平6
45. 车八平二	将5平6	46. 车二进三	将6进1
47. 炮一退三	炮6退3	48. 兵五进一	车1退4
49. 炮一退一			

黑认输，如接走车1平6，则仕六进五卒1进1，炮一平四炮4进1，兵七进一炮4进3，车二退三捉死炮，红胜定。

第2局　吕钦先胜甘小晋

（1993年4月20日弈于南京）

1. 兵七进一	卒7进1	2. 马八进七	马8进7
3. 炮八平九	车9进1	4. 车九平八	炮2平3

5. 炮二平五	卒3进1	6. 马七进六	卒3进1
7. 马六进五	象3进5	8. 马五退三	马7进6
9. 马二进三	车9平7	10. 前马进二	炮3平8
11. 车一平二	炮8平7	12. 车二进三	马2进3
13. 兵五进一	马6进4	14. 马三进五	卒3进1
15. 马五进七	车1进1	16. 相三进一	车1平2
17. 车八进八	车7平2	18. 车二进三	炮7退1
19. 炮五平四	象5进3	20. 车二平六	炮7平5
21. 仕四进五	马3进5	22. 炮九进四	炮5进4
23. 炮四平五			

这是1993年全国象棋团体赛对局，双方布阵不落常套，红弃兵跃马抢三先，中局形成红多兵黑子活，双方互有顾忌。但黑急于吃回中兵，错跳盘马，被红边炮取卒打马，兼伏沉底炮杀势。当黑按计划挥炮打中兵时，吕钦妙着反架中炮，如图171，把黑盘头马钉死，必得一子。至于黑如接走士4进5，则炮九平五马4退5，车六平五，红大优。

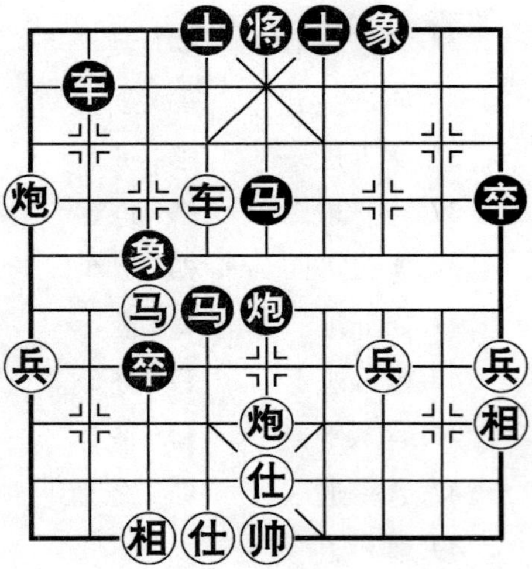

图171

23. ……	车2平8	24. 相一退三	车8进8
25. 帅五平四	车8退4	26. 车六退二	车8平6
27. 帅四平五			

黑认输，因接走象7进5，则车六进二马5进7，炮九退二马7进8，炮九平五车6平5，车六平四士4进5，马七进九，红多子胜定。

第3局　吕钦先胜傅光明

（1993年8月2日弈于青岛）

1. 兵七进一　卒7进1　2. 马八进七　马8进7
3. 炮八平九　马2进3　4. 车九平八　车1平2
5. 炮二平六　象7进5　6. 马二进三　马7进8
7. 车八进六　士6进5　8. 炮九进四

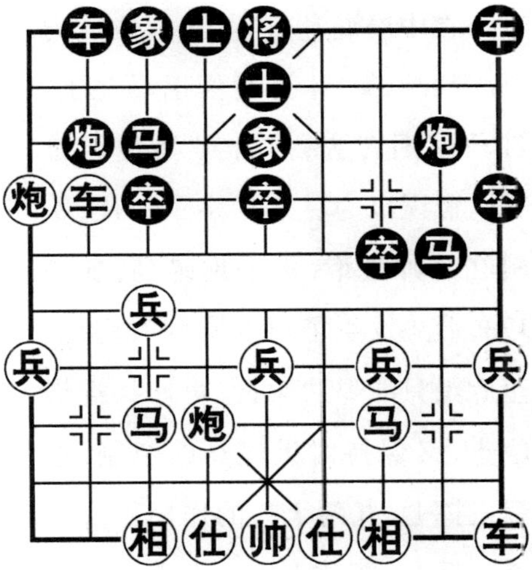

图172

这是1993年全国象棋个人赛对局，红布局左翼子力活跃，但右车被封晚出，双方各有利弊。在平稳的局势下，红采取谋卒策略。吕钦这步边炮取卒巧手，还可再吃3路卒，形成多双兵之利。

至此黑如接走炮2平1，则车八进三马3退2，炮九平五马2进3，炮五退一马8进7，车一平二，红优。

8. ……　车9平6
9. 炮九平七　炮2平1　10. 车八进三　马3退2
11. 相三进五　卒5进1　12. 仕四进五　车6进3
13. 马七进六　炮1平4　14. 车一平四　车6平7
15. 炮六平七　车7平4　16. 马六退四　车4平5
17. 前炮进二　马8进7　18. 车四平二　卒7进1
19. 车二进三　炮8平6　20. 前炮平八　炮4进4
21. 马四退三　车5平2　22. 炮八平六　象3进1
23. 炮六平七　车2平7　24. 车二进二　炮4进2

25. 仕五进六　马2进3　　26. 车二进四　士5退6
27. 炮七平一　马3退5　　28. 炮一进一　马5退7
29. 车二退四　士4进5　　30. 相五进三　车7进2
31. 炮七进一　马7退5　　32. 兵五进一　车7进2
33. 兵五进一　车7进1　　34. 兵五进一　车7退4
35. 车二平三　象5进7　　36. 帅五进一　炮4平2
37. 炮七平三

在中局混乱过程中，双方子力互相纠缠，第31回合黑退马兑子，红马受困舍去，直冲中兵过河抢先。黑误以为兑车后多子占优，不料红升帅赶炮，再平炮瞄马，如图173，形势发生了对红有利的变化。至此黑只能退边象，红再冲兵捉炮吃士，又保持对黑底马的牵制，然后发挥七、九两个兵的作用进行攻杀。吕钦平炮瞄马妙着，转劣为优。

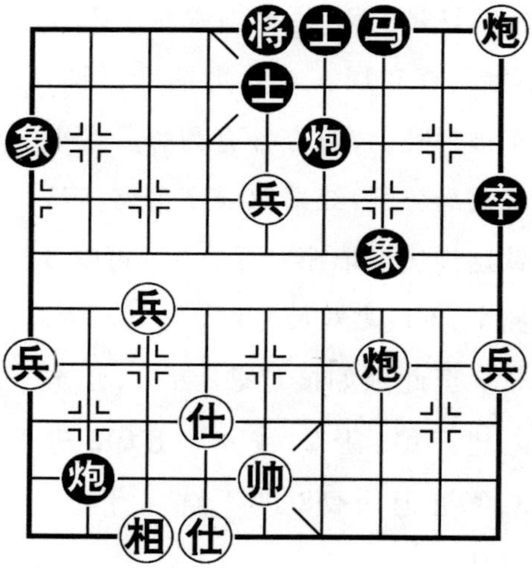
图173

37. ……　象7退9　　38. 兵五进一　炮6进4
39. 兵五进一　将5平4　　40. 兵九进一　炮6平9
41. 兵九进一　卒9进1　　42. 兵九平八　卒9进1
43. 炮三平六　炮2退3　　44. 兵八平七　象1进3
45. 兵七进一　卒9平8　　46. 兵七平六　炮2平4
47. 兵六进一

黑认输，因接走卒8进1，则兵五进一将4进1，兵六进一杀。

（十八）挺兵转中炮对飞象类

第1局　吕钦先胜傅光明

（1991年10月30日弈于大连）

1. 兵七进一	象3进5	2. 炮二平五	马8进7
3. 马二进三	卒7进1	4. 马八进七	马2进3
5. 车一平二	车9平8	6. 炮八平九	车1平2
7. 车九平八	炮2进6	8. 车二进一	炮2退2
9. 车二进五	炮2平7	10. 车八进九	马3退2
11. 兵五进一	士4进5	12. 相三进一	马2进3
13. 马七进六	炮8平9	14. 车二进三	马7退8
15. 马六进五	马3进5	16. 炮五进四	马8进7
17. 炮五平九	炮7平8	18. 相七进五	马7进8
19. 兵五进一	马8进7	20. 相一退三	卒9进1
21. 兵九进一	炮8退1	22. 后炮平七	炮8平5
23. 仕六进五	卒7进1	24. 炮七进四	卒7平6
25. 帅五平六	卒6进1	26. 炮九进三	士5进4
27. 炮七平五	炮5退2	28. 兵五进一	炮9平7
29. 马三退一	马7进6	30. 马一进二	

这是1991年全国象棋个人赛对局，双方由挺兵对飞象开局，演变成五九炮对屏风马阵势。兑掉双车后，红吃得一卒，不久兑子又发展到多双兵，但右马退边受制。如图174，红孤炮沉底无力，小兵亦配合不上，吕钦决定跃出边马，这要付出黑卒逼马再炮打相的代价，但也是值得了。吕钦出马巧手，以后过河助战，将大大增强红方攻力。

30. …… 卒6平7
31. 马二进一 炮7进7
32. 帅六进一 炮7退1
33. 炮九退四 马6退5
34. 仕五进六 马5退4
35. 帅六平五 卒7平6
36. 马一退三 马4进6
37. 兵五平六 卒6平5
38. 帅五退一 卒5平4
39. 仕四进五 士6进5
40. 炮九平五 将5平4

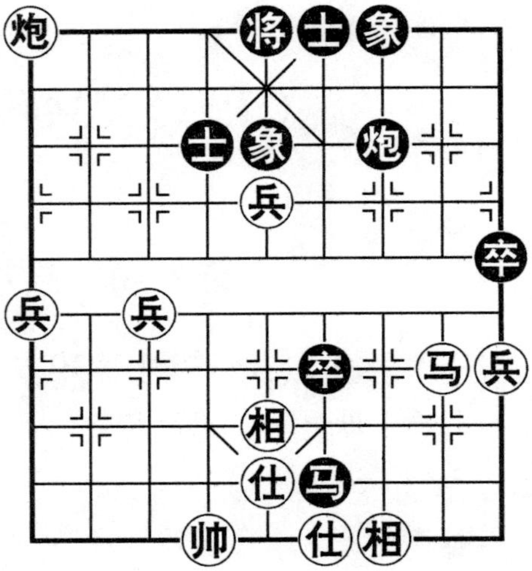

图 174

41. 相五退七 象5进7
42. 兵七进一 炮7进1
43. 相七进九 炮7退3
44. 炮五退一 马6进5
45. 仕五进四 马5退4
46. 相九进七 卒4进1
47. 仕四退五 卒4平3
48. 马三退五 炮7平8
49. 兵七平六 象7进5
50. 后兵平五 卒3进1
51. 兵五进一 炮8平6
52. 兵九进一 炮6退2
53. 兵九平八 炮6平5
54. 马五进三 炮5平6
55. 兵八平七 炮6进1
56. 马三退四 马4进3
57. 相七退九 马3退2
58. 相九退七 炮6进1
59. 炮五平七 炮6平1
60. 马四进六 炮1进3
61. 仕五退六 马2进1
62. 兵七进一 炮1平2
63. 兵七进一 将4平5
64. 兵七平六

残局阶段，红马炮四兵单缺相对黑马炮卒士象全，已具备必胜条件。因此黑争取时间加紧对攻，运马炮卒于右翼底线发动攻势，但无济于事。如图175，红已有三个兵过河，总攻条件已经成熟，吕钦决定用兵换双士，为入局创造条件。

64. …… 士5 进 4

65. 兵六进一 卒3 平 4

66. 帅五平四 马1 退 3

67. 兵六进一

黑缺乏后续手段，又难抵挡红方攻势，便认输，如接走炮2 退 5，则炮七平五炮2 平 5，马六进五马3 退 5，兵五平四象7 退 9，马五进四将5 平 6，兵六平五马5 退 6，马四进二杀。

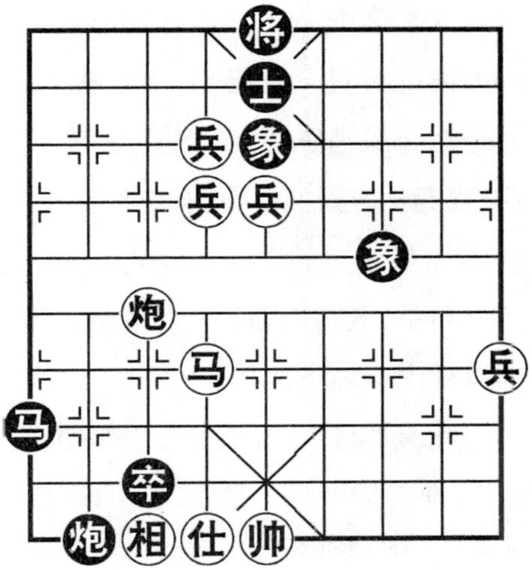

图 175

第 2 局　吕钦先胜柳大华

（1991 年 1 月 6 日弈于广州）

1. 兵七进一 象3 进 5

2. 马八进七 卒7 进 1

3. 炮八平九 马2 进 3

4. 车九平八 车1 平 2

5. 炮二平五 马8 进 7

6. 马二进三 车9 进 1

7. 车八进六 马7 进 6

8. 车一平二 炮8 平 7

9. 车二进四 马6 进 7

10. 马七进六 车9 平 2

11. 马六进七 士4 进 5

12. 车二进二

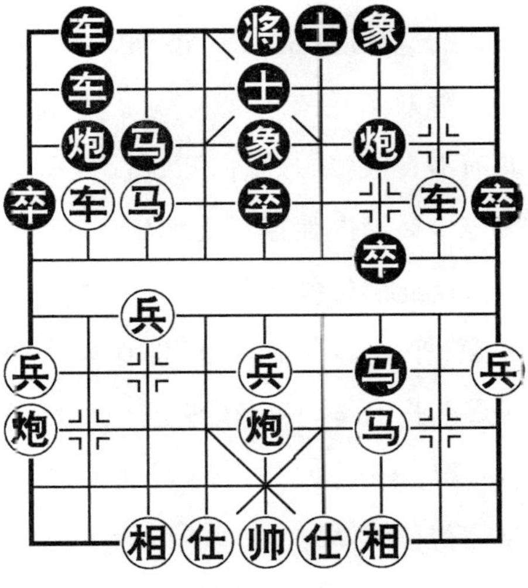

图 176

这是第十一届五羊杯赛对局，双方由挺兵对飞象起步，演变成五九炮对屏风马阵势，红先开左车过河，黑起横车过宫。如图176，在平淡的局势中，吕钦洞察秋毫，进车卒林巧手，既防黑炮7进1牵制，又为以后谋卒埋下伏兵。

此着如改走炮五平七，则炮7进1，相三进五炮7平3，红不能车八平七，因黑炮2进7，车七进一前车进6，捉双反先。

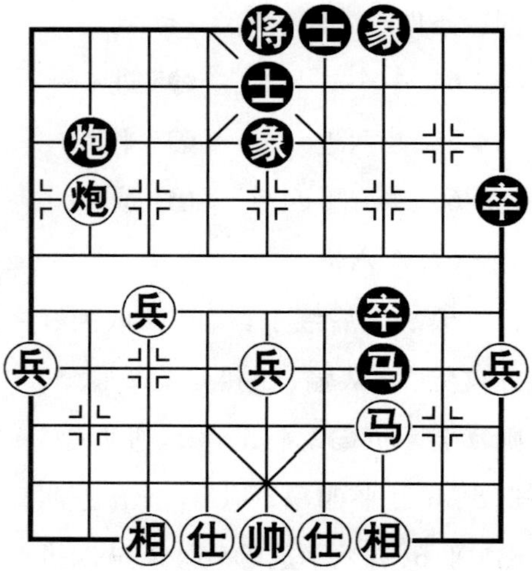

图177

12. ……	炮2平1	13. 车八进二	车2进1
14. 马七进九	车2进1	15. 炮五进四	马3进5
16. 车二平五	车2平1	17. 车五平三	炮7平6
18. 车三平八	车1平2	19. 车八进一	炮6平2
20. 炮九进四	卒7进1	21. 炮九平八	

兑双车后，红按原计划多双兵，形成优势残局。但黑趁机渡7卒，对红马具有潜在威胁。如图177，吕钦平炮巧手，准备退河口打卒，以后消灭黑卒红多三个兵稳操胜券。故此着成为残局制胜的关键。

至此黑如接走卒7平8，则炮八退三卒8进1，仕四进五炮2进1，兵一进一炮2平7，马三退一马7退6，炮八平二马6进5，相三进五炮7退2，炮二平一炮7平9，炮一进三炮9进4，红多双兵有胜望。

21. ……	卒7平6	22. 炮八退二	卒6进1
23. 炮八退一	炮2进1	24. 炮八平四	炮2平7
25. 马三退五	马7进8	26. 马五进七	马8退6
27. 帅五进一	马6进7	28. 炮四进三	卒9进1

29. 马七进六　马7退9
30. 马六进四　马9退7
31. 帅五平六　士5进4
32. 兵五进一　士6进5
33. 仕六进五　炮7平9
34. 炮四平五　炮9进3
35. 兵七进一　马7退6
36. 兵七平六　卒9进1
37. 炮五平四　马6进7
38. 兵九进一　卒9平8
39. 兵九进一　卒8平7
40. 兵五进一　卒7平6
41. 炮四平五　炮9平5
42. 马四退二　炮5平8
43. 马二进四　炮8平5
44. 马四进三　炮5平8
45. 兵九平八　炮8进2
46. 帅六退一　炮8进1
47. 帅六进一　炮8退1
48. 帅六退一　炮8进1
49. 帅六进一　炮8退6
50. 马三退四　炮8平9
51. 相七进九　将5平4
52. 相九进七　象5进7
53. 相七退五　象7进5
54. 炮五平二　炮9进5
55. 帅六退一　炮9进1
56. 帅六进一　马7退5
57. 马四进三　马5进3
58. 仕五进六　卒6进1
59. 马三退四　将4平5
60. 兵八进一　马3退4
61. 相五进七　炮9退5
62. 马四进三　炮9进1
63. 炮二退二　卒6平5
64. 炮二平五　马4进3
65. 马三退四　卒5平4
66. 相七退九　炮9进4
67. 炮五退二　马3退4
68. 相九进七　马4进6
69. 仕四进五　炮9退4
70. 帅六退一　炮9退1
71. 兵八平七　马6进7
72. 炮五进二　马7退9
73. 兵七进一　马9进8
74. 马四进三　炮9进5
75. 帅六进一　炮9退1
76. 帅六退一　马8退6
77. 炮五平三　卒4进1
78. 炮三退三　炮9退3
79. 兵六进一　炮9平4
80. 帅六平五　卒4进1

81. 相七退五　炮4平9　82. 兵七平六　士5进4
83. 兵六进一　炮9平5　84. 兵六进一　象5进3
85. 帅五平四　卒4平5　86. 炮三平五　炮5进3
87. 兵六平五　将5平4　88. 马三退五

黑认输，因接走炮5平3，则帅四进一象7退5，后兵平六炮3退2，兵六进一炮3平8，兵六进一炮8退5，马五进七杀。

第3局　吕钦先胜胡荣华

（1996年2月14日弈于上海）

1. 兵七进一　象3进5　2. 炮二平五　马8进7
3. 马二进三　车9平8
4. 马八进七　炮8平9
5. 兵三进一　卒3进1
6. 兵七进一　车8进4
7. 马七进六　车8平3
8. 马六退八　车3退2
9. 炮八进五　车3平2
10. 马八退六　车2进2
11. 车一平二　卒7进1
12. 车二进七　马7进6
13. 兵三进一　马6进4
14. 马三进四　车1进2　15. 兵三进一　炮9进4
16. 马四进二

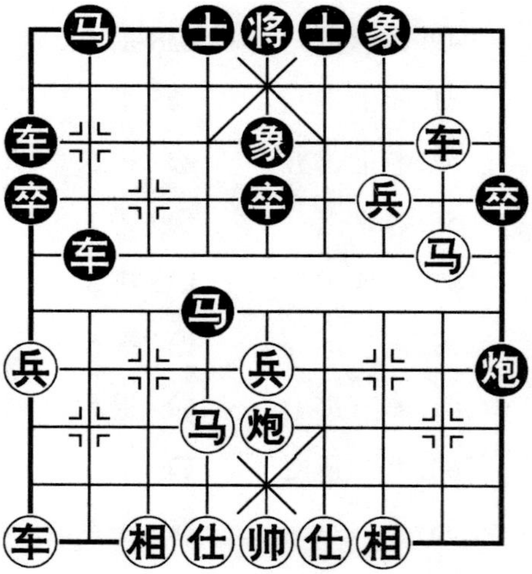

图178

这是电话发展杯象棋超霸赛对局，先前胡荣华战绩不理想，本局求胜欲强，不愿简化局势，走出挺3卒先弃后取的对攻变例。吕钦退士角马新招，静观棋变，又抓紧开出右车攻击黑弱马，保持先手。如图178，吕钦跃马咬炮巧手，为续走马二进四再进三卧槽攻杀创造条件，从后来棋局发展结果来看，红卧槽马对取胜所起的作用很大。

16. …… 炮9退2
17. 马二进四 士4进5
18. 炮五退一 炮9平7
19. 车九进二 车1平4
20. 炮五平六 马2进3
21. 仕四进五 车2进1
22. 兵九进一 马3进2
23. 车二退二 炮7平4
24. 马四进三 将5平4
25. 兵五进一 车4退1
26. 兵三平四 炮4退2

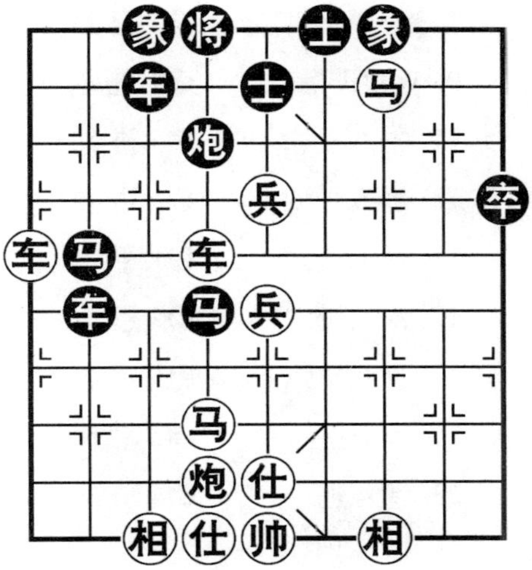

图179

27. 兵九进一 卒1进1　28. 车九进三 车4平3
29. 兵四平五 象5退3　30. 车二平六

由于黑未及时用马兑炮，而勉强对攻，结果被红炮牵制黑马。如图179，吕钦平肋车巧手，配合边车肋炮，把黑双马困住，由此奠定优势，接有相七进九再进七，绊马腿谋子的手段，黑难以应付。

30. …… 车3进7　31. 车九进四 马2退1
32. 炮六进三

伏车六进二杀，红得子得势，黑认输。其中黑退马失子速败，但如改车3平4，则车九平七将4进1，兵五进一炮4进1，车七退一将4退1，车七退三象7进5，车六进一杀。

第4局　吕钦先胜陶汉明

（1997年8月16日弈于上海）

1. 兵七进一 象3进5　2. 炮二平五 马8进7

3. 马二进三　卒7进1
4. 车一平二　炮8进2
5. 马八进七　车9进1
6. 马七进六　马2进3
7. 炮八平七　炮2退1
8. 车二进一　车9平4
9. 马六进七　车4进2
10. 车九平八　炮2平3
11. 车八进六　士4进5
12. 仕四进五　卒1进1
13. 炮五平四　卒5进1
14. 相三进五　炮3进2
15. 炮七进四　车1平2
16. 车八进三　马3退2
17. 炮七进二　马2进3
18. 炮七平八　车4平2
19. 炮八平六　马3进4
20. 炮四退二　卒5进1
21. 兵五进一　车2平5
22. 炮六平八　车5进2
23. 炮八退一　马4退3
24. 炮四平三　车5退1
25. 兵一进一

这是第四届嘉丰房地产杯赛对局，双方布局多变，最后定型为中炮七路马对屏风马横车阵势。红开局保持多一兵之小利，中局兑子后局面平稳，但黑巡河炮被红车牵制是一个弱点，但陶汉明对此估计不足。如图180，吕钦轻轻挺起边兵，此妙着意义深远，暗伏马三进一再兵一进一捉炮的手段，是当前唯一的进攻途径。

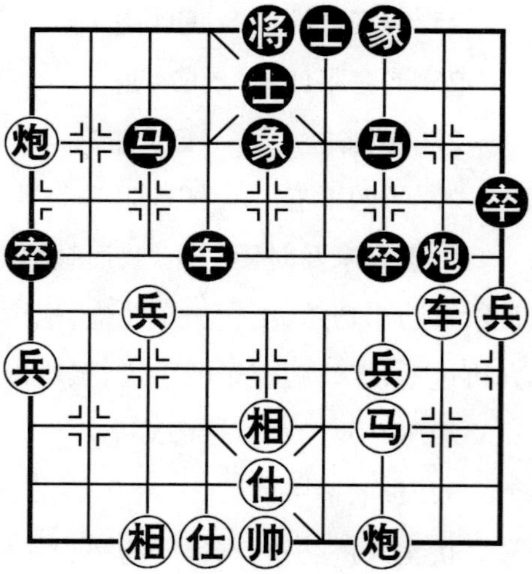

图180

27. ……　马3进5
28. 炮八平三　马5退7
29. 马三进一　车5退1
30. 兵一进一　卒9进1
31. 马一进二　车4平8
32. 炮三平二　马7进8
33. 炮二进五　卒9进1
34. 车二进二　将5平4

35. 兵三进一　　卒7进1　　36. 相五进三

红伏车二平六叫将脱身，则车炮有兵可成胜局。至此黑认输，因接走将4平5，则兵七进一象5进3，炮二平五车8平5，炮五平九，红车炮兵亦可胜。

另外，如黑接走将4平5，则兵七进一象5进7，兵七平八象7进5，兵八平九士5退4，兵九平八士4进5，兵九进一士5退4，兵九进一士4进5，兵九进一士5退4，兵九平八士4进5，前兵平七士5退4，兵七平六士4进5，兵六平五象5退7，兵五平四象7进5，兵四平三车8平7，炮二进四象5退7，车二平五，红车炮兵可胜。

第5局　吕钦先胜于幼华

（1997年8月18日弈于上海）

1. 兵七进一　　象3进5　　2. 炮二平五　　马8进7
3. 马二进三　　卒7进1　　4. 车一平二　　车9平8
5. 车二进六　　炮8平9　　6. 车二进三　　马7退8
7. 炮五进四　　士4进5　　8. 兵五进一　　马2进4
9. 炮五平二　　卒3进1　　10. 兵七进一　　车1平3
11. 相七进五　　马4进5　　12. 兵七平六　　马5进4
13. 炮二平六

这是第四届嘉丰房地产杯赛对局，吕钦与于幼华争夺冠军，双方开局求变不落常套，红炮打卒后挺起中兵，出乎人意外，黑弃卒开出象位车，力图反先，顿时局面变得紧张起来。但黑跳马走错，吕钦立即平炮打马，守住肋线，以带动拐脚马跃出。如图181，吕钦这步巧手能够抗衡住黑方攻势，然后冲中兵联手，必定占优。

至此黑如接走马4进2，则马八进六炮2进5，马六进八车3进7，车九平八象5退3，马三进五车3退1，马八退六马2进3，马五进七，黑缺乏续攻手段，红则有炮六平七打串的攻着。

13. ……　　马4进2　　14. 马八进六　　车3进8

15. 炮八进五　　炮9平2
16. 马三进五　　马8进7
17. 兵五进一　　马7进8
18. 兵九进一　　马8进7
19. 马五进七　　马7退5
20. 车九进三　　马2退4
21. 车九平八

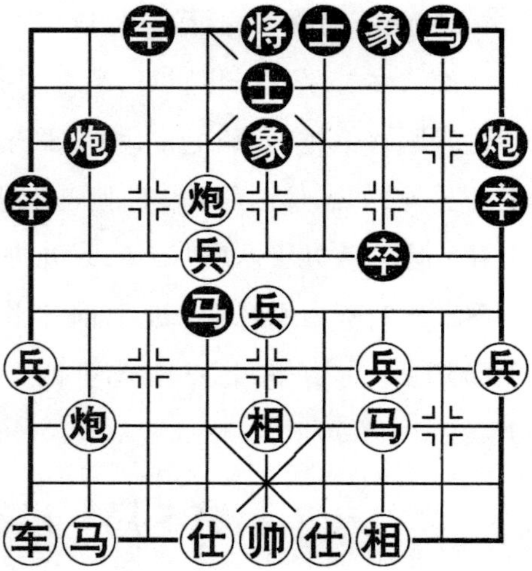

图 181

黑方全力投入反击，跳马伸车，看似凶恶，其实没有实效，红肋炮保护拐脚马，构成一道坚固的防线，稳如泰山。然后酝酿进攻计划，先把右马运到相头佳位，随时待命出击，又挺边兵升车赶马，再平车捉炮。如图 182，吕钦这步捉炮妙着，明知会丢掉拐脚马，却是入局的关键。至此黑如接走车3平4，则仕四进五炮2平3，炮六平五将5平4，炮五退二卒9进1，兵五进一马4进3，马七退六马3退4，相五进七炮3退2，车八平六炮3平2，帅五平四炮2进5，车六平八捉死炮，红胜定。

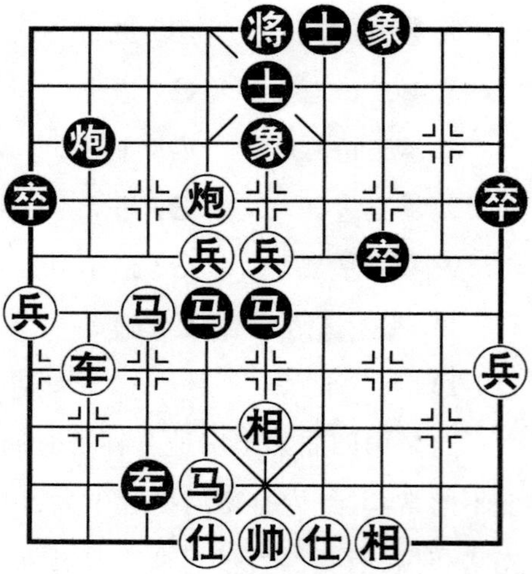

图 182

21. ……　　车3平4　　22. 仕四进五　　炮2平4
23. 车八进六　　炮4退2　　24. 马七进八　　车4平3
25. 相五进七

黑认输，因接走象5退3，则车八平七士5进4，马八进六将5进1，车七退一将5进1，兵五进一将5平4，炮六退二杀。

后手篇

(一)五七炮对屏风马进3卒类

第1局 卜凤波先负吕钦

(1986年11月12日弈于湘潭)

1. 炮二平五	马8进7	2. 马二进三	车9平8
3. 车一平二	马2进3	4. 兵三进一	卒3进1
5. 马八进九	卒1进1	6. 炮八平七	马3进2
7. 车九进一	卒1进1	8. 兵九进一	车1进5
9. 车二进四	象7进5	10. 车九平四	士6进5
11. 车四进五	马2进1	12. 炮七退一	炮2进3
13. 车二退一	炮2进2	14. 车四退二	卒3进1
15. 炮五退一	卒3平4	16. 炮五平三	炮8进2
17. 仕四进五	车1平2	18. 车四进二	炮8平1

这是1986年全国象棋个人赛对局,此次大赛对吕钦来说十分重要,结果他首次夺得全国冠军。本局是第8轮,先前两人积分并列榜首,故必有一番恶战。双方开局演成五七炮进三兵对屏风马骑河车阵势,中局吕钦渡3卒、伸右炮开展进攻,但使自己的左马失根。当此形势紧张之际,吕钦把巡河炮移边线兑车,这样既消除左马的危险,又在右翼集结四个强子,准备大举反

击。如图 183，红果然兑车后按原计划吃卒，正中吕钦的计划，这步平炮巧手还与下着进炮塞相眼相呼应。

19. 车二进六　马7 退 8

20. 马三进四　炮2 进 1

21. 车四平三　卒4 平 5

22. 兵五进一　炮1 进 3

23. 车三进三　士5 退 6

24. 车三平二　炮1 进 2

25. 兵七进一　车2 进 1

26. 相三进五　车2 平 5

27. 车二退七　马1 进 3

28. 马四进三　炮2 平 5

29. 炮七平六　车5 平 3

30. 相五退三　炮5 退 2

31. 马三进四　将5 进 1

32. 马四退二　炮5 平 7

33. 马二退四　将5 退 1

34. 炮三平二　马3 进 2

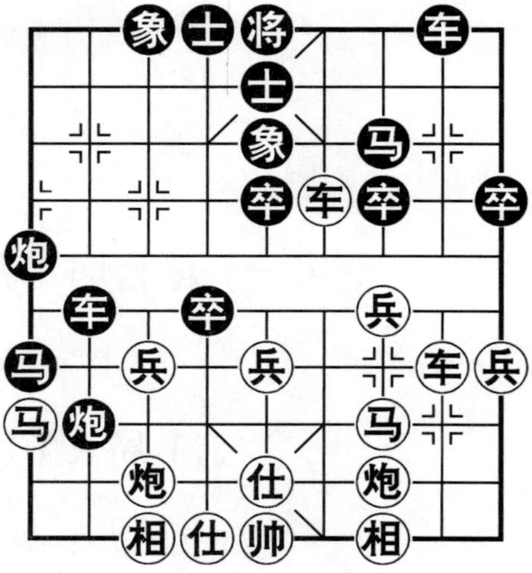

图 183

兑马后双方各攻一翼，红跳马象眼叫杀，黑巧升将解杀有惊无险。黑沉底炮摆中车联攻，红则疲于应付。如图 184，黑炮 7 线守卧槽，总攻条件成熟，吕钦跳底马妙着，必破红底相入局。

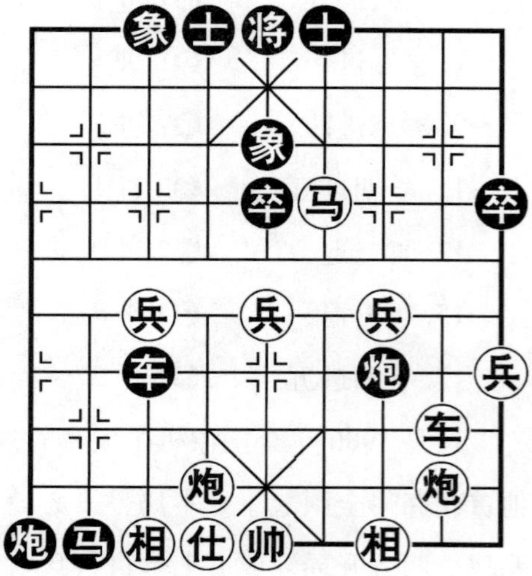

图 184

至此红如接走车二平八，则车

3进3，车八退一车3平4，帅五进一车4平5，帅五平四车5平6，帅四平五马2退4，炮二平六车6退6得子胜势。

35. 车二平三	车3进3	36. 车三进一	车3平4
37. 帅五进一	车4平5	38. 帅五平四	炮1退1
39. 帅四进一	马2退4	40. 炮二平五	车5退1
41. 马四进三	将5进1		

红认输，因接走车三平六，则车5平6，帅四平五车6退1杀。

第2局　蔡福如先负吕钦

（1995年7月7日弈于花都）

1. 炮二平五	马8进7	2. 马二进三	车9平8
3. 车一平二	马2进3	4. 兵三进一	卒3进1
5. 马八进九	卒1进1	6. 炮八平七	马3进2
7. 车九进一	象3进5	8. 车九平六	车1进3
9. 车二进六	炮8平9	10. 车二进三	马7退8
11. 马三进四	马8进7	12. 马四进三	士6进5
13. 马三进一	象7进9	14. 车六进四	马2进1
15. 炮七退一	卒1进1	16. 兵五进一	炮2进2
17. 车六退二	马7进6	18. 炮七平一	车1平4
19. 车六平二	车4进2	20. 车二进四	马1进3
21. 仕四进五	车4平5	22. 兵三进一	马6进4
23. 兵三进一	车5平7		

双方以五七炮进三兵对屏风马卒林车开局，均走流行着法。黑忙里偷闲急冲边卒渡河，暗伏以后对红边马之威胁。红车避兑而移右翼寻找进攻途径，并无效果。如图185，黑不怕丢象而平车捉兵相，吕钦这步巧手可吃兵

消除后患，并认定红炮吃双象不成势。

24. 炮五进五　　士5进4　　25. 相三进五　　车7退2

26. 炮五平一　　卒1进1　　27. 马九退七　　车7进5

28. 炮一平二　　炮2进5

29. 炮二进三　　卒5进1

30. 车二平五　　士4进5

31. 车五退二　　车7平5

32. 帅五平四　　车5平4

33. 炮二退四　　车4平8

34. 炮二平三　　马3进5

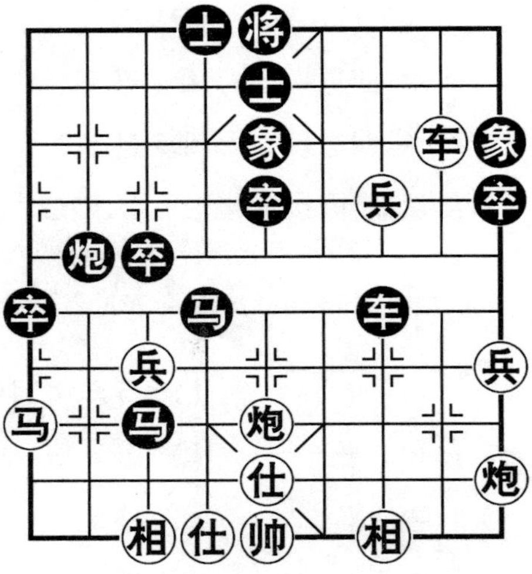

图 185

黑弃象后，冲卒逼马进车捉炮，再配合沉炮攻势，双方对攻趋于紧张。如图186，吕钦马跳窝心妙着，伏马5退7，帅四平五车8平5杀。如红接走马七进六，则马5退7，帅四平五马4进6，车五平四马6进4杀。

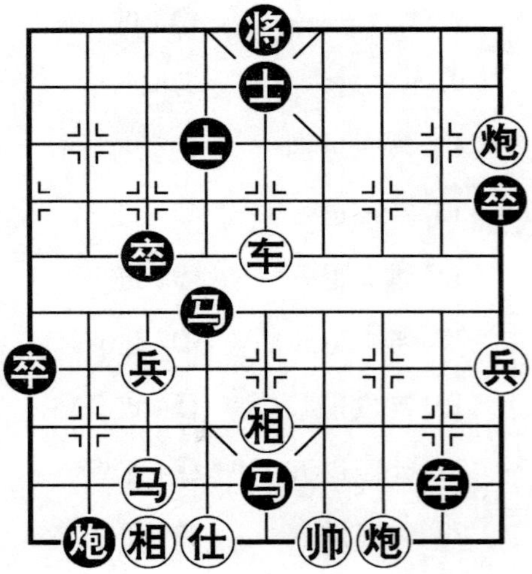

图 186

35. 车五平三　　马5进7

36. 车三进四　　士5退6

37. 车三退九　　车8平4

38. 炮一进二　　将5进1

39. 车三进八　　将5进1

红认输，因接走车三退五，则车4进1，帅四进一车4平6，帅四平五马4进3，帅五平六车6平4杀。

第3局　金波先负吕钦

(1995年10月10日弈于吴县市)

1. 炮二平五	马8进7	2. 马二进三	车9平8
3. 车一平二	马2进3	4. 兵三进一	卒3进1
5. 马八进九	卒1进1	6. 炮八平七	马3进2
7. 车九进一	象7进5	8. 车二进四	车1进1
9. 车九平六	马2进1	10. 炮七退一	车1平6
11. 车六进三	士6进5	12. 马三进四	卒3进1

这是1995年全国象棋个人赛对局,第7轮吕钦与金波相遇,此前二人均为5胜1和,积分前列,所以本局结果对二人都至关紧要,会在心理上影响到后来的比赛。

开局演成五七炮进三兵对屏风马阵势,但第7回合吕钦没按流行谱法冲边卒,而补象伺机待变,然后弈出右横车的新变例,待红跃出右马盘河时,突然冲3卒过河对攻。如图187,如红接走炮七进三,则炮2进3,炮七进三炮2平6,兵三进一炮6退3,炮七平四炮8平6,兵三进一车8进5,车六平二马7退6,黑得子略优。

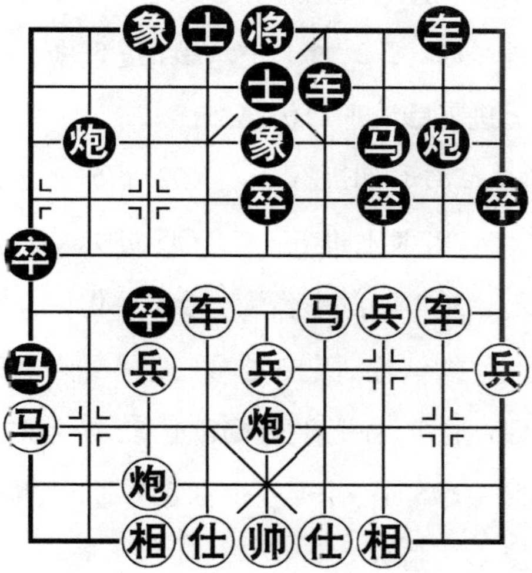

图187

13. 兵七进一	马1进3	14. 车六退二	车6进4
15. 炮五平七	象3进1	16. 车六进三	卒7进1
17. 车六平九	卒7进1	18. 车二进二	马7进6
19. 车二平四	马6进4	20. 车四退二	卒7平6
21. 前炮平八	车8平7	22. 车九平二	车7进9

23. 炮八进二	马4进3	24. 炮八平四	车7退3
25. 炮四退二	车7平5	26. 炮四平五	炮8平7
27. 车二退一	炮2进5		

经过子力交换，黑平象位车进而吃相，于是取得中局优势。如图188，吕钦再伸右炮，企图兑炮得相，扩大优势，这步巧手使得红防线崩溃。至此红如接走车二退二，则炮7退2，仕四进五马3退4，车二进二炮2平3，炮七平八马4进5，相七进五车5进1，仍属黑优。

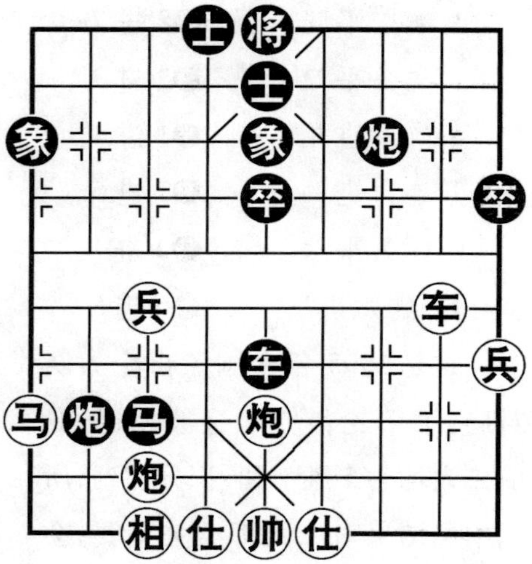

图 188

28. 仕四进五	炮2平5		
29. 相七进五	车5进1		
30. 马九进七	车5平9	31. 车二平三	炮7进2

红认输，因接走车三退一，则车9进2，仕五退四炮7平5，车三平四车9退1，炮七平四马3退5，马七退五车9退1，炮四进一车9平6，车四退一马5退7，马五进四马7进6，帅五进一马6退7，兵一进一炮5平6，黑多子胜定。

（二）五八炮对屏风马类

第1局　柳大华先负吕钦

（1990年5月25日弈于柳州）

1. 炮二平五	马8进7	2. 兵三进一	车9平8

3. 马二进三　炮8平9　4. 马八进七　卒3进1

5. 炮八进四　马2进3　6. 炮八平七　车1平2

7. 车九平八　象3进5　8. 车八进四　车8进4

9. 车一平二　车8进5　10. 马三退二　炮2平1

11. 车八进五　马3退2　12. 炮七平三　炮1平3

13. 相七进九　炮3进4　14. 马二进三　士6进5

15. 马三进四　马2进3　16. 炮五平二　炮9进4

17. 炮二进五　炮9退1　18. 马四退五　炮3平2

19. 兵三进一　卒3进1

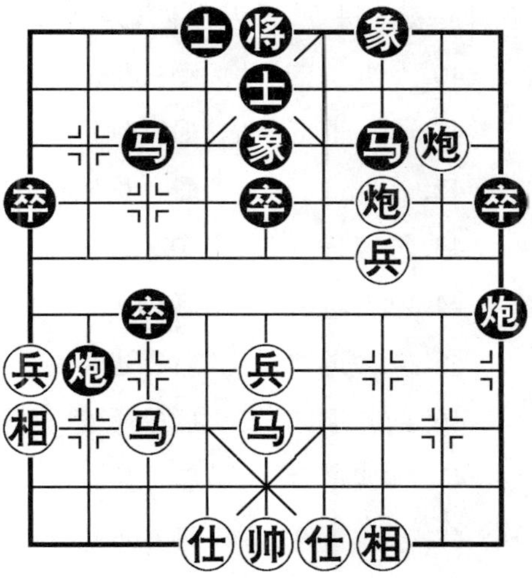

图 189

这是首届银荔杯赛对局，第1轮吕钦与柳大华相遇，开局不久便兑掉双车，较量马炮棋，由于脱离谱法，全靠散手功底，又因双方无车，对攻不那么激烈，却柔中有刚，棉里藏针，此时兵卒之多少又影响到形势之优劣。

如图189，眼看红兵偷渡，吕钦亦不示弱，冲卒过河对攻。至此红如接走炮三平四，则马3进4，兵三进一马7退6，炮四平一卒3进1，炮二退四炮9平3，马七退八炮2平5，仕四进五炮3退2，炮一平五炮3平7，黑多卒势优。因此吕钦冲卒过河，将威胁红左马及中兵，是中局抢先的巧手。

20. 马五进三　炮9退1　21. 马三进一　马3进4

22. 炮三平九　卒3进1　23. 炮二退四　象5进7

24. 炮九进三　炮2退6　25. 马七退五　象7退5

26. 马五进三　士5进4　27. 仕四进五　将5进1

28. 相九退七　炮2进6　29. 相三进五　炮2进1
30. 马三退二　炮9平8　31. 马二进四　炮8进1
32. 马一进二　炮2退4　33. 马二退三　卒9进1
34. 炮九退四　象5进7　35. 马四进三　卒3平4
36. 后马退四　炮2平4　37. 炮二平三　象7进9
38. 炮三退三　炮4平2　39. 马四进二　马7退8

如图190，黑已多一卒，且子力控制局面，但欲扩大优势，还需再吃一兵才有胜望。吕钦决定巧手退马，避开红底炮暗威胁，才能放心吃中兵。至此红如马二退四，则卒9进1，炮三进三炮8进1，炮九退一炮2进2，马三进一炮2进3，仕五退四卒4平5，黑实现谋兵计划。

40. 炮九进四　马8进6
41. 炮九退五　炮8平1
42. 兵九进一　卒4平5
43. 马三进一　炮2进6
44. 相五进三　后卒进1
45. 马一退二　后卒进1
46. 前马退四　后卒平6
47. 马四退六　炮2退3
48. 马六进八　卒6进1
49. 相三退一　马4退2
50. 马二进三　马2进1

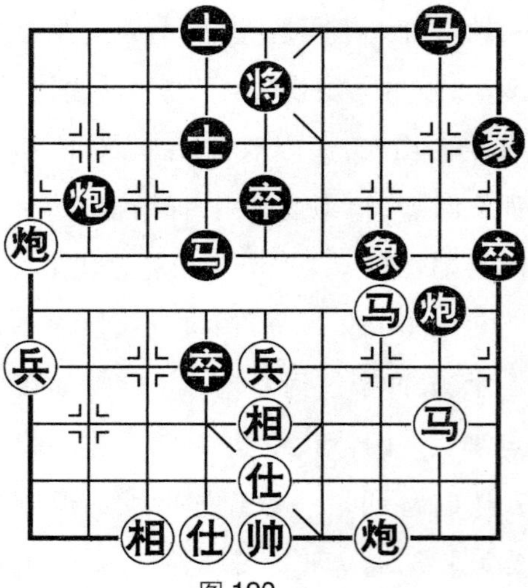
图190

51. 马八退六　马6进5　52. 炮三平二　炮2退5
53. 马三进五　炮2平4　54. 炮二进一　将5退1
55. 马五退七　马1退3　56. 马六进八　炮4平9
57. 相一进三　炮9平7　58. 马七进五　马3进2
59. 炮二进二　炮7平2　60. 马五退七　炮2进4
61. 马七退五　卒6平5

红认输，因接走炮二平八，则炮2进2，黑马炮卒士象全必胜红单炮仕相全。其中红马吃卒漏着，但改别着，亦丢相败势。

第2局　李艾东先负吕钦

（1990年6月16日弈于邯郸）

1. 炮二平五　马8进7　2. 兵三进一　车9平8
3. 马二进三　炮8平9
4. 马八进七　卒3进1
5. 炮八进四　马2进3
6. 炮八平七　车1平2
7. 车九平八　象3进5
8. 车八进六　车8进4
9. 车一平二　车8进5
10. 马三退二　炮2平1
11. 车八进三　马3退2
12. 马二进三　卒7进1
13. 兵三进一　象5进7

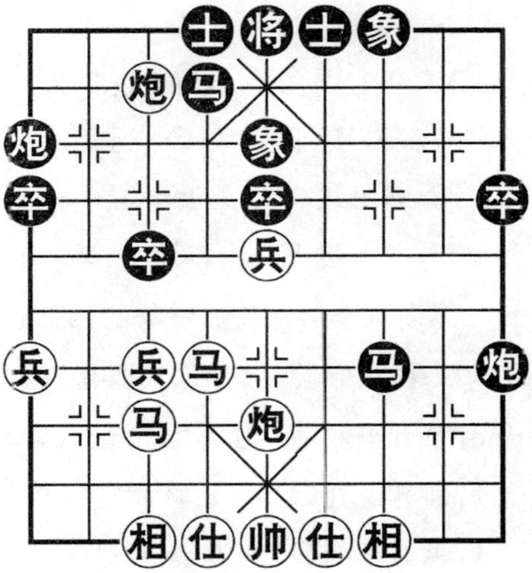

图191

14. 马三进四　马2进4　15. 炮七进二　马7进6
16. 马四退六　象7退5　17. 兵五进一　炮9进4
18. 兵五进一　马6进7

这是1990年全国象棋团体赛对局，双方布阵稳健，很快兑掉双车。在无车棋战斗中，争夺兵卒关系重大，红跃出右马丢掉边兵，又希望冲中兵兑卒，发挥中炮威力。如图191，吕钦及时跳马过河，这一步巧手使炮打马，打破红计划，并造成兑子后多卒之势，轻松地为中残局奠定良好基础，后半盘红竭尽全力也难挽回劣势。

19. 马六退四　卒5进1　20. 马四进三　马7进5
21. 相七进五　炮9平1　22. 马三进五　前炮退2

23. 马五退三　马4进5
24. 马七进五　士4进5
25. 仕六进五　后炮平4
26. 炮九退二　马5进4
27. 炮七平六　马4进2
28. 炮六退五　马2进3
29. 马五退七　炮1平2
30. 马七进九　炮2进2
31. 马三进五　炮4退2
32. 兵七进一　炮2退5
33. 马五进七　炮2平4

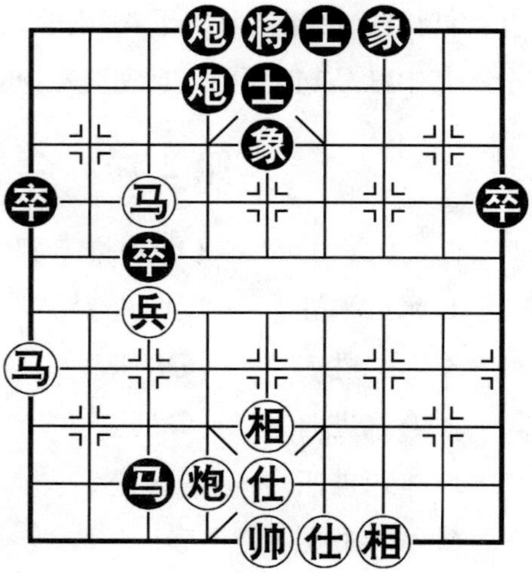

图192

黑多双卒潜在物质优势，又趁跃马咬炮的先手，跳入卧槽困住红炮。如图192，吕钦妙着弃炮取炮，取得兵种优势。至此红如接走马七进六，则炮4进8，帅五平六炮4退2，马九进八卒3进1，马六退七象5进3，马八进七卒3进1，前马退九炮4退1，帅六进一卒3平4，仕五进六卒4进1，帅六平五炮4平1，帅五平四卒4平5，黑胜势。

34. 马七进六　炮4进8　　35. 兵七进一　炮4退2
36. 帅五平六　马3退2

伏马2进4杀，红解杀必丢马，便认输。

第3局　傅光明先负吕钦

（1997年5月6日弈于上海）

1. 炮二平五　马8进7　　2. 兵三进一　车9平8
3. 马二进三　炮8平9　　4. 马八进七　卒3进1
5. 炮八进四　马2进3　　6. 炮八平七　车1平2
7. 车九平八　象3进5　　8. 马三进四　车8进4
9. 兵三进一　车8平7　　10. 车一平二　炮2进4

11. 仕六进五　车2进3　　12. 炮七平三　车2进2
13. 车二进四　车2退3　　14. 相三进一　士6进5
15. 车二进一　车7进2　　16. 车二进二　车7平6
17. 马四进二　车6平8　　18. 车二平三　车8退2
19. 炮三平四　炮9进4　　20. 炮四平九　士5退6
21. 车三退四　炮9平8　　22. 炮九退一　车8进1
23. 兵五进一　炮2平7

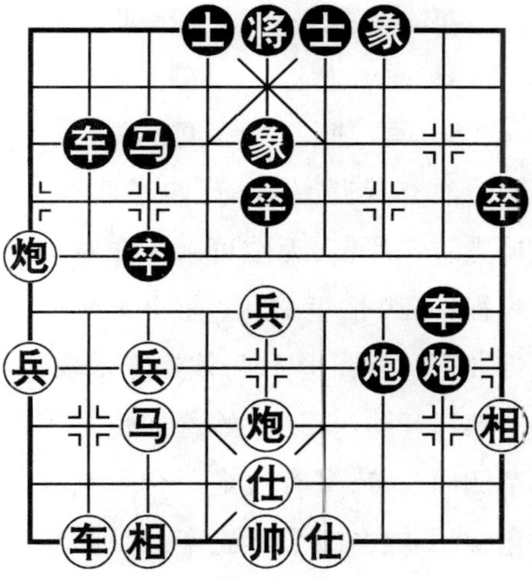

图 193

这是1997年全国象棋团体赛对局，红开局跃出右马盘河求变，接着弃兵开车，准备攻击黑左马。但同时黑伸炮封车，造成各有利弊的局面。双方经过一番互缠、兑子后，红车被封的弱点暴露出来，黑子力趋于活跃并控制局面。红无计可施，决定挺中兵希望疏通子路，吕钦见时机已到，立即平炮打车相兑，这步巧手集结车双炮于一侧，可展开强烈攻势。如图193，如红接走车八进七，则炮8进2，炮五平三车8进2，马七进五车8平9，车八平七车9平7，炮九进四象5退3，帅五平六车7平2，车七平三车2进2，马五退四车2平3，帅六进一车3退3，帅六退一车3平4，仕五进六车4平1，仕六退五车1进3，帅六进一车1退9，车三退四象3进5，黑优。

24. 车八进七　炮8进2　　25. 炮五平三　车8进2
26. 马七进五　车8平9　　27. 帅五平六　炮7平3
28. 兵五进一　车9退1　　29. 马五进四　车9平4
30. 炮三平六　炮8进1　　31. 帅六进一　卒5进1

32. 马四进二　士6进5　33. 车八退一　炮8退1
34. 帅六退一　车4平6　35. 马二进三　将5平6
36. 炮六平四　车6平4　37. 炮四平六　炮8进1
38. 帅六进一　将6进1　39. 马三退四　卒3进1
40. 马四进二　将6退1　41. 炮九进四　象5退3
42. 车八平三　象7进5　43. 车三平一　将6平5
44. 车一进三　士5退6　45. 马二退四　车4退5
46. 车一平二　炮8平9　47. 车二退九　炮9退6
48. 车二进七　炮3平5　49. 炮九退四　卒3进1
50. 车二退二　卒3进1　51. 炮六进五　车4平2

红弃兵跃马过河，四子联攻，但黑防守严密，无隙可乘。在对攻过程中，黑忙里偷闲，直冲3卒逼近九宫。如图194，吕钦连守带攻，突然移开肋车，这一妙着加强了车卒侧面攻势，又有边炮配合牵制红车，红不能车二平五吃卒，否则车2进7，帅六退一炮9进6杀。

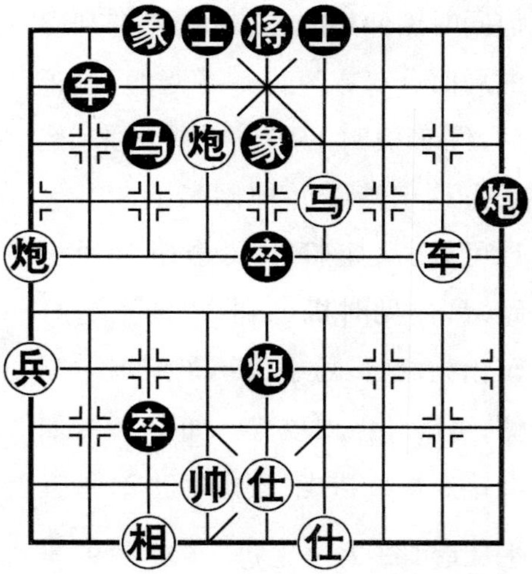

图 194

52. 仕五进四　车2进7
53. 帅六退一　卒3进1
54. 帅六平五　卒3平4
55. 炮九平六　炮9进6　56. 车二退五　卒4平5
57. 帅五平六　车2进1　58. 仕四退五　马3进2

红认输，因接走前炮退三，则车2平3，帅六进一马2进3，炮六平七车3退2，仕五进四车3平2，帅六平五车2进1，帅五退一马3进5，仕四退五车2进1，炮六退七马5进3杀。

第4局　刘殿中先负吕钦

（1987年1月12日弈于上海）

1. 炮二平五　马8进7　　2. 马二进三　车9平8
3. 车一平二　马2进3　　4. 马八进九　卒3进1
5. 车二进四　象3进5　　6. 兵七进一　士4进5
7. 兵七进一　象5进3　　8. 炮八进四　卒7进1
9. 炮八平七　炮2进5　　10. 马三退五　车1平2
11. 车九平八　炮8平9　　12. 车二平七　马7进8
13. 马五进七　炮2平5　　14. 车八进九　马3退2
15. 相七进五　象3退5　　16. 车七平二　卒9进1
17. 马九进七　马2进1　　18. 炮七平八　马8退7
19. 车二平九　马7进6　　20. 前马进六　马6进7
21. 车九进二　马7进6　　22. 帅五进一　马6退8
23. 帅五平六　象5退3　　24. 马六进四　炮9平4
25. 炮八进二　车8进5

开局不久，双方力求变化以斗散手棋，红左炮过河压马，黑伸右炮打马兼封车，而且出人意料地跃马弃象。红不敢吃象而兑子成稳健阵势，以保持小先手。

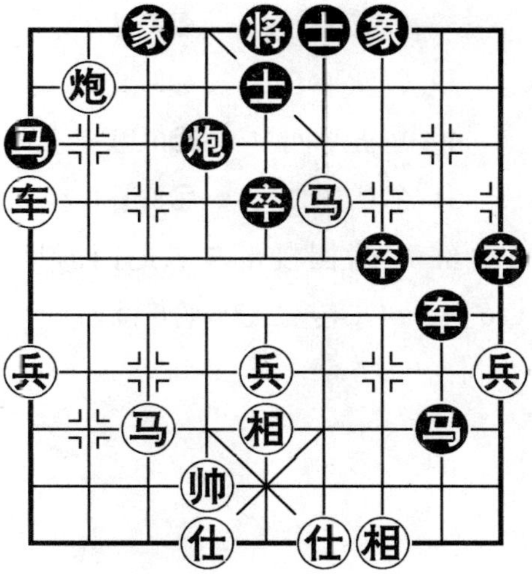

图195

中局阶段双方各攻一翼，当黑马塞相眼叫杀时，红无故升帅解杀，自造危机，埋下隐患。吕钦见红麻痹大意，便落象运炮瞄住红帅，再伸手骑河抢攻。如图195，吕钦弃马进车妙着，对红构成重大威胁。如红接走车九进一贪吃马，则马8退6，仕六进五车8平4，仕五进六车4退1，马四进三将5平4，车九退三车4平2，吃回一炮较优。

26. 相五进三	马8退7	27. 车九进一	马7进6
28. 相三进五	马6进8	29. 帅六平五	马8进6
30. 相五退三	马6退7	31. 帅五退一	炮4平6
32. 车九退三	车8进4	33. 马七退五	马7退6
34. 炮八进一	士5退4	35. 炮八退八	马6进8

红吃马后，受到黑强烈攻击，造成缺士残相，防线崩溃，子力龟缩退守，亦难挽回败势。如图196，吕钦见条件成熟，跳马攻杀，伏挂角叫将，此着巧手奠定胜局。

上着红如改炮八退六守住黑马进路，则黑马6进5，马四退五马5进3，帅五平四车8退2，帅四进一马3退2，亦黑大优。

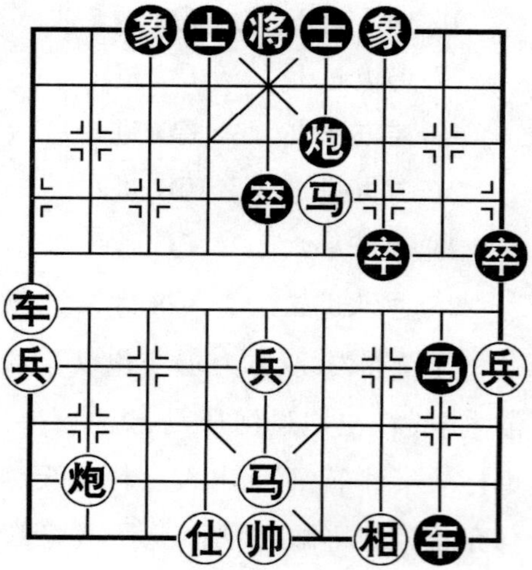

图196

36. 马五进七	马8进6
37. 帅五进一	马6进7
38. 帅五平六	马7退6
39. 帅六平五	车8平5
40. 帅五平四	马6退8
41. 马四进二	马8退6

红认输，因接走马二退四，则马6进7，马四进二车5平6杀。

（三）五六炮对屏风马类

第1局　李家华先负吕钦

（1986年11月12日弈于湘潭）

1. ㊉二平五	●8进7	2. ㊉二进三	●9平8
3. ㊉一平二	●7进1	4. ㊉二进六	●2进3
5. ㊉八平六	●1平2	6. ㊉八进七	●2平1
7. ㊉五进一	●8平9	8. ㊉二平三	●4进5
9. ㊉五进一	●5进1	10. ㊉六退一	●8进6
11. ㊉九进一	●2进4	12. ㊉三平七	●3退1
13. ㊉七进五	●1平5	14. ㊉七平三	●9进4

双方演成五六炮对屏风马阵势，红采取过河车冲中兵的急攻战术，黑平炮兑车沉着应战。中局时，黑巧退边马避开红车压力，又便于后补中炮反击，当红车又移右翼压马时，吕钦施出巧手，弃马飞边炮取兵。如图197，红不宜㊉三进一吃马，因黑●9平7，㊉三退一●7退4，㊉一进二●5进4，㊉四进五●5进1，黑优。另外红如走㊉三进一，则●5进4，㊉六平五●5

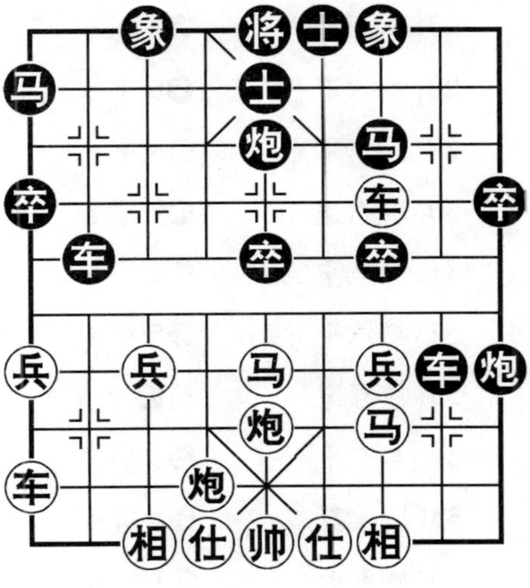

图197

进2，车九平五车8平9，车三进一象3进5，车五平三卒5进1，亦黑优。

15. 车三退一　马7进5　16. 车三退一　炮9退2
17. 马五进七　马5进3　18. 炮六平五　车8退2
19. 车三进五　车2退2　20. 马三进五　卒5进1
21. 前炮进二　车2平4　22. 车三退五　炮9进5
23. 前炮平四　车8进5　24. 炮五进六　将5平4

双方展开对攻，红双重中炮盘头马，消灭了黑中卒，又进车吃象迫使黑退车保炮。黑平肋车埋下伏兵，又沉炮沉车叫杀，形势十分紧张，红没有想办法联相解杀，而是先打炮反而被黑方移将妙着。如图198，黑同时捉住红仕相，使之左右为难，顾此失彼。至此红如接走相七进五，则车4进7，帅五进一车8退1，炮四退三炮9退1，相五退七车4平6，车九平六士5进4，车六进四车8平6，帅五进一象3进5，黑胜势。

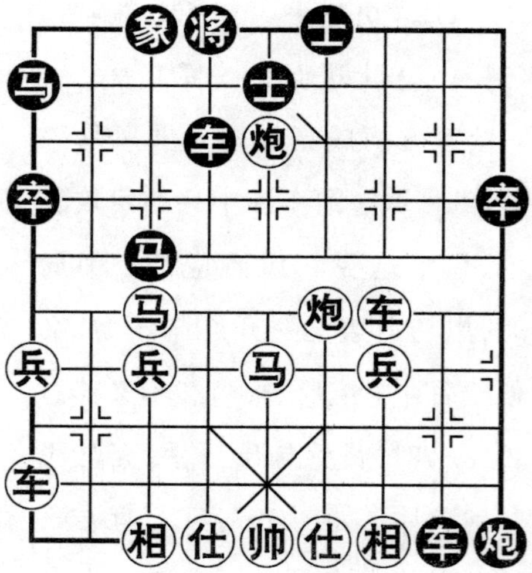
图198

25. 车九平三　车4进7
26. 帅五进一　象3进5
27. 炮四平六　车8退6
28. 炮六退三　车8平5
29. 前车平六　将4平5
30. 车六退一　炮9退3
31. 车三平二　炮9平5
32. 车六平五　车5平4
33. 帅五进一　前车平5
34. 车二平五　车5平3
35. 后车平二　车4进4
36. 帅五退一　车3平4

红认输，因接走帅五平四，则后车进1，仕四进五前车平7，车五进四车7退3，车二进一车7平6，车二平四车6进1，帅四进一马1进2，黑多子胜定。

第2局　杨德琪先负吕钦

(1996年10月23日弈于宁波)

1. 炮二平五	马8进7	2. 马二进三	车9平8
3. 车一平二	马2进3	4. 兵七进一	卒7进1
5. 车二进六	炮8平9	6. 车二平三	炮9退1
7. 炮八平六	车1平2	8. 马八进七	炮2平1
9. 车九进二	士6进5	10. 车九平八	车2进7
11. 炮六平八	炮9平7	12. 车三平四	象7进5
13. 车四进二	炮1退1	14. 炮八进六	炮7退1
15. 兵五进一	车8进8	16. 兵五进一	卒5进1
17. 炮八平六	车8平4		

这是1996年全国象棋个人赛对局,开局不久兑掉一车,但局势并非平静,红弃兵打通中线,再平炮塞象眼,黑如跳盘头马抵挡,红左马盘河咬马。正当局面紧张之际,黑早已伸下二路车,即弈出平肋捉炮的巧手,准备弃象对攻。如图199,如红接走炮五进五,则士5退6,车四退一马7进8,炮五平六士4进5,前炮退七士5进6,双方各有顾忌。由于临场杨德琪未挥炮轰象,对复杂变化看不清,走了补士,给吕钦闯过这一关,随即跳盘头马冲中卒反先的机会。

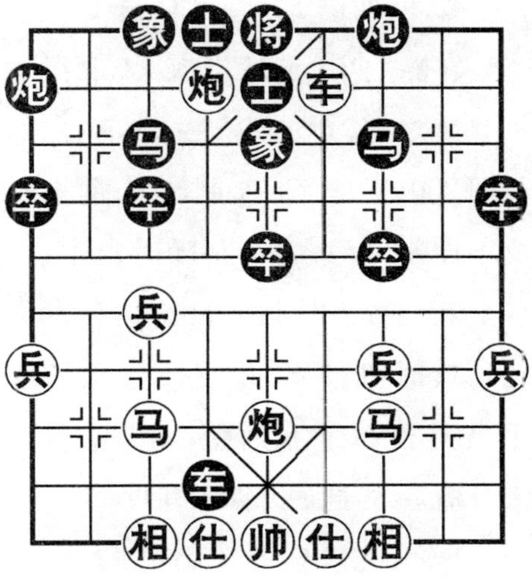

图199

18. 仕四进五　　马3 进 5
19. 炮六平八　　卒5 进 1
20. 马七进八　　车4 平 3
21. 车四退二　　车3 退 3
22. 马八进九　　马5 进 6
23. 炮八进一　　马6 进 5
24. 相三进五　　车3 平 4
25. 马九进八　　卒3 进 1
26. 兵三进一　　卒7 进 1
27. 相五进三　　车4 退 4
28. 马八退七　　车4 进 1
29. 炮八退七　　车4 平 2
30. 炮八平七　　车2 进 5
31. 炮七平四　　马7 进 8
32. 车四平二　　马8 进 7
33. 车二平三　　卒5 平 6
34. 相三退五　　车2 退 1
35. 炮四退二　　车2 平 1
36. 炮四平一　　马7 退 6
37. 马三进四　　车1 平 9
38. 炮一平四　　马6 进 4
39. 马七退九　　炮7 平 6
40. 炮四平二　　车9 进 3
41. 炮二平三　　士5 进 6
42. 马四退二　　象3 进 1

在混战中，黑趁机谋兵，取得多双卒之利，对中残局充满信心。如图 200，黑车沉底牵制红炮，肋炮支士控制帅门，过河马随时出击，各子互相配合协调。吕钦估计发动总攻时机已到，走出飞边象巧手，赶走红马，然后跳马4 进 2 准备入卧槽杀，由此展开四子联攻。

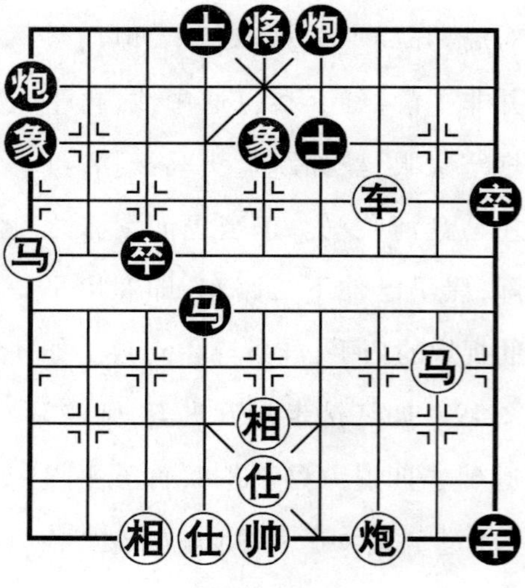

图 200

43. 马九进七　　马4 进 2
44. 车三平六　　象1 退 3
45. 车六退三　　马2 进 3
46. 车六退二　　马3 退 2
47. 车六平八　　马2 退 4
48. 马七退五　　士4 进 5
49. 车八进三　　马4 进 3

50. 车八退一	炮1平3	51. 马二退四	卒9进1
52. 车八平二	卒9进1	53. 马四进三	马3退4
54. 马三退二	车9平8	55. 马五退三	马4进6
56. 车二平三	车8退2	57. 车三平四	车8平7

红认输，因接走车四平五，则炮3进8，相五退七车7进2，仕五退四车7退4，黑多子胜定。

（四）五七炮对屏风马进7卒类

第1局 胡荣华先负吕钦

（1989年1月21日弈于广州）

1. 炮二平五	马8进7	2. 马二进三	车9平8
3. 车一平二	马2进3	4. 马八进九	卒7进1
5. 炮八平七	炮2进2	6. 车二进六	马7进6
7. 车九平八	车1平2	8. 车八进四	象3进5
9. 车二平四	马6进7	10. 车八平二	车2进1
11. 车二平四	士4进5	12. 前车平二	卒3进1
13. 炮五平四	车2平4	14. 仕四进五	车8进1
15. 车四退一	卒7进1	16. 相三进一	炮2退1
17. 车二退一	车4进3	18. 车二平六	马3进4
19. 相一进三	炮8平7	20. 马九退七	马4进3
21. 车四进一	马3退4	22. 车四平六	车8进3
23. 炮四退二	车8平7		

这是第9届五羊杯赛对局，吕钦与胡荣华进行4局制最后决赛，前两局

吕钦1胜1和,这是第3局,吕钦如胜便稳拿冠军。胡荣华则希望扳回1局,于是祭出拿手的五七炮布局,并弈出肋车捉马、左车移右的新变着,吕钦过河马受困,忙于应付。中局时,胡荣华急于谋子,漏算黑有兑车的手段,解除左车炮所受牵制,而且还可平炮保马。当弈至图201时,红攻击计划破灭,黑呈反先之势。吕钦抓住红顶相弱点,走出平车捉相的巧手,由此得相占优。至此红如接走相三退五,则炮2平4,车六平二马7进5,马七进五炮7进5,炮七平三车7进3,黑优。

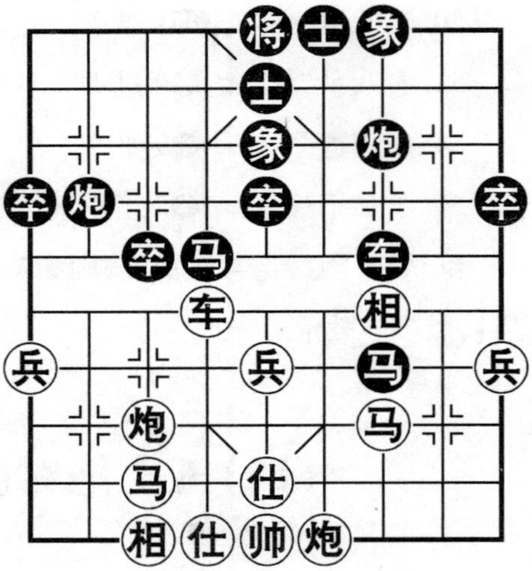

图201

24. 马七进五　炮7进3

25. 马五进三　炮7进2

26. 炮四平三　炮2平4

27. 车六平九　炮7平5

28. 马三退五　车7进5

29. 仕五退四　马4进5

30. 车九进二　炮4进1

31. 炮七退一　炮4平8

32. 车九平五　马5进7

33. 炮七平二　马7退9

34. 炮二进二　马9进8

35. 仕六进五　车7退4

36. 车五平一　车7平3

37. 炮二平七　马8退7

38. 车一平二　炮8平7

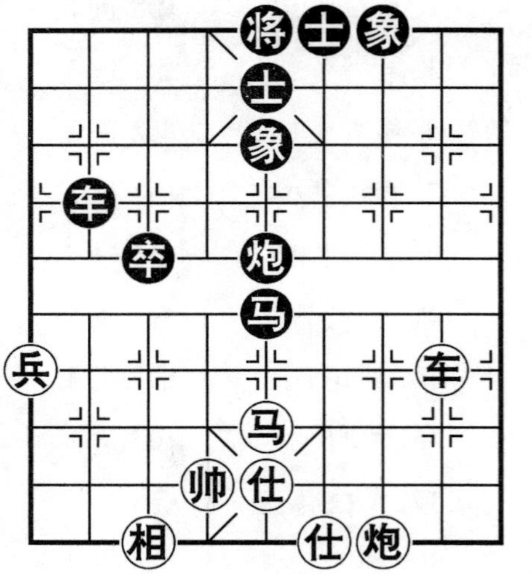

图202

39. 车二退三　　马7退5　　40. 帅五平六　　车3平2

41. 炮七平三　　车2进4　　42. 炮三退三　　炮7平5

43. 帅六进一　　车2退6

尽管红全力抗争,但子力始终受制而处于守势,又因缺相使防线难以稳固。如图202,吕钦灵活地把底车抽回,从侧面袭击改为正面攻杀,这步妙着使红方难以应付。红如接走车二平六,则炮5进3,车六平五车2平4,仕五进六车4平5,炮三进二马5退7,黑得子胜势。

44. 炮三进二　　车2进5　　45. 帅六退一　　车2进1

46. 帅六进一　　卒3进1　　47. 仕五进四　　炮5平4

48. 炮三退一　　车2平3　　49. 帅六平五　　炮4平5

红认输,因接走车二平四,则车3退2,炮三进一车3进1,帅五退一车3平7,车四进二马5进4,帅五平六马4进2杀。

第2局　赵国荣先负吕钦

(1990年5月13日弈于泰州)

1. 炮二平五　　马8进7　　2. 马二进三　　车9平8

3. 车一平二　　马2进3　　4. 马八进九　　卒7进1

5. 炮八平七　　炮2进2　　6. 车二进六　　马7进6

7. 车九平八　　车1平2　　8. 车八进四　　象3进5

9. 兵九进一　　士4进5　　10. 炮七进四　　卒7进1

11. 车二平四　　炮8进3　　12. 车八平三　　车8进4

13. 车三平八　　炮8平4　　14. 炮五进四　　炮2平5

15. 相七进五　　车2进5　　16. 马九进八　　炮4平6

17. 车四平三　　马6进8　　18. 马八进六　　车8平6

这是第3届泰州杯棋王赛第6轮对局,此前吕钦3胜2和积4分,赵国荣2胜2和1负积3分紧追其后。本局赵国荣执红棋先手,有争胜的希望,若能如愿,则吕钦夺冠就困难了。而本局如吕钦取胜,那么最后一局先手棋只要成和，就稳拿冠军了，所以这盘棋对双方都十分重要。

红以稳健的五七炮开局，接着右车过河左车巡河，保持先手攻势。黑冲 7 卒后没用马踏兵，而伸骑河炮打车，再移炮右肋及左肋，着法新颖。当弈至图 203 时，吕钦妙着平车，形成过河马咬双，红难应付。至此如接走车三平二，则马 8 进 7 马六进七，炮 6 平 3 仕六进五，炮 3 退 3 车二退四，炮 5 进 3 炮五退四，马 7 退 5 车二进二，车 6 平 3 炮七平五，车 3 进 2，黑优。

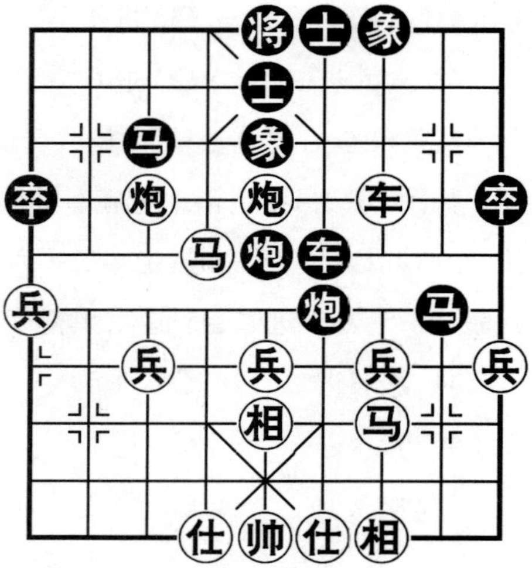

图 203

19. 马六进七	马 8 退 7	20. 炮七平三	车 6 退 1
21. 兵三进一	炮 6 进 3	22. 帅五进一	车 6 平 7
23. 帅五平四	车 7 平 6	24. 帅四平五	炮 5 平 8
25. 炮五退二	车 6 平 3	26. 马七退九	车 3 平 1
27. 兵三进一	炮 8 退 3	28. 帅五退一	车 1 进 2
29. 马三进二	车 1 退 2	30. 兵一进一	将 5 平 4
31. 兵一进一	卒 9 进 1	32. 马二进三	炮 8 进 8
33. 马三退一	车 1 进 6	34. 炮五平六	车 1 退 2
35. 炮六平五	象 5 进 7	36. 马一退三	炮 8 退 7
37. 炮五进二	车 1 退 4	38. 炮五退一	炮 8 平 1
39. 仕四进五	车 1 进 2	40. 炮五退一	车 1 进 1
41. 相五退七	车 1 平 3	42. 相三进五	炮 1 平 9
43. 仕五进四	车 3 退 3	44. 炮五平六	车 3 平 8

45. 仕六进五	炮9平6		46. 仕五退四	炮6进3
47. 炮六退三	车8平3		48. 炮六平一	车3平4
49. 仕四进五	炮6平2		50. 炮一退一	炮2进4
51. 仕五退六	车4进4		52. 帅五平四	士5进6
53. 炮一平三	象7进9		54. 炮三平二	士6进5
55. 炮二平一	士5进4		56. 炮一平二	将4平5
57. 炮二平一	将5平6			

红车换双马后，双方子力大体相当，但红炮被牵制，过河马位置欠佳，结果被捉死，于是演变成马炮兵仕相全对车炮士象全的残局。黑设法从各种角度进攻，车炮在左翼占不到便宜，又转到右翼，终于获得一个机会，在沉底炮的条件下，用士角车捉住红中相。如图204，黑暂时不能车4平5吃相，因红炮一进二打死车。怎么办呢？吕钦灵机一动，转换士架，移将左肋，这一妙着成为残局破敌之计。

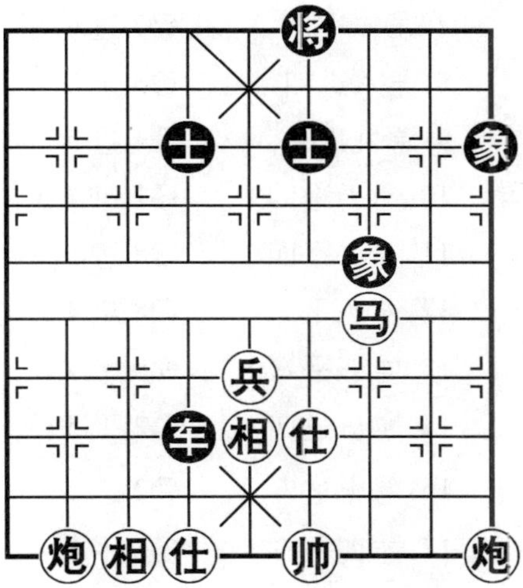

图 204

如红接走炮一平三，则士6退5，炮三平二车4平5，炮二进二车5进1，黑车逃脱必胜。

58. 炮一进六	车4进2		59. 帅四进一	车4退1
60. 仕四退五	炮2退1		61. 帅四退一	车4平5
62. 炮一平五	车5平4		63. 兵五进一	车4退5
64. 炮五退一	车4平6			

红认输，因续走帅四平五，则车6进2，吃掉红兵，成为黑必胜残局。

第3局　张晓平先负吕钦

（1993年8月8日弈于青岛）

1. 炮二平五　马8进7
2. 马二进三　车9平8
3. 车一平二　马2进3
4. 马八进九　卒7进1
5. 炮八平七　车1平2
6. 车九平八　炮2进2
7. 车二进六　马7进6
8. 车八进四　象3进5
9. 兵九进一　士4进5
10. 炮七进四　卒7进1
11. 车二平四　炮8进3
12. 车八平三　车8进4
13. 车三平八　炮8平4
14. 炮五进四　炮2平5
15. 相七进五　车2进5
16. 马九进八　炮4平6
17. 车四平三　炮6平1

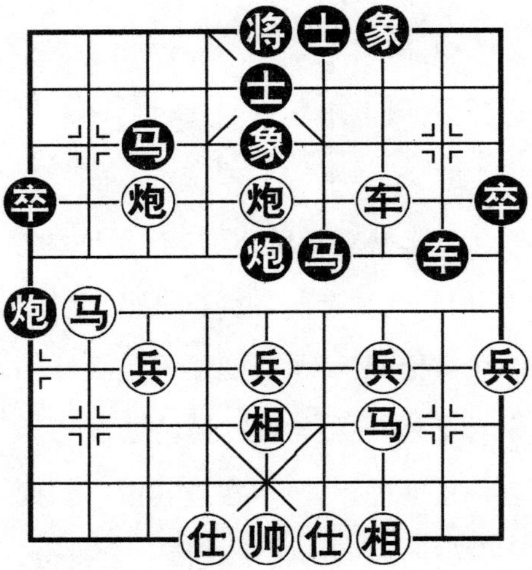

图205

这是1993年全国象棋个人赛对局，弈至17回合时与上局赵国荣对吕钦着法相同，上局黑走马6进8，演变下去黑得相较好，吕钦可以估计到对方研究过此局，有备而来，临场走出炮打边兵的新变巧手。

至此红如接走马八进六，则马6进8，马六进七炮1进4，仕六进五炮5平2，仕五进四炮2进5，帅五进一车8平2，帅五平六马8退7，炮七平三车2进4，帅六进一车2退1，帅六退一炮2平3，马七退六炮3退1，马六进五炮1退1，帅六退一车2进2，黑快一步杀。

18. 炮七退一　车8进1
19. 马八退九　马6退7
20. 炮五平六　车8平4
21. 炮七退一　炮5平7
22. 马三退二　炮1进1
23. 车三进一　车4退2

24. 车三平二　　炮7平1　　25. 马九退七　　后炮平2
26. 炮七平八　　车4进5　　27. 马七进九　　炮2平1

虽然黑少双卒,但各子灵活有力,抓住红边马及左翼弱点进行攻击。如图206,黑平炮打马妙着,使红防不胜防,如接走相五进七,则前炮平5,车二退二炮5退3再摆重炮杀。又如红接走炮八平九,则前炮平5,仕四进五炮1进3,帅五平四车4退3,兵七进一车4退1,黑多子得势大优。

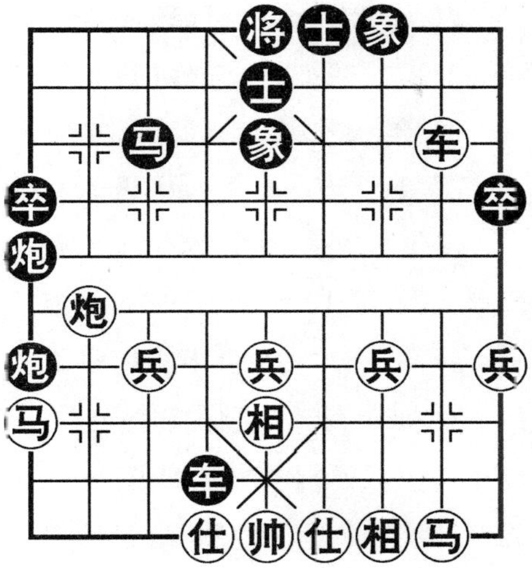

图206

28. 马九退八　　车4平2
29. 炮八平七　　前炮平5
30. 仕四进五　　炮1进5　　31. 马二进三　　炮5退3
32. 车二退一　　车2进1

黑得子大优,红认输。

第4局　胡荣华先负吕钦

(1994年10月12日弈于郴州)

1. 炮二平五　　马8进7　　2. 马二进三　　车9平8
3. 车一平二　　马2进3　　4. 马八进九　　卒7进1
5. 炮八平七　　炮2进2　　6. 车二进六　　马7进6
7. 车九平八　　车1平2　　8. 车八进四　　象3进5
9. 兵九进一　　卒3进1　　10. 车二退三　　士4进5
11. 炮七退一　　马6进7　　12. 炮五平七　　车2平4
13. 仕四进五　　马7退6　　14. 相七进五　　炮2退4
15. 兵七进一　　卒3进1　　16. 后炮进三　　马3进4

17. 车八退一　炮2 平 1　18. 后炮平六　车4 平 3
19. 兵五进一　马6 退 7　20. 车二进三　卒1 进 1
21. 炮六平七　车3 平 4　22. 前炮平六　马4 退 6
23. 车二平四　车4 进 5　24. 车八进六　车4 退 5
25. 车八平六　将5 平 4　26. 马九进八　卒1 进 1
27. 马八进六　炮1 进 2　28. 车四平三　炮8 进 4

这是 1994 年全国象棋个人赛对局,进入第 10 轮最后阶段,双方自有一番恶战。胡荣华使出拿手的五七炮布局,一直保持小先手,兑车后驱兵跃马抢攻。如图 207,面对红跳钓鱼马叫将得子,吕钦果断伸炮过河巧手解围。

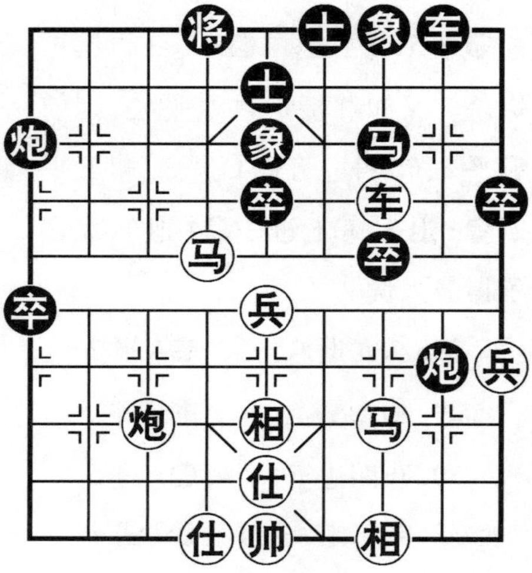
图 207

至此如红接走马六进七,则将4 平 5,车三进一炮8 平 7,相五进三炮7 进 3,相三退五炮7 平 9,帅五平四车8 进 6,车三退一车8 平 3,马七退八车3 进 1,马八进九象5 退 3,马九进八车3 退 6,车三平五车3 平 2 追回一子,黑优。

29. 马三进五　卒1 平 2　30. 兵五进一　卒5 进 1
31. 车三平八　将4 平 5　32. 车八进三　士5 退 4
33. 马六进八　车8 进 1　34. 马五进六　炮1 进 7
35. 相五退七　炮1 平 2　36. 炮七平六　炮8 平 4
37. 炮六平九　炮4 平 1　38. 炮九平六　炮1 平 4
39. 炮六平九　炮4 平 1　40. 炮九平六　炮1 进 3

红车双马炮四子联攻,运炮企图从边线沉底或肋线捉士,黑来回拦,如双方不变作和。如图 208,在此关键时刻,吕钦经过深思熟虑,竟然不顾红车吃士，认为有惊无险，而大胆沉炮搏杀，这步妙着导致局势白热化，是中局对杀的胜负手，由此把棋战推向高潮。

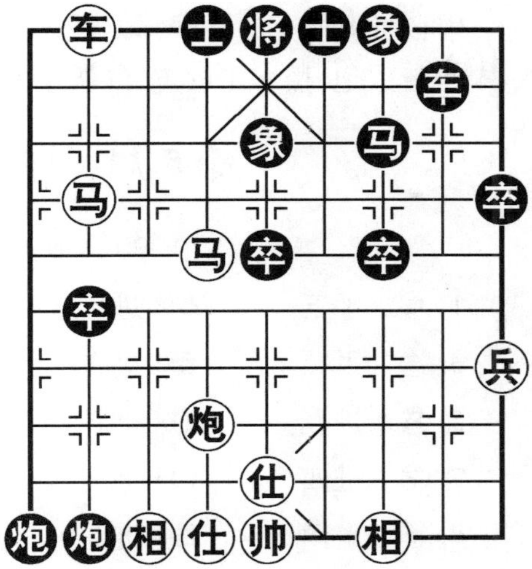
图 208

41. 车八平六　将5 进 1
42. 车六退一　将5 退 1
43. 车六进一　将5 进 1
44. 车六退一　将5 退 1
45. 车六平七　士6 进 5
46. 车七退二　车8 进 2
47. 马八进七　将5 平 6
48. 车七退三　车8 进 3
49. 车七进三　马7 进 5
50. 炮六平四　象5 进 3
51. 相三进五　车8 进 3
52. 仕五退四　炮2 平 4

双方对攻激烈，红卧槽马士角炮对黑有重大威胁，黑依靠盘头马拦住红车，但此马被捉情况危急。如图 209，吕钦果断地飞炮砸仕，此妙着连攻带守，既有利于车双炮左右夹击之势，又暗中保护黑马，因红如车七平五吃马，则炮4 退 4，相七进九炮4 平 5 抽车。

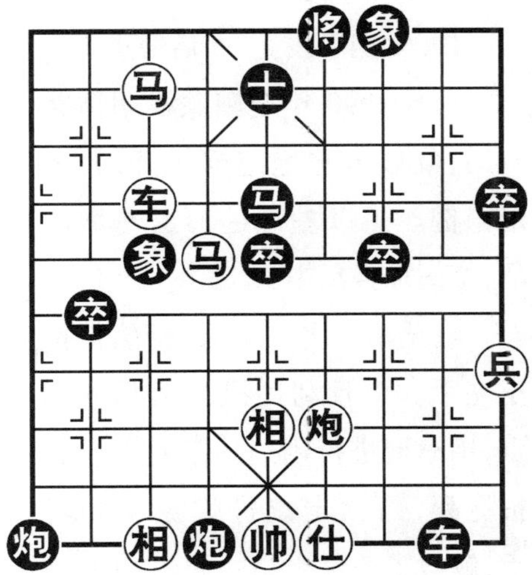
图 209

53. 车七平九　炮4 平 6
54. 车九退六　炮6 平 3
55. 帅五进一　车8 退 1
56. 帅五退一　炮3 退 8
57. 车九进九　将6 进 1
58. 车九退六　将6 退 1
59. 车九进六　将6 进 1
60. 车九平三　车8 退 1

61. 炮四退一　　车8 进2　　62. 帅五进一　　车8 退1

捉死红炮，黑多子胜定，红认输。

第5局　许文学先负吕钦

（1990 年6 月8 日弈于邯郸）

1. 炮二平五　　马8 进7　　2. 马二进三　　车9 平8

3. 车一平二　　马2 进3　　4. 兵七进一　　卒7 进1

5. 马八进九　　炮8 进2　　6. 炮八平七　　炮2 退1

7. 车二进四　　象3 进5　　8. 车九平八　　炮2 平6

9. 炮五平四　　士4 进5　　10. 相七进五　　车1 平2

11. 炮七进四　　车2 进9　　12. 马九退八　　炮6 平7

13. 车二平四　　炮8 进4　　14. 车四进四　　炮7 平8

15. 炮四进四　　马7 进8　　16. 炮四平三　　后炮进1

17. 车四退四　　前炮平7　　18. 炮三平二　　炮8 平7

19. 车四平二　　后炮进1

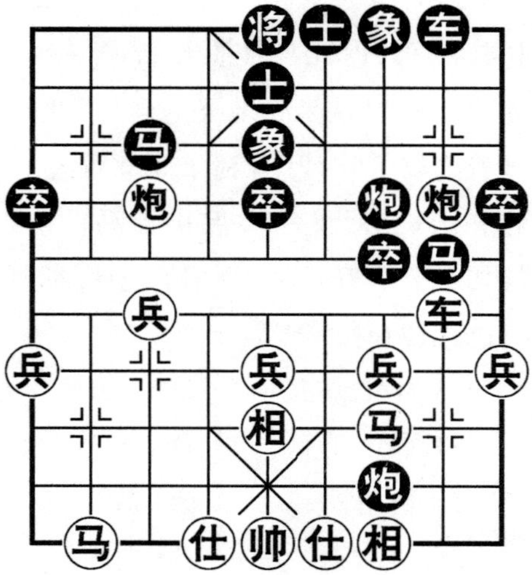

图210

这是1990 年全国象棋团体赛对局，红以五七炮巡河车开局，阵形稳健。黑以左炮巡河退右炮应战，企图加强反击力。

红兑车后多一个兵，仍然保持小先手。而且利用黑盘河马的弱点，用车炮进行困逼。眼看黑马要被捉死，吕钦走出进炮兑子的巧手，解救了危急之马。如图210，如红接走炮七平三，则车8 进3，炮三进一马3 进4，车二退三车8 退3，炮三进一车8 进1，炮三退二马4 进6，车二平三马6 退7，车三平二马8 进7，黑马逃脱。

20. 兵七进一　车8进3　21. 炮七平三　象5进3
22. 炮三平一　车8平9　23. 车二进一　车9平6
24. 马八进七　象7进5　25. 马三退一　车6进3
26. 车二退二　炮7平2　27. 车二退二　炮2退8
28. 车二平六　车6平7　29. 车六进五　炮2平3
30. 马七进六　象5退7
31. 马六进五　卒7进1
32. 马五退三　车7平5
33. 马三退一　卒7进1
34. 前马进二　车5平6
35. 马二进三　车6退5
36. 车六平三　卒7平6
37. 马一进二　马3进4
38. 车三退一　马4退5
39. 马三进一　车6平9
40. 车三进四　将5平4

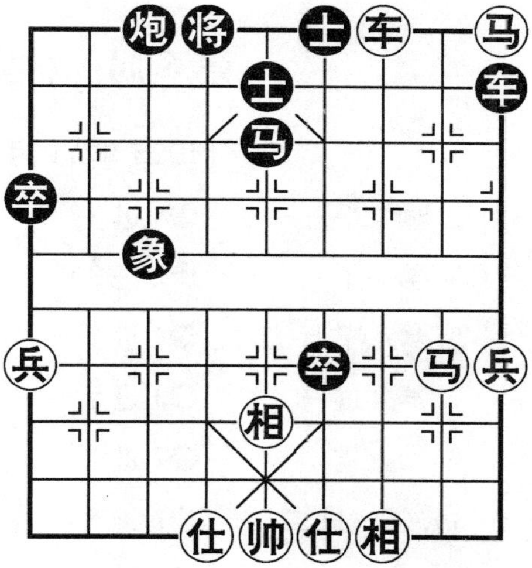

图211

经过子力纠缠，黑方没有丢子，且兵种优势。当遇到兑子机会时，黑避免兑马，以争取更多的占优机会。

在红方发动攻势过程中，走了一步跳边马的劣着，被黑车逼住，然后吕钦走出移将妙着。如图211，准备升将露炮打车马，由此红必然丢马。

41. 马二进四　将4进1　42. 车三退四　炮3平9
43. 车三平七　车9进2　44. 车七平五　马5进3
45. 车五平六　士5进4　46. 车六平八　炮9进6
47. 车八进一　车9平4　48. 车八平九　卒6进1
49. 马四退二　卒6进1　50. 仕六进五　士4退5
51. 相三进一　炮9退4　52. 马二进三　炮9平5

53. 马三退五　车4 进 5　54. 相一进三　马3 进 2

55. 车九平八　马2 进 3　56. 车八平六　车4 退 5

57. 马五进六　马3 退 1　58. 马六退四　炮5 进 2

59. 马四退五　炮5 进 1

红认输，因接走马五退三，则马1 退 3，马三退二马3 进 4，帅五平六炮5 平 4 杀。

第6局　林宏敏先负吕钦

（1995 年 11 月 18 日弈于上海）

1. 炮二平五　马8 进 7　2. 马二进三　车9 平 8

3. 车一平二　马2 进 3　4. 兵七进一　卒7 进 1

5. 炮八平七　炮2 进 6　6. 车二进四　车1 平 2

7. 车九进一　象3 进 5　8. 兵七进一　象5 进 3

9. 兵三进一　卒7 进 1　10. 车二平三　马7 进 8

11. 马三进二　象7 进 5　12. 车三平六　车8 平 7

13. 马二进四　车7 进 9

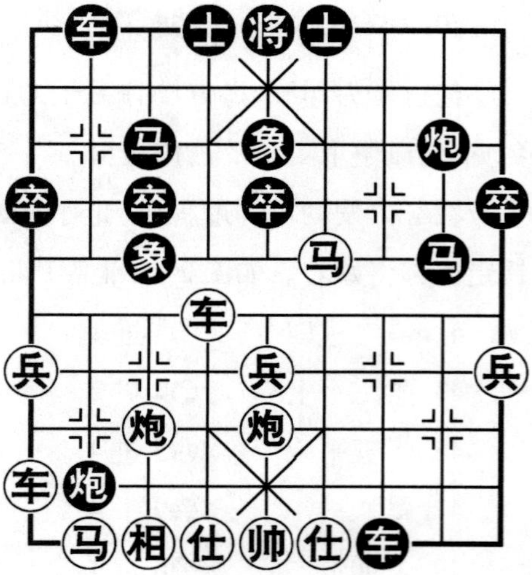
图 212

这是首届广深杯大棋圣赛对局，双方演成五七炮进七兵对屏风马阵势，黑弈出右炮压马的冷门变例，企图把局势引向双方不熟悉的棋路，同时忙里偷闲吃掉红底相，造成红右翼空虚，为以后攻击创造条件。如图 212，吕钦吃相巧手，是中局取势的手段。

14. 马四进六　车7 退 8

15. 炮七进四　炮8 退 1

16. 炮七平五　马3进5　　17. 炮五进四　士6进5
18. 炮五退一　车7进5　　19. 相七进五　车7平6
20. 马八进六　马8进6　　21. 前马进四　炮8平6
22. 马四退三　车6进2　　23. 仕六进五　马6退7
24. 炮五退一　炮6平8

黑连守带攻，等待时机。果然红误走退炮挡住车路，吕钦立即平炮叫杀妙着，红如果平炮拦炮便丢马。如图213，如接走仕五进四，则炮8进8，仕四进五车6平7，马三进一马7进6，马一退二马6进8，帅五平四车7进1，帅四进一炮8退1，马二退四马8进7杀。

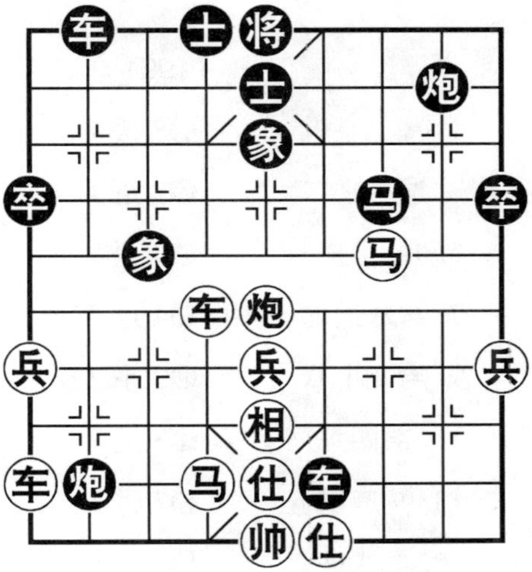

图213

25. 马三退二　马7进6
26. 马六进七　炮2退7
27. 相五进三　车6退2　　28. 马二退一　车6平7
29. 相三退一　炮2平4　　30. 相一退三

至此时限已到，红超时作负。其实从棋局形势来看，也是黑优胜，因可接走车7平5，马七退五马6退5，车六平七炮4平3，车七平九卒1进1，炮五进三象3退5，车九平二车2进9，仕五退六炮3进8，仕六进五炮8平7，黑得子得势胜定。

（五）五九炮对屏风马类

第1局　陶汉明先负吕钦

（1991年5月23日弈于无锡）

1. 炮二平五	马8进7	2. 马二进三	车9平8
3. 车一平二	卒7进1	4. 车二进六	马2进3
5. 兵七进一	炮8平9	6. 车二平三	炮9退1
7. 马八进七	士4进5	8. 炮八平九	车1平2
9. 车九平八	炮9平7	10. 车三平四	马7进8
11. 车四平三	马8退7	12. 车三平四	马7进8
13. 马三退五	卒7进1	14. 车四退一	卒7进1
15. 车八进六	象7进5	16. 马七进六	马8退7
17. 车四退一	车8进4	18. 车八平七	炮2进4
19. 兵七进一	车8平3	20. 车七退一	象5进3
21. 马六退八	车2进6	22. 车四进四	炮7平9
23. 车四平三	炮9进5		

这是1991年全国象棋团体赛对局，红为了急进左车威胁黑马，宁愿放黑卒过河而退窝心马，于是双方展开对攻。中局阶段，红为了贪捉黑马，置车低头，吕钦乘机以利诱之，走出炮取边兵，弃马攻杀的妙着。如图214，红如接走车三退一，则炮9平5，车三平七象3进5，车七退一卒5进1，车七平一车2平1，车一平六卒5进1，红子力受制，黑易走。

24. 炮五平二	卒7平8	25. 车三退一	象3退5
26. 马五进三	卒8进1	27. 炮九平二	炮9平8

28. 车三平一　车2退1
29. 相七进五　车2平9
30. 车一平二　炮8平7
31. 车二平三　炮7平8
32. 车三退一　车9平4
33. 马三进二　将5平4
34. 仕六进五　卒9进1
35. 车三退三　炮8平5
36. 车三平五　车4平8
37. 炮二平三　车8退1
38. 炮三进五　士5进6
39. 车五平六　将4平5
40. 车六进三　车8平3
41. 兵九进一　卒5进1
42. 炮三退一　卒5进1
43. 炮三平九　卒5进1
44. 炮九进三　象3进1
45. 兵九进一　将5进1
46. 车六平一　车3平5
47. 兵九进一　马3进2
48. 车一平八　马2进4
49. 兵九进一　马4进6
50. 车八平六　车5平2
51. 帅五平六　车2进5
52. 帅六进一　车2退8
53. 车六退一　象5进3

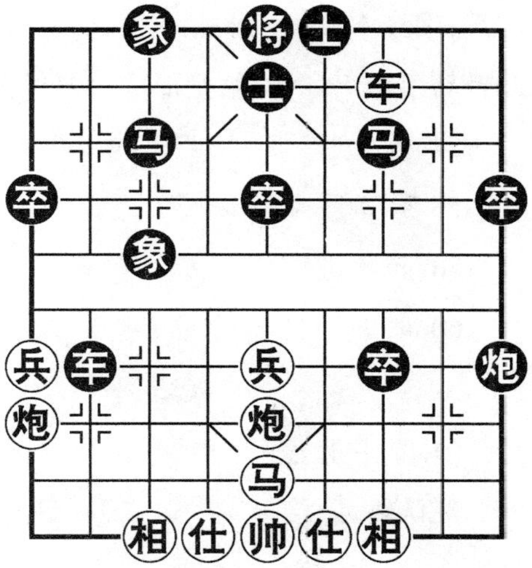

图214

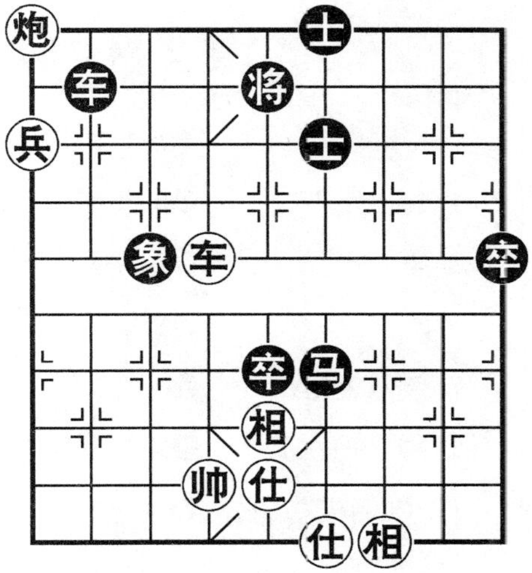

图215

黑弃马后又追回一子，当再次兑子进入残局时，黑多一卒略优。红沉底炮冲边兵力求对攻，黑车扼要点攻守兼备。如图215，吕钦飞顶象巧手，捉死红兵，因红不敢车六平七吃象，黑有车2 平 4，仕五进六卒5 进 1 杀势。吕钦此着巧手消灭红兵后，则形成多卒优势残局，增加了取胜希望。

54. 炮九退一	车2 进 5	55. 仕五进四	象3 退 1
56. 车六平一	车2 进 2	57. 帅六退一	车2 进 1
58. 帅六进一	车2 平 6	59. 车一进三	将5 退 1
60. 炮九平四	车6 退 1	61. 帅六退一	车6 进 1
62. 帅六进一	卒5 进 1	63. 相三进五	马6 退 4
64. 车一退五	马4 进 3	65. 仕四退五	车6 平 5

红认输，因接走车一退二，则车5 平 2，车一进二车2 退 1，帅六进一车2 平 5，车一平五士6 进 5，车五平七车5 进 1，相五进三士5 进 4，车七退一车5 平 4 杀。

第 2 局　邬正伟先负吕钦

（1994 年 7 月 29 日弈于上海）

1. 炮二平五	马8 进 7	2. 马二进三	车9 平 8
3. 车一平二	马2 进 3	4. 兵七进一	卒7 进 1
5. 车二进六	炮8 平 9	6. 车二平三	炮9 退 1
7. 马八进七	士4 进 5	8. 炮八平九	车1 平 2
9. 车九平八	炮9 平 7	10. 车三平四	马7 进 8
11. 车四进二	炮7 进 5	12. 相三进一	炮2 进 4
13. 兵五进一	卒7 进 1	14. 相一进三	炮7 平 3
15. 兵五进一	卒5 进 1	16. 马七进五	车8 进 3
17. 马五进六	车8 平 4	18. 马六退七	车4 进 3
19. 车八进一	车4 平 3	20. 车八平四	马8 退 7
21. 炮九平八	炮2 平 9	22. 马三进一	车2 进 7
23. 炮五平三	车3 平 7	24. 相七进五	马3 进 5

25. 炮三平八　马5退6　26. 车四进七　车7平9

27. 炮八进七　象3进5　28. 车四退二　马7进8

29. 车四退一　车9平8　30. 车四平五　马8进9

31. 车五进一　车8平6

这是第2届粤沪嘉宝杯赛对局，开局不久即大量兑子，看似进入均势局面。如图216，黑暂多一卒，但红车占领卒林，很快就可扫掉黑卒，此时吕钦平车塞相眼巧手，企图吃掉红相增加对攻机会。至此红如接走相三退一，则马9进7，仕四进五车6进2，炮八平九马7退6，车五退二马6进8，车五平三象5进7，相一退三卒9进1，兵九进一卒9进1，亦黑优。

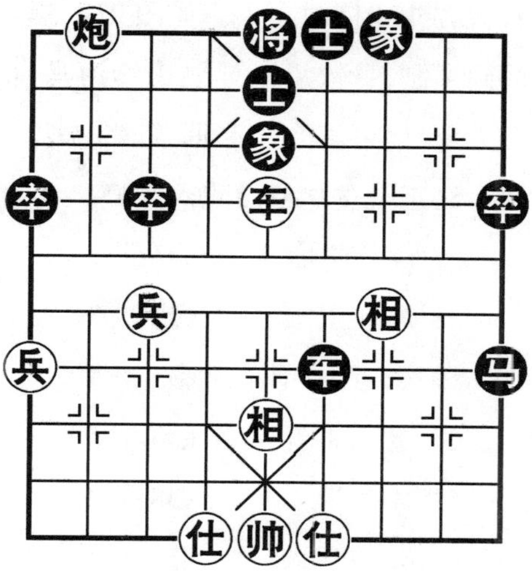

图216

32. 车五平七　马9退7　33. 仕四进五　马7退9

34. 车七平一　马9进8　35. 车一平三　车6平1

36. 相五退七　车1平2　37. 炮八平九　卒1进1

38. 车三退四　卒1进1　39. 炮九退四　卒1平2

40. 兵七进一　车2平3　41. 兵七平六　马8退6

42. 车三平六　卒2进1　43. 相七进九　车3平7

44. 兵六进一　车7进3　45. 仕五退四　车7退5

46. 炮九退一　卒2平3　47. 仕六进五　车7平2

48. 炮九平五　车2进5　49. 相九退七　马6进8

50. 车六平三　象7进9　51. 车三进一　车2平3

52. 仕五退六　马8退7　53. 炮五进一　车3退2

54. 仕四进五　马7退6　55. 炮五退一　象9退7

56. 炮五进二　马6进5

黑多双象，是可和可胜的局面，就看双方斗残棋功夫了。如图217，黑卒受到牵制，吕钦果断地跳出盘河马，虽会丢象，但可配合车卒联攻，是一步巧手。红正是贪吃象而陷入劣势。

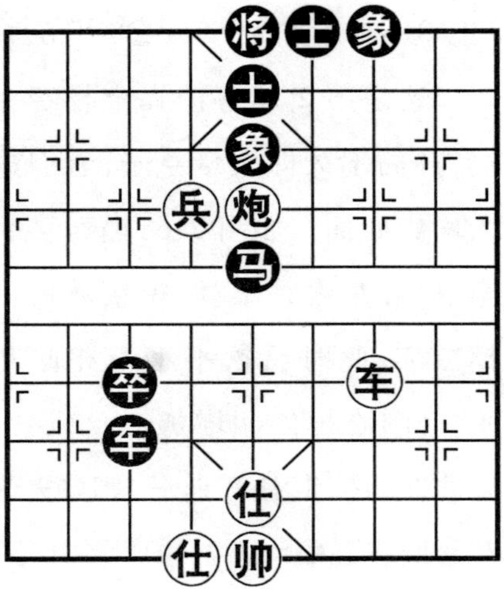

图217

57. 车三进六　车3平8

58. 车三退六　车8进2

59. 仕五退四　马5进4

60. 仕六进五　车8退5

61. 车三退一　车8平4

62. 车三平六　车4退1

63. 炮五退三　车4平3　64. 帅五平六　将5平4

65. 仕五进四　士5进4　66. 炮五退二　车3平2

67. 炮五退一　士6进5　68. 仕四进五　马4退6

69. 炮五平四　卒3平4　70. 车六平九　马6退5

71. 车九进七　将4进1　72. 车九退五　马5进3

73. 车九平七　卒4平5　74. 炮四平三　将4退1

75. 车七平六　卒5进1　76. 炮三平五　车2进4

77. 车六进一　卒5平6　78. 仕五进四　车2平6

79. 炮五进六　车6平3　80. 炮五进二　将4平5

81. 炮五平八　马3进1

红车炮难挡黑车马攻杀，便认输。如接走车六进二，则车3进2，帅六进一象5进7，炮八退四马1进2，帅六进一车3平4，黑成杀。

（六）中炮七路马对屏风马类

第1局　万春林先负吕钦

（1990年10月19日弈于杭州）

1. 炮二平五	马8进7	2. 马二进三	车9平8
3. 车一平二	卒7进1	4. 车二进六	马2进3
5. 马八进七	卒3进1	6. 车九进一	炮2进1
7. 车二退二	象3进5	8. 兵三进一	炮2进1
9. 兵七进一	炮8进2	10. 车九平六	士4进5
11. 兵五进一	车1平3	12. 马七进五	马3进4
13. 兵三进一	马4进5	14. 马三进五	炮2平7
15. 兵七进一	车3进4	16. 炮八进七	炮8平9
17. 车二进五	马7退8	18. 相七进九	炮7退3

这是1990年全国象棋个人赛对局，双方演成中炮直横车对屏风马两头蛇阵势，红挺起三七兵后再冲中兵，表现了强烈的求攻姿态，黑不慌不忙，用双巡河炮死守河界，再通过兑马兑车，削弱红进攻能力。当弈至18回合时，红飞边相准备跳相头马，从左翼及底线发起猛攻。在此关键时刻，吕钦退炮巧手（图218），既守住卧槽位置，早早预防红马可能的攻击，又便于跳

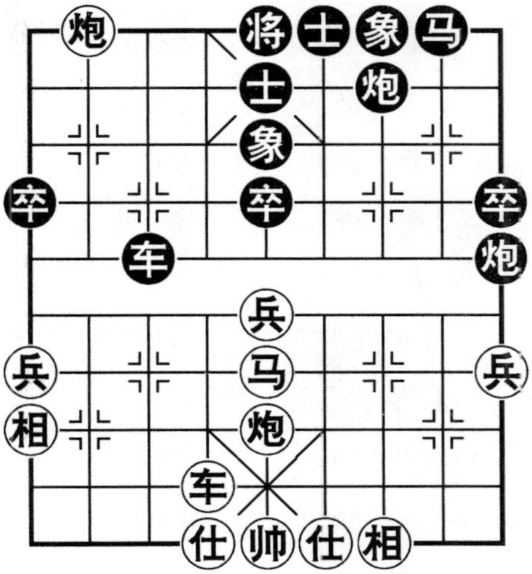

图218

正马时瞄相对攻。

至此红如接走马五进七，则马8进7，炮五平七车3平2，炮八平九炮7进8，仕四进五炮9平8，仕五进四炮8进5，帅五进一象5进3，黑有反击手段易走。

19. 兵五进一　马8进7　20. 兵五进一　炮7进8
21. 仕四进五　炮9平8　22. 炮五平二　马7进5
23. 车六进四　车3进2　24. 车六平二　车3平5
25. 车二进一　马5进4　26. 车二平九　车5平8
27. 炮二平三　炮7平9　28. 帅五平四　车8平7
29. 炮三平四　马4退6

黑车马炮三子归边成杀势，红认输。如接走车九平七，则车7进3，帅四进一马6进7，炮四平三士5进4，车七退四炮9退2，车七进二车7退2，车七平三车7进1，帅四进一车7平6杀。

第2局　柳大华先负吕钦

（1993年12月25日弈于广州）

1. 炮二平五　马8进7　2. 马二进三　车9平8
3. 兵七进一　炮8平9　4. 马八进七　车8进5
5. 相七进九　卒7进1　6. 车九进一　象3进5
7. 炮八进二　车8进1　8. 炮八退一　马2进3
9. 兵五进一　车8退2　10. 车一进一　士4进5
11. 车九平六　炮2平1　12. 兵五进一　卒5进1
13. 马三进五　卒5进1　14. 炮五进二　车8退1
15. 炮五平一　车1平2　16. 炮八进一　炮9进3
17. 兵一进一　卒1进1　18. 车一平四　车8平5
19. 车六进二　马7进8　20. 仕六进五　马3进1

这是第14届五羊杯赛对局，双方演成中炮双横车七路马对屏风马三步虎阵势，红冲中兵跳盘头马发起攻势，但为了活跃中马而平边炮兑炮稍软，被黑升车捉炮抢先，以后此炮被牵制存在弱点，吕钦早就看出这个问题，挺边卒再跳边马巧手，如图219，准备再冲卒过河捉炮，从而找到反击的突破口。

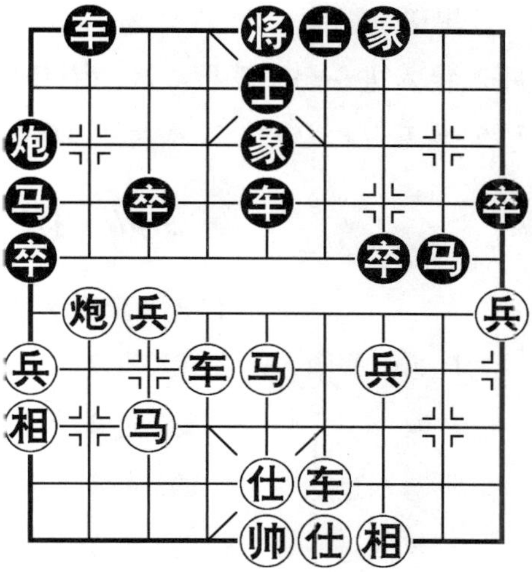
图219

21. 马五进六　　车5进1
22. 车四进五　　卒1进1
23. 炮八退四　　卒7进1
24. 车四平七　　马8进6
25. 车六退一　　车5平4
26. 车七平九　　车4进3
27. 仕五进六　　象5退3

红不顾巡河炮所受的威胁，急于跳马过河，勉强对攻，使七路马失去连环保护，造成后患。黑抓住机会冲7卒跃马过河兑子，这时红完全暴露了左马炮的弱点，以为车捉边炮可获得一个喘息之机。不料吕钦竟有落象保炮的妙着，如图220，黑有进车捉马得子的手段，又有摆中炮空头的攻着，红顾此失彼难以应付。

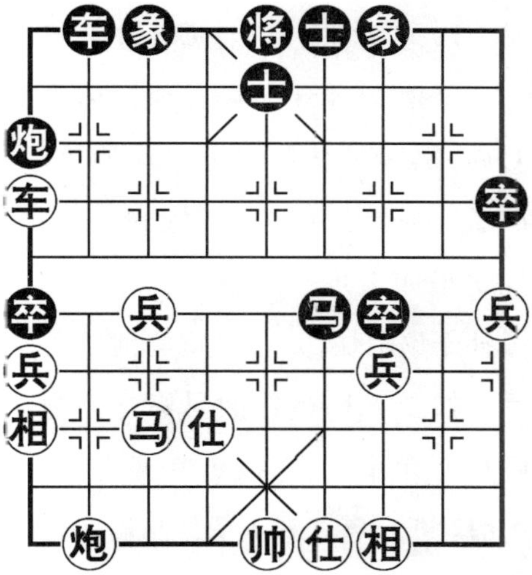
图220

至此红如接走炮八平七，则炮1平5，车九平六车2进7，马七退六车2退1，帅五进一车2进2，帅五退一车2平4，兵三进一马6进7，炮七进九车4平5杀。

28. 兵九进一　　车2进7　　29. 仕四进五　　炮1平5
30. 帅五平六　　车2平3　　31. 炮八进九　　象3进1

黑得子得势大优，红认输。如接走车九进一，则车3平1，车九退一车1进2，帅六进一马6退4，炮八平七车1平7，车九平五炮5平4，仕五进四车7平5，车五退六马4进5，帅六平五炮4平5杀。

第3局　陈启明先负吕钦

（1994年5月19日弈于石家庄）

1. 炮二平五	马8进7	2. 马二进三	车9平8
3. 车一平二	马2进3	4. 兵七进一	卒7进1
5. 马八进七	炮2进4	6. 兵五进一	炮8进4
7. 车九进一	炮2平3	8. 相七进九	车1平2
9. 车九平六	车2进6	10. 车六进六	象7进5
11. 车六平七	士6进5	12. 仕四进五	炮8退1

这是1994年全国象棋团体赛对局，黑屏风马双炮过河阵势，打破了红企图走中炮巡河炮的计划。红肋车伸士角捉双，贪吃黑马，被黑补士象困住，并有退炮骑河的巧手。如图221，吕钦的目标是平炮吃兵打死车，红如接走兵五进一，则卒7进1，马三进五卒5进1，兵三进一卒5进1，马五退三炮8进3，黑控制局面易走。

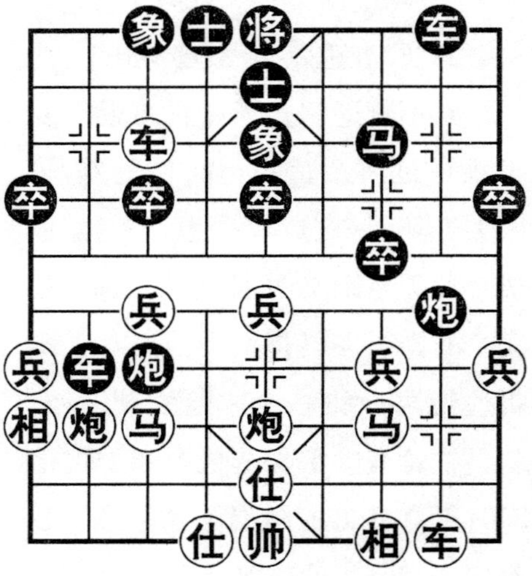

图221

13. 兵三进一	炮8平5		
14. 车二进九	马7退8		
15. 马三进五	卒7进1	16. 炮五进二	车2进1
17. 炮五平六	卒7平6	18. 炮六退二	车2退3

19. 炮六进六　车2平7　　20. 车七进二　卒6进1
21. 车七退二　卒6平5　　22. 炮六平九　车7进5
23. 仕五退四　将5平6　　24. 炮九进一　将6进1
25. 炮九退一　将6退1　　26. 炮九进一　将6进1
27. 炮九退一　将6退1　　28. 马七进五　马8进7
29. 炮九进一　将6进1　　30. 炮九退一　将6退1
31. 车七平五　炮3平9　　32. 马五进六　炮9进3
33. 炮九进一　将6进1　　34. 炮九退一　将6退1
35. 炮九进一　将6进1　　36. 炮九退一　将6退1
37. 帅五进一　车7退1　　38. 帅五进一　炮9平8
39. 炮九进一　将6进1　　40. 炮九退一　将6退1
41. 车五平八　车7退4

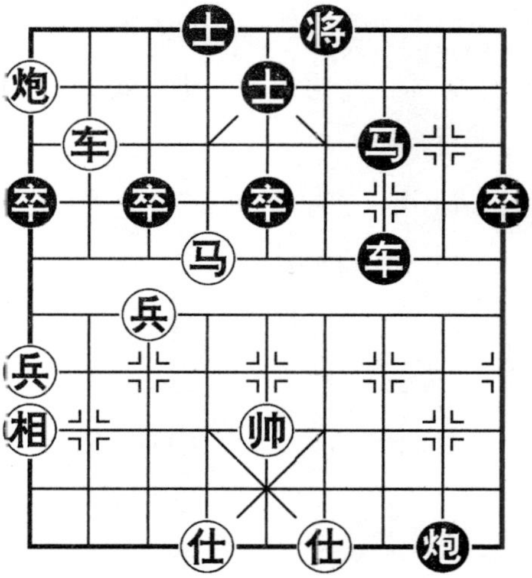

图222

兑车后，双方对攻相当激烈，红伸炮塞象眼，先后破黑双象。黑车炮左翼攻击，亦逼红帅到顶线。如图222，在棋战的关键时刻，吕钦退车捉马，为己马伺机跃出攻杀创造条件。至此红如接走马六退四，则车7进1，马四进六车7平5，帅五平六车5平4，帅六平五马7进8，车八退二马8进7，帅五退一车4平5，帅五平六马7进8，仕六进五车5平4，仕五进六马8进6，帅六平五车4平5杀。

42. 马六进四　车7退1　　43. 马四进三　车7进4
44. 帅五退一　车7进1　　45. 帅五进一　马7进6
46. 车八退四　马6进4　　47. 帅五平六　炮8退5

黑认输，因防黑马后炮叫将而接车八进二，则马4进6，帅六平五车7退1杀。

（七）中炮对反宫马类

第1局 李来群先负吕钦

（1988年9月17日弈于呼和浩特）

1. 炮二平五	马2进3	2. 马二进三	炮8平6
3. 车一平二	马8进7	4. 炮八平六	车1平2
5. 马八进七	炮2平1	6. 兵七进一	卒7进1
7. 马七进六	士4进5	8. 车二进六	车9平8
9. 车二平三	炮6退1	10. 车九进二	炮6平7
11. 车三平四	炮1退1	12. 车九平八	车2进7
13. 炮五平八	车8进5	14. 炮八进二	象3进5
15. 相七进五	车8进3	16. 仕六进五	马7进8
17. 车四平三	车8平6	18. 炮八退三	车6退3
19. 兵三进一	车6退3	20. 兵三进一	马8退9
21. 车三平二	象5进7	22. 炮八进六	马3退2
23. 炮八退一	马2进3	24. 炮八进一	马3退2
25. 炮八退一	马2进3	26. 马六进五	炮1进5
27. 马五进七	车6平3	28. 马三进四	卒9进1
29. 马四进六	车3退2	30. 兵五进一	炮1退2
31. 车二进一	炮7平6	32. 车二平八	士5退4
33. 炮八退三	卒3进1	34. 马六进四	士6进5
35. 车八平三	车3平2	36. 炮八平五	炮6平7

37.	兵五进一	车2 进 9	38.	炮六退二	车2 退 3
39.	炮五进一	卒3 进 1	40.	兵五平四	将5 平 6
41.	兵四平三	卒3 平 4	42.	炮五平四	将6 平 5
43.	车三平七	炮1 进 5	44.	车七退七	炮1 退 3
45.	炮四平二	车2 退 3	46.	兵三平四	车2 进 1
47.	炮二进二	卒1 进 1	48.	车七进七	车2 平 6
49.	马四退六	车6 退 2	50.	车七退四	炮1 进 3
51.	炮六进一	马9 进 7	52.	炮六平八	车6 平 2
53.	马六进八	车2 平 8	54.	马八退六	车8 平 2
55.	马六进八	车2 平 8	56.	炮二平一	将5 平 6
57.	炮一进三	象7 进 9	58.	兵一进一	马7 进 6
59.	车七平四	卒4 平 5	60.	马八退六	车8 平 2
61.	炮八进五	炮7 进 3	62.	炮一退四	卒1 进 1
63.	炮一进一	炮7 平 6	64.	车四平七	卒5 平 4

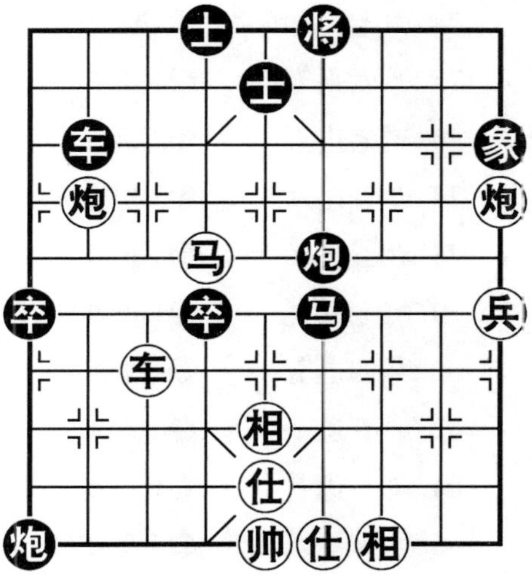
图 223

这是 1988 年全国个人赛对局，先前吕钦与胡荣华均积 18 分并驾领先，这是最后一轮，胡荣华与徐健相遇，轻易取胜。而吕钦与李来群相遇，则属势均力敌，吕钦必须取胜才有可能夺得冠军，而这局棋又执黑棋后手，难度更大。双方以五六炮对反宫马布局，红一直掌握先手。弈至 36 回合时，黑左翼空虚难以防守，只能送炮，但红不急于吃炮，而运兵吃象，并在 43 回合因情绪紧张摸错棋子，竟把黑死炮放活了，形成了双方强子相等黑多卒的局面。58 回合红又错过了一个攻杀机会，黑阵势渐见巩固，开始转入反击阶段。如图 223，吕钦移兵献马巧手，企图消除红炮拦车的障碍，如红接走马六退四车2 进 1，兵一进一车2 进 6，仕五退六炮6 平 5，仕四进五车2 退 3，车七退三车2 平 6，车七平九车6 退 1，兵一平二车6 进 4 杀。

65. 马六进四　炮6 平 2　66. 炮八平九　炮2 平 1

67. 炮九进三　将6 进 1　68. 炮九退一　将6 退 1

69. 炮九进一　将6 进 1　70. 帅五平六　后炮退 3

71. 车七进五　马6 进 4　72. 炮一退一　象9 进 7

73. 炮九平七　马4 进 2

红勉强对攻，企图用马后炮成杀，被黑飞顶象挡住，而红车又离开兵林红，吕钦趁此机会急跳马，构成四子归边之杀势。如图 224，如红接走炮一平二马2 进 3，帅六进一车2 进 6，黑胜。

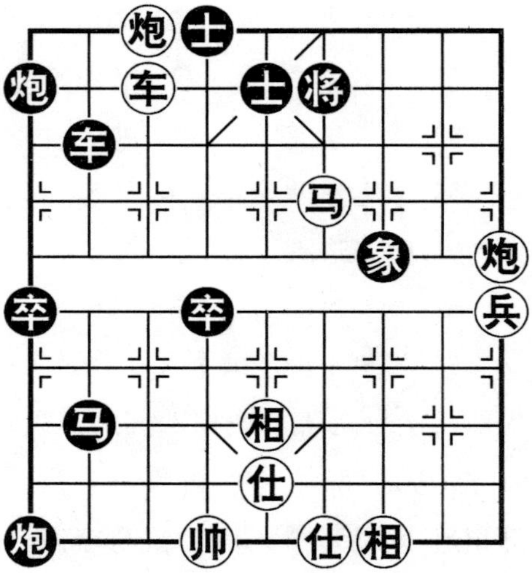

图 224

74. 车七退七　后炮平 4

75. 帅六平五　车2 平 6

76. 车七进五　马2 进 3

77. 仕五退六　马3 退 4

78. 帅五进一　马4 退 5

79. 炮七平九　炮1 退 9

80. 马四退五　卒4 平 5　81. 车七平五　车6 进 6

82. 帅五退一　车6 进 1　83. 帅五进一　炮1 进 2

84. 炮一进一　炮1 平 5　85. 炮一平四　炮4 进 5

86. 车五平六　卒5 平 4

红认输，因接走车六平五车6 退 6，车五进一车6 进 5，帅五退一象7 退 5 得车胜定。

第2局　李来群先负吕钦

（1989年1月17日弈于广州）

1. 炮二平五　马2进3　2. 马二进三　炮8平6
3. 兵七进一　卒7进1　4. 车一进一　马8进7
5. 马八进七　车9平8　6. 炮八平九　车1平2
7. 车九平八　炮2进4　8. 马七进六　炮6平5
9. 兵七进一　炮2平7　10. 车八进九　马3退2
11. 兵七进一　炮7进3　12. 仕四进五　卒7进1
13. 车一退一　炮7退1　14. 车一平三　车8进8
15. 马六退四　卒7进1　16. 车三进一　车8退4

这是第9届五羊杯赛对局，预赛阶段，吕钦与李来群分在同一组，共赛4局皆和，本局是第5局加赛快棋决定出线，所以很紧张，结果吕钦赢得此局，便与胡荣华决战，又胜胡荣华，从而第一次捧走五羊杯。

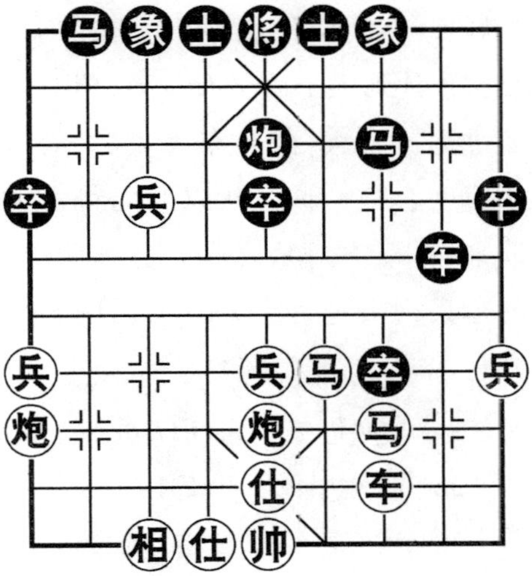

图225

双方起步以中炮横车对反宫马布局，不久红冲兵露马咬炮，黑炮打兵兑车瞄相，展开对攻。如图225，黑暂失一炮，但吕钦退车避兑巧手，用过河卒必能吃回一马。至此红如接走马三退一，则马7进6，炮五进四士4进5，车三平四马6进4，炮五退二车8平6，车四退一卒7平6，黑易走。

17. 兵五进一　卒7平6　18. 马三进四　车8进5
19. 仕五退四　炮5进3　20. 仕六进五　车8退4

21. 车三进六　车8平6　　22. 帅五平六　卒6平5
23. 炮五进二　车6平5　　24. 车三平八　马2进1
25. 兵七平八　车5平2　　26. 炮九进四　后卒进1
27. 帅六平五　卒9进1　　28. 炮九退一　象7进5
29. 炮九平一　后卒进1　　30. 炮一进二　象5退7
31. 炮一进二　后卒平4　　32. 兵九进一　车2平1
33. 车八平四　将5进1

双方大量兑子后，红车炮双兵单缺相对黑车马双卒士象全，当红沉炮再平肋士捉士时，黑如士4进5，则车四平三捉象，黑容易陷入被动。在此关键时刻，吕钦走出升将的妙着，弃士胆大惊人。如图226，吕钦预计到丢士后虽有危险，但双卒过河威力大，配合车马攻势，对杀速度会快一些。从以后局势发展来看，双方对杀真是十分紧张，红车兵入九宫，黑仅快一步捷足先登。

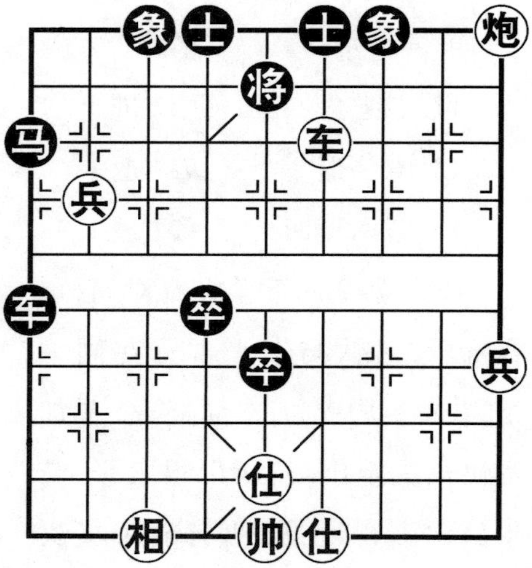

图226

34. 车四进二　象7进5　　35. 车四平六　卒4进1
36. 兵八进一　马1进2　　37. 兵八进一　车1进4
38. 炮一退一　车1平3　　39. 仕五退六　马2进1
40. 兵八平七　将5平6　　41. 车六退一　将6退1
42. 车六进一　将6进1　　43. 车六退一　将6退1
44. 仕四进五　马1进3　　45. 车六进一　将6进1
46. 车六退一　将6退1　　47. 炮一平四　卒5进1
48. 帅五平四　将6平5　　49. 炮四平三　卒5进1
50. 炮三退八　马3退5　　51. 车六平三　卒5平6

52. 帅四平五　车3退2　53. 仕六进五　车3平5

红超时作负，其实此时局时红已难挽回败势，因接走兵七平六卒6平5，帅五平四车5平6杀。

第3局　吴贵临先负吕钦

（1995年1月23日弈于广州）

1. 炮二平五　马2进3　2. 马二进三　炮8平6
3. 车一平二　马8进7
4. 炮八平六　车1平2
5. 马八进七　炮2平1
6. 兵七进一　卒7进1
7. 马七进六　士6进5
8. 车九进二　车9平8
9. 车二进九　马7退8
10. 马六进五　马3进5
11. 炮五进四　象7进5
12. 兵五进一　马8进7
13. 炮六平五　车2进4

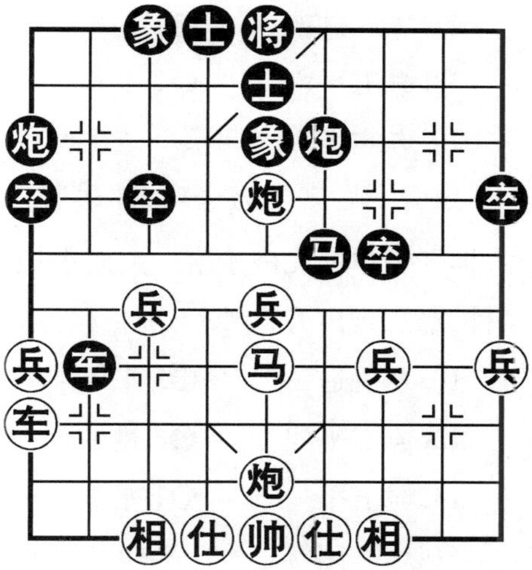

图227

14. 马三进五　马7进6　15. 后炮退一　车2进2

这是第10届象棋电视快棋赛对局，双方演成五六炮对反宫马阵势，红兑车后马踏中卒，保持一定的先手，但急于发动中路攻势而跳盘头马，吕钦抓住时机，进车捉马巧手。如图227，红如接走相七进五，则炮1进4，马五退七炮1退2，兵五进一马6进7，车九进一车2平1，马七进九炮6平9，前炮平九炮9进4，马九退七炮9进3，相五退七卒3进1，兵七进一炮1平5，马七进五炮5进4，仕六进五象5进3，黑多双卒大优。

16. 车九平五　马6进4　17. 车五平四　马4退5
18. 兵五进一　车2平5　19. 相三进五　车5平7

20. 兵五进一　　炮6进4
21. 兵五进一　　象3进5
22. 炮五进六　　士5退6
23. 兵一进一　　卒7进1
24. 车四平二　　炮6平5
25. 仕六进五　　炮1进4
26. 相七进九　　炮5退1
27. 车二进四　　车7平2
28. 帅五平六　　车2平4
29. 帅六平五　　将5进1

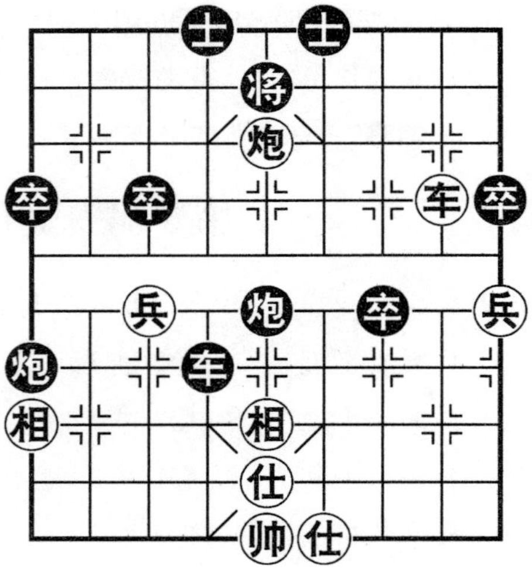
图228

红失子后竭全力进攻,冲兵破象,但子力单薄无济于事。黑摆中炮,再用肋车封住帅门。吕钦看如图228条件成熟,走出升将妙着,准备移将叫杀,发起总攻。

10. 炮五退一　　将5平4　　11. 炮五平六　　卒7平6
12. 车二平四　　卒6进1　　13. 车四平五　　炮5进1
14. 车五平一　　炮1平2

红认输,因接走车一平四,则炮2退3,车四退三炮2平4,相九退七炮4平8双叫杀,黑胜定。

(八)顺　炮　类

第1局　何连生先负吕钦

(1986年11月22日弈于湘潭)

1. 炮二平五　　炮8平5　　2. 马二进三　　马8进7
3. 车一进一　　车9平8　　4. 车一平六　　车8进4

5. 马八进七	士6进5	6. 兵三进一	马2进3
7. 车九进一	炮2平1	8. 车九平八	车1平2
9. 炮八进四	车8平6	10. 兵七进一	卒3进1
11. 马七进六	车6进3	12. 炮八退四	炮5进4
13. 仕四进五	车2进7		

这是1986年全国象棋个人赛对局。双方以顺炮开局，当出现兑兵局面时，红急于跳盘河马咬车抢先，被黑进仕角车捉马反先。红即退炮逐车，以为能占到便宜。黑从容挥炮打中兵叫将，红才感到自己设计的陷阱是假，反而中计，其实变化复杂，补哪个仕都有问题，红在紧张中又错补右仕，吕钦艺高胆大，果断地舍车砍炮。如图229，黑方一车换双后，红右翼全线空虚难守，吕钦这步弃车妙着奠定了全盘的胜势。

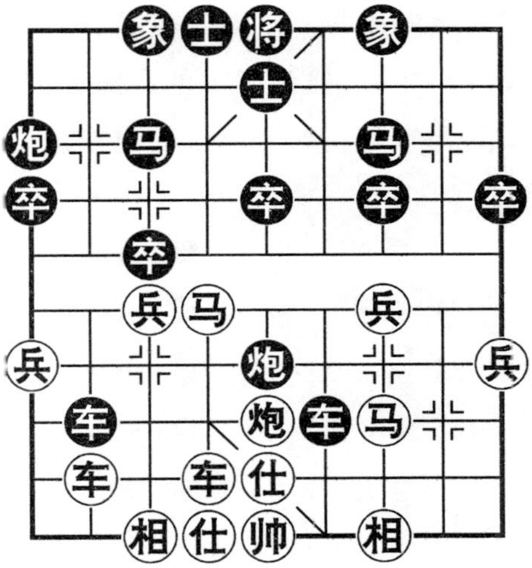

图229

14. 车八进一	车6平7	15. 相三进一	车7平9
16. 帅五平四	车9进2	17. 帅四进一	车9退1
18. 帅四进一	马3进4	19. 车八进五	象7进5
20. 车八退四	卒3进1	21. 车八平五	炮1平4
22. 炮五平六	卒3平4	23. 炮六进三	卒4平5
24. 炮六平一	卒9进1	25. 车五进一	车9退2
26. 帅四退一	象5退7	27. 车六进四	炮4平5
28. 车五平四	炮5平6	29. 仕五进四	卒9进1
30. 帅四平五	车9平5	31. 相七进五	炮6平5
32. 车六退三	马7进9		

再次兑子后，形成红双车对黑车马炮，黑已立于不败之地，由于红单缺相，帅又不安于位，就更增加防守的难度。吕钦借边卒渡过之机，一方面用车炮牵制红车相，同时跳出边马。如图 230，吕钦这步跳马巧手，找到了马的出路，从而配合车炮的攻势，红就难以应付了。

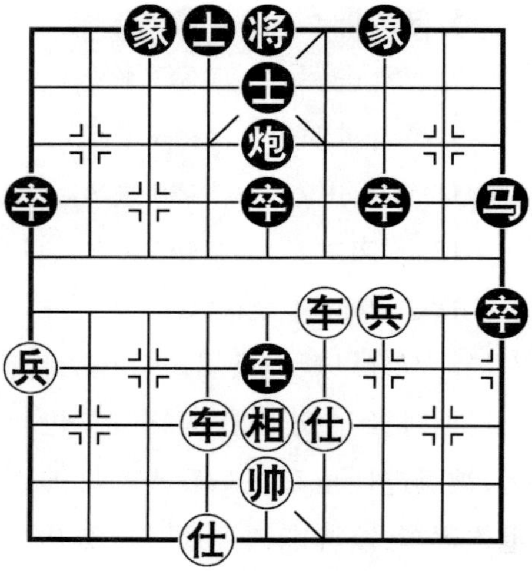

图 230

33. 车四进四　马9进8
34. 车四平三　象7进9
35. 车三平一　马8进9
36. 车一进一　士5退6
37. 车一退二　车5平8
38. 帅五平六　士4进5
39. 车六平七　车8平4
40. 帅六平五　车4退6
41. 车一退三　马9退7
42. 车一进三　卒5进1
43. 帅五退一　卒5进1
44. 仕六进五　炮5进5
45. 仕五退六　炮5退1
46. 车一退七　马7进5

红认输，因不能接走仕六进五马5进3，帅五平四炮5平6杀。红只能接走仕四退五马5进7抽吃红车，黑多子胜定。

第2局　陶汉明先负吕钦

（1988年9月14日弈于呼和浩特）

1. 炮二平五　炮8平5
2. 马二进三　马8进7
3. 车一平二　卒7进1
4. 马八进七　马2进3
5. 兵七进一　炮2进4
6. 马七进八　车9进1
7. 车九进一　车9平4
8. 仕四进五　炮2平7

9. 车九平七　车4进1　　10. 炮五平六　卒1进1
11. 相三进五　炮5退1　　12. 兵七进一　卒3进1
13. 车七进四　象3进5　　14. 车七退一　炮5平3
15. 车七平四　士4进5　　16. 炮八平九　车1平2
17. 炮九平八　车2平3　　18. 炮八平七　炮3进6
19. 马八退七　马3进2　　20. 车二进三　车3进7
21. 车二平三　马2进1　　22. 车四平八　车4进4

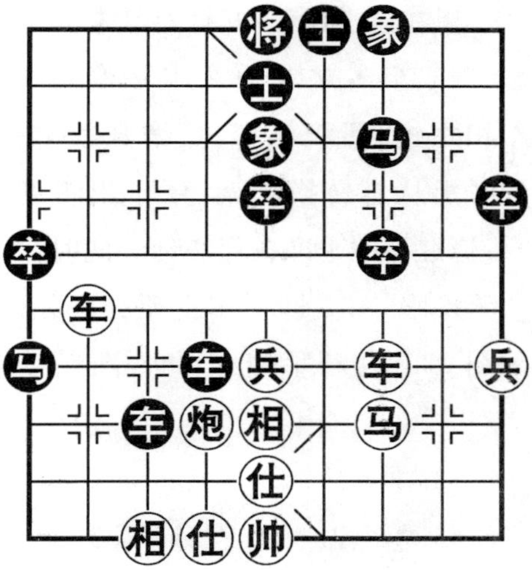

图 231

这是1988年全国象棋个人赛对局,双方演成中炮七路马对顺炮缓开车阵势,由于红较早卸炮联相,弥补了左相的弱点,但也延缓进攻速度,先手不大。兑子后局势更趋平淡,如图231,黑多双卒,但缺炮使兵种不全,此时吕钦在平稳中找到进攻的途径,进肋车塞相眼巧手,准备退马咬炮,这样兑炮后可得一士,将构成对红方的重大威胁。后来的局势发展表明,红的确是因为单缺士,最终无法守住黑双车的攻杀。

23. 车三平四　马1退3　　24. 车八进五　士5退4
25. 马三进四　马3进4　　26. 帅五平四　车4退4
27. 马四进五　士6进5　　28. 马五进三　象5退3
29. 马三进一　象7进9　　30. 车八退三　车4平8
31. 仕五进六　车3平4　　32. 帅四平五　车8进7
33. 车四退三　车8退8　　34. 车八平一　车8平9
35. 车一平九　车9平8　　36. 车九退一　车8进7
37. 车四进二　卒7进1　　38. 车九退一　卒7进1

39. 车九平四　车8平4　40. 仕六进五　后车平3
41. 前车平七　车3平2　42. 兵一进一　象3进5
43. 兵一进一　车2进1　44. 仕五退四　车2退1
45. 仕四进五　士5退6　46. 车七平九　车2进2
47. 车九平七　车2退1　48. 仕五退四　车2退1
49. 车七平四　士4进5　50. 相五进七　车2进1
51. 后车平五　车4平3

黑在进击过程中，针对红左翼空虚，调双车多方攻杀，并利用牵制红车相之机，巧渡7卒，更增强威力。同时黑从容转换士架，便于出将助攻，逼红平中车准备保心仕。此时吕钦手疾眼快，立即平车捉死红底相，如图232，此巧手使红再失相，防线崩溃。

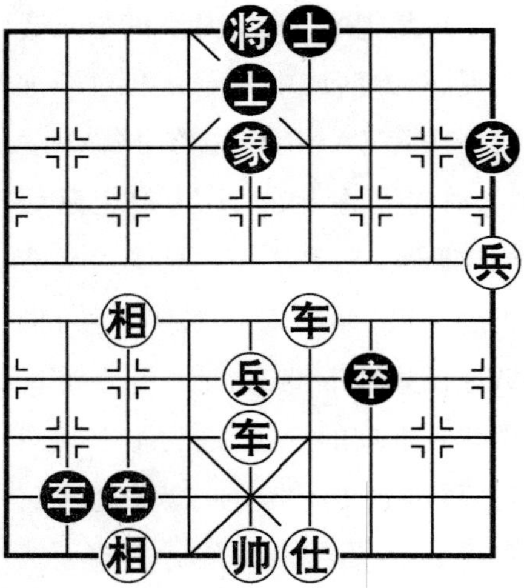

图232

52. 车五平六　车3进1
53. 车六退二　车3退3
54. 相七退五　卒7进1
55. 仕四进五　卒7进1　56. 车六平九　士5退4
57. 车九平七　车3平5　58. 车四退二　车5平9
59. 车七进三　车9平3

黑多子胜定，红认输。红末着大漏着送车速败，但如改走车七进四，则车9平4，车七退四车4进2，仕五退四卒7平6，车七平六卒6进1，车四退二车4平5杀。

第3局　孙耀辉先负吕钦

（1993年8月5日弈于青岛）

1. 炮二平五	炮8平5	2. 马二进三	马8进7
3. 车一平二	车9进1	4. 马八进七	车9平4
5. 兵三进一	马2进1	6. 马三进四	车4进4
7. 马四进五	马7进5	8. 炮五进四	士4进5
9. 仕六进五	炮2平3	10. 车九平八	车1平2
11. 炮八进五	车4退2	12. 炮五退二	将5平4
13. 炮八平五	车2进9	14. 马七退八	象3进5
15. 车二进二	炮3进4	16. 马八进九	炮3平9
17. 兵九进一	卒3进1	18. 车二平六	车4进4
19. 仕五进六	卒3进1		

这是1993年全国象棋个人赛对局，双方顺炮开局不久，即兑车马炮，红虽暂多中兵，但子力位置较差；黑车占卒林攻守两利，乘机挥炮连去双兵，反而多得一卒。

弈至17回合时，面临黑卒渡河的威胁，红攻守两难选择，如走相七进五挡住自己车路，黑车4进3，再吃兵捉炮反先。又如走车二平八，则卒3进1，车八进五象5退3，车八平七车4平3，结果也是兑车，与实战着法差不多。本局红选择兑车亦属无奈，吕钦抓住时机立即冲卒渡河，这对于马炮残棋至关重要，这步巧手是奠定胜局的基础。

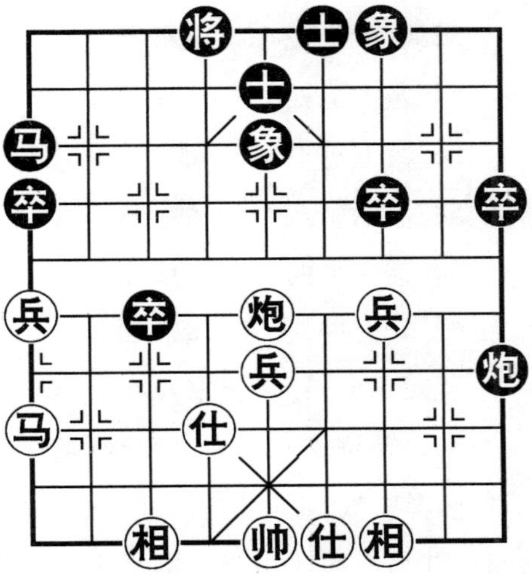

图233

20. 炮五进二　卒9进1　21. 仕四进五　马1进3
22. 相三进五　卒3平4　23. 炮五平九　炮9平7
24. 炮九平八　卒9进1　25. 炮八退五　将4平5
26. 炮八平七　炮7平6　27. 马九进七　马3进5
28. 马七进八　卒4进1　29. 兵五进一　马5进3
30. 马八退六　卒9平8　31. 相七进九　马3进2
32. 兵五进一　炮6平5　33. 马六进四　炮5退1
34. 帅五平四　马2退1　35. 炮七进三　卒8进1
36. 兵五进一　炮5平6　37. 兵五进一　象7进5
38. 马四进五　炮6退3　39. 马五进七　将5平4
40. 马七退六　炮6平9　41. 炮七平六　将4平5
42. 马六进七　将5平4　43. 马七退六　将4平5
44. 马六进七　将5平4　45. 马七退六　将4平5
46. 马六进七　将5平4　47. 马七退五　炮9平6
48. 马五退七　马1退3　49. 炮六进一　卒8平7
50. 马七退五　炮6进1　51. 相九进七　卒7平6
52. 帅四平五　卒6平5　53. 马五进三　马3进1
54. 马三退四　马1进2　55. 相七退九　马2进1
56. 相五退七　马1退3　57. 帅五平六　炮6平2
58. 炮六平八　士5进6　59. 兵三进一　将4平5
60. 兵三平四　炮2平4　61. 炮八平六　卒4进1
62. 仕五进六　卒5平4

兑双车后，较量无车残棋，显然对于功底深厚的吕钦有利，何况他还多一个卒。孙耀辉使出浑身解数，终于跳出边马，并冲兵过河对攻，再用兵换双象破黑防线，走得相当顽强，不过对黑方并无实质性的威胁。当弈至61回合时，红马炮兵仕相全对黑马炮双卒双士，虽属黑优，但红在对攻中也有求和机会。当时吕钦感到不宜长期纠缠下去，突然走了弃卒破士的妙着，实在

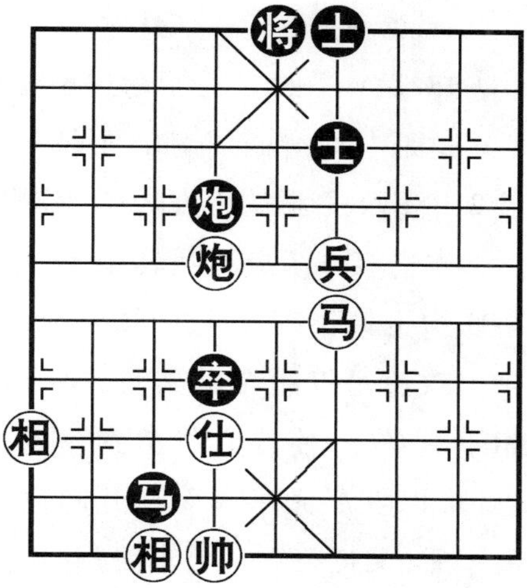

图 234

出人意外。接着平卒捉仕如图234，能再吃红仕占优。如红接走㊔六退五，则❷4平3，㊊六平八❷3进1，㊗六进一❷3平4，㊗六进一❸3退2，㊗六退一❸2退4，㊊八平六❸4进5抽吃红马。

63. ㊋四平五	❷4进1			
64. ㊋五进一	❹4退2			
65. ㊋五平六	❹4平2			
66. ㊊六平八	❸3退2			
67. ㊂四进五	❶6进5			
68. ㊂五退四	❸2退4		69. ㊅九进七	❶5退6
70. ㊅七进五	❸4进3		71. ㊗六平五	❷4进1
72. ㊂四退三	❹2平6		73. ㊊八平六	❷4进1

黑胜。

（九）挺兵对卒底炮类

第1局 傅光明先负吕钦

（1987年5月7日弈于北京）

1. ㊋七进一	❹2平3	2. ㊊二平五	❺3进5
3. ㊂八进九	❻9进1	4. ㊂二进三	❻9平4
5. ㊌一平二	❶4进5	6. ㊌九平八	❷1进1
7. ㊊八进四	❸8进9	8. ㊊八平五	❷9进1
9. ㊌二进四	❻4进3	10. 前㊊退一	❸2进1

11. 兵三进一　　车1 平 4　　12. 仕四进五　　前车进 1
13. 后炮平四　　后车进 4　　14. 炮五退一　　马9 进 8

这是 1987 年首届南北国手对抗赛对局，此次大赛吕钦表现突出，获得 6 胜 2 和不败战绩，为南方队取胜作出主要贡献。

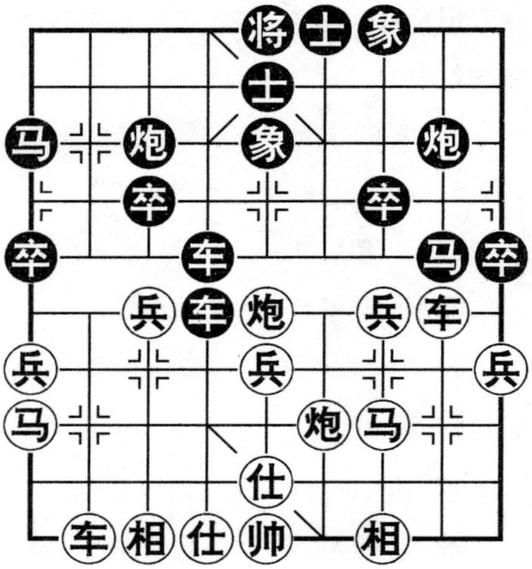
图 235

本局双方演成挺兵转中炮对卒底炮飞象阵势，吕钦临场求变，走出双边马挺边卒的架势，又有担子炮坚守，使红方找不到攻击点，难以发展先手。而且升起巡河车后，又挺三兵自阻车路，却成为一个隐患。当黑升起肋车捉红中炮时，红随手退炮，被黑出边马巧手打死红车。如图 235，红只能相七进五，则黑不能立即吃车，例如走炮8 进 3，则炮五平二前车进 3，炮四退一前车退 2，炮四进二前车进 2，马九进七前车平 3，车八进七马1 进 2，兵七进一车4 平 3，马七进八前车平 2，车八平七车2 退 4，黑未能得子。

15. 相七进五　　后车平 5　　16. 兵一进一　　炮8 进 3
17. 炮五平二　　车4 退 3　　18. 兵一进一　　马8 退 7
19. 炮二进一　　车5 平 2　　20. 车八平七　　车4 进 1
21. 马九进七　　车4 平 6　　22. 马七进五　　车6 进 3
23. 兵三进一　　车2 进 2　　24. 兵三进一　　马7 进 5
25. 车七进二　　车2 平 5　　26. 马五进四　　炮3 退 1
27. 马四退三　　车5 平 3　　28. 车七平八　　车3 平 2
29. 车八进一　　车6 平 2　　30. 炮二平五　　马5 进 7
31. 炮四进三　　车2 平 6　　32. 马三进五　　马7 进 9

33. 炮四平九　　马9进8

红丢车后，黑又处处逼兑车，造成有车欺无车的局面。但红亦不示弱，马炮占据佳位，双兵过河助攻。在此形势下，吕钦为加快反击，必须破除红连环马，于是走出献马兑马的巧手。如图236，红无奈只能兑马，由此黑车打通兵林线，以后带动马炮出击。

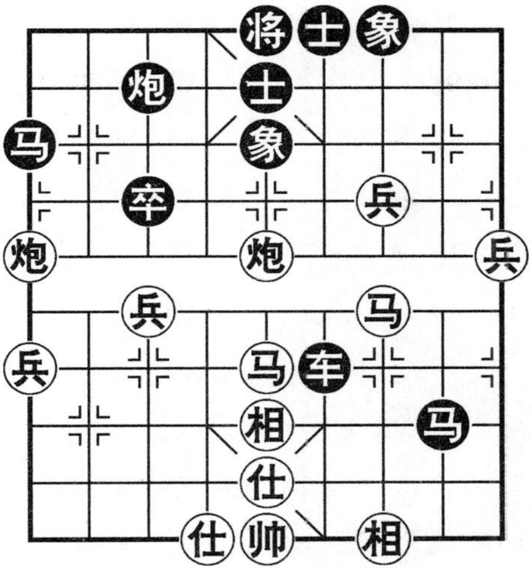

图236

34. 马三退二　　车6平5
35. 马二进三　　车5平1
36. 炮九平六　　车1平4　　37. 马三进四　　将5平4
38. 兵一平二　　士5进6　　39. 炮五退一　　炮3平6
40. 炮六平四　　马1退3　　41. 炮五平三　　马3进4
42. 炮四退一　　炮6平1　　43. 仕五进四　　炮1进8

黑多子大优，红认输。其实还可以支撑一阵，亦难免失败。例如红接走仕六进五，则马4进3，帅五平四马3进2，炮四进三马2进3，帅四进一车4平7，仕五退六车7进2，帅四退一马3退4，仕六进五马4进2，帅四平五车7进1，仕五退四马2进4，相五退七马4退3，相七进五车7退3，仕四进五车7平2，帅五平四车2进3，帅四进一炮1退1，仕五进六马3进4，帅四退一马4退2杀。

第2局　李来群先负吕钦

（1988年4月8日弈于孝感）

1. 兵七进一　　炮2平3　　2. 炮二平五　　象3进5
3. 马二进三　　卒3进1　　4. 车一平二　　卒3进1
5. 马八进九　　车9进1　　6. 车二进四　　车9平4

7. 车二平七	车4进2	8. 仕六进五	马2进4
9. 炮八平六	马4进3	10. 车七平五	车1平2
11. 车五进二	车4平5	12. 炮五进四	士4进5
13. 兵三进一	马3进4	14. 炮五退二	马8进7
15. 车九平八	车2进9	16. 马九退八	马7进5
17. 马三进二	炮8进2	18. 炮六平三	炮3平1
19. 炮三进一	马5进3		

这是1988年全国象棋团体赛对局，当时广东队与河北队是公认前列两强，正是夺冠之战，坐镇头台的吕钦与李来群之战令人注目。结果，本局吕钦执后手赢棋，最终广东队以9胜3平1败蝉联团体冠军。

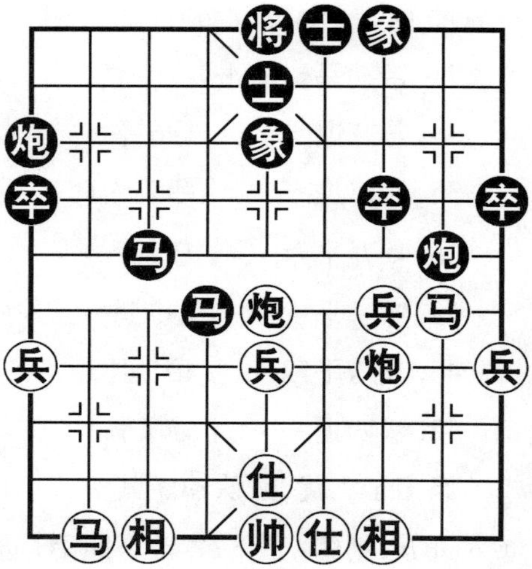
图237

本局双方以挺兵对卒底炮布阵，不久兑掉双车，较量马炮棋。李来群着法细腻，谋得中卒，但子力位置欠佳。如图237，黑左炮顶住红马，右炮瞄住边兵，双马占据佳位，形势较优。红如接走相七进五，则马4进2，兵三进一马2进3，马八进六后马进5，兵五进一卒7进1，炮三退二炮1进4，黑暂多卒。

20. 兵三进一	马3进5	21. 兵五进一	卒7进1
22. 马二退四	马4退5	23. 兵五进一	马5进3
24. 马八进七	卒7进1	25. 炮三退二	马3进4
26. 炮三平一	卒7平6	27. 马四进六	炮1平3
28. 兵五平四	卒6平5	29. 马六进五	炮3进1
30. 马五进三	炮8进4	31. 兵四平五	象5进3

32. 马七退八　炮3平7　33. 相七进五　卒5进1

34. 马八进六　卒5进1　35. 相三进五　马4退6

在双方互缠中，红为了保存中兵，而舍不得换黑卒，致使黑7卒渡河捉炮成为后患。黑双炮马卒配合默契，逼红处处退守。如图238，黑卒直冲破相后，退马咬相是吕钦入局的妙着，同时伏马6进7咬炮叫杀的手段，由此胜势。

36. 仕五进四　马6进8

37. 炮一进五　炮8进1

红认输，因接走相五退三，则马8进7，帅五平六炮7进6杀。又如红另走帅五进一，则马8进7，帅五平四炮8退1杀。

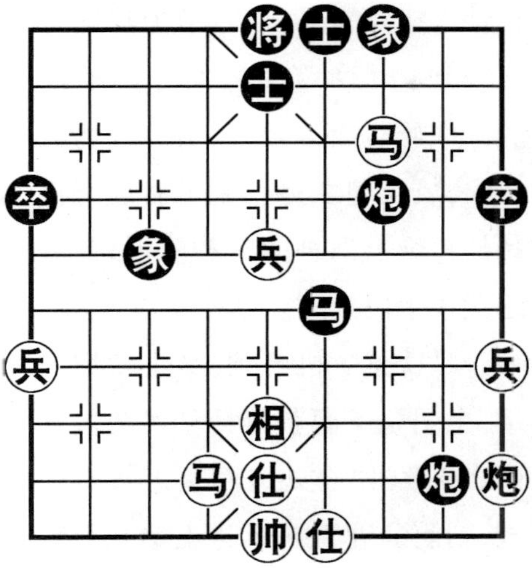

图 238

第3局　柳大华先负吕钦

（1995年6月9日弈于上海）

1. 兵七进一　炮2平3　2. 炮二平五　象3进5

3. 马二进三　车9进1　4. 车一平二　车9平2

5. 马八进七　马2进4　6. 炮八平九　马8进9

7. 马七进六　士4进5　8. 炮九平六　车1进1

9. 仕六进五　车2进4　10. 车二进四　车1平2

11. 炮五平四　炮8平6　12. 相三进五　卒9进1

13. 车九进二　前车退1　14. 车九平七　炮3退2

15. 炮四退一　马9进8　16. 炮四进四　马8进6

17. 炮四平三　马6进5　18. 炮三进四　象5退7

19. 相七进五　炮3平4　20. 仕五退六　炮6平4

这是第 2 届嘉丰房地产杯赛对局，作为攻击型棋手的柳大华摆出仙人指路布局，双方子力均在自己阵地内行兵布阵，大斗内家功夫。中局阶段，吕钦跃出边马巧渡过河，成互缠之势。兑子后红仍保持仕角炮盘河马的有利阵形，但缺乏续攻手段。

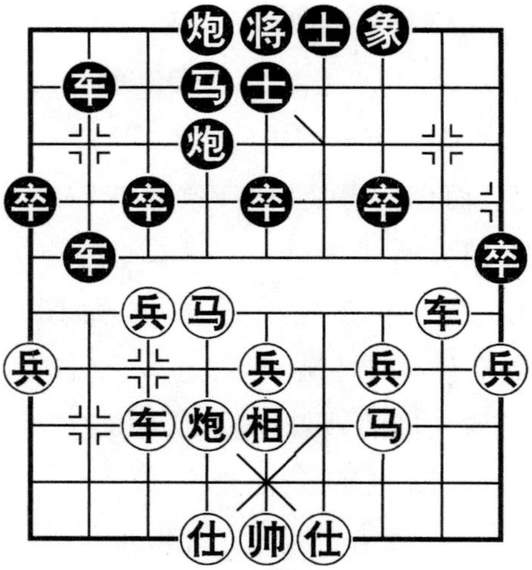

图 239

吕钦见时机已到，平士角炮巧手，企图兑子后获得兵种优势。如图 239，红如避兑炮而接走马六进五，则前炮进 7，炮六进七马4 进 5，帅五平六前车平 4，帅六平五车4 进 4，车七退二将5 平 4，红缺士相陷入劣势。

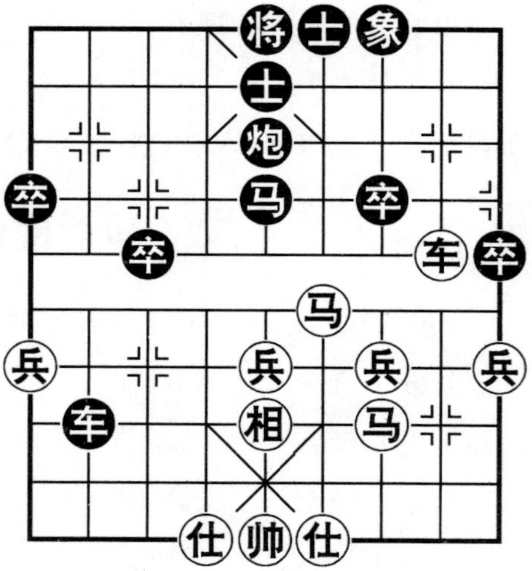

图 240

21. 炮六进五　　炮4 进 2

22. 兵七进一　　前车平 3

23. 车七进三　　卒3 进 1

24. 马六进五　　炮4 平 5

25. 马五退四　　车2 进 6

26. 车二进一　　马4 进 5

兑炮后，红兵种不全，又面临黑巡河车顶马的反击手段，红决定冲兵再兑一车，但并未能控制局势。黑伸车牵制中相，埋下伏兵，红未察觉，本应补士固防，却进骑河车捉卒。吕钦蓄谋已久，立即跳盘头马献吃，通过诱离红马，以便吃相攻杀。如图 240，红不宜贪吃黑马，但如接走兵三进一，则马5 进 4，仕四进五马4 进 5，马四退五车2 平 5，马三进四车5 退 1，车二平七车5 平 6，马四进五车6 退 3，车七进一士5

退 4,车七平九士6 进 5,兵九进一将5 平 6,兵九进一车6 进 6 杀。

27. 马四进五　车2 平 5　28. 马三退五　车5 退 1
29. 前马退四　车5 平 7　30. 马五进三　卒7 进 1
31. 帅五进一　卒7 进 1　32. 马四进六　车7 进 1
33. 马六进四　车7 进 1　34. 帅五进一　车7 平 6
35. 马四退三　车6 平 7　36. 马三进四　车7 退 5
37. 车二进一　车7 进 3　38. 马四退六　车7 平 1
39. 车二平七　车1 平 5　40. 帅五平四　车5 退 2
41. 车七进三　士5 退 4　42. 马六进七　士6 进 5
43. 马七退九　炮5 平 6　44. 车七退四　车5 退 1
45. 马九进八　炮6 退 1

红认输,因接走马八退七,则士5 进 6,车七平四车5 平 3,红车死必败。

第 4 局　洪智先负吕钦

(1995 年 10 月 16 日弈于吴县)

1. 兵七进一　炮2 平 3　2. 炮二平五　象3 进 5
3. 马二进三　车9 进 1　4. 车一平二　车9 平 2
5. 马八进七　马2 进 4　6. 炮八平九　马8 进 9
7. 马七进六　卒9 进 1　8. 炮九平六　车1 进 1
9. 仕六进五　车2 进 7　10. 车二进四　士4 进 5
11. 炮五平四　炮8 平 6　12. 相七进五　车1 平 2
13. 车九平六　炮3 平 1　14. 炮四进一　炮1 退 2
15. 马六退七　前车退 4　16. 车二平六　马9 进 8
17. 炮六进一　炮1 平 4　18. 车六平二　炮6 平 8
19. 车二平五　前车平 4　20. 炮六进五　车4 平 6

这是 1995 年全国象棋个人赛对局,双方演成挺兵转中炮对卒底炮横车阵势,前段均属流行着法,虽然黑第 9 回合伸车下二路,是冷门着法,并无多大作用。但红第 14 回合进炮保兵显得呆滞,应退左马为宜。于是黑灵活地调整战术,把前车撤回河界,带动边马跃出助战。正当红摆成灯笼炮的不利阵形时,吕钦平右肋车做出兑子的样子,待红炮击马后,却巧手平左肋车捉炮,由此找到了反先占优的途径。

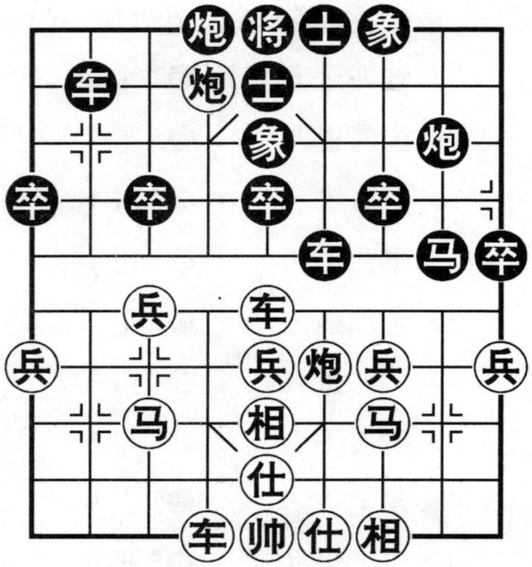

图 241

如图 241,红在看似平稳的局势中,突然掉入陷阱,如接走车六平八,则车2 平 4,炮四退一卒5 进 1,车五平三卒7 进 1 捉死车。

21. 炮六退五　　炮4 进 9　　22. 马七退六　　车2 平 4

23. 车五进二　　炮8 平 6

红车换马炮,虽然子力基本不亏,但形势已经陷入因境。如图 242,黑平士角炮妙着,强迫兑子后有车捉炮的先手,接着跳马咬车再奔卧槽。吕钦这步妙着是入局的关键。

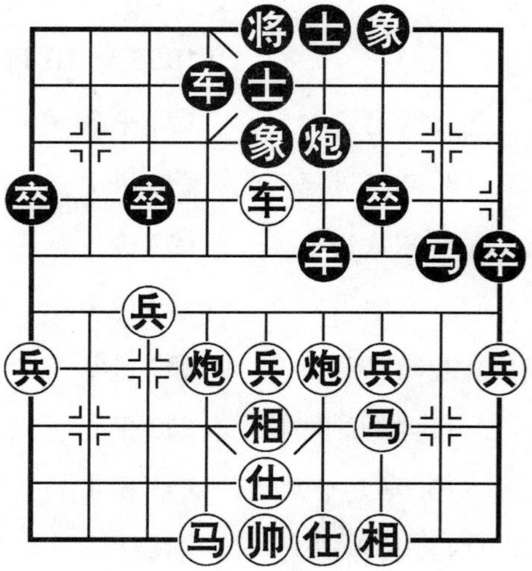

图 242

24. 炮四进四　　车6 退 2

25. 炮六退一　　马8 进 6

26. 车五退二　　马6 进 8

27. 马六进八　　车4 平 2

28. 马八进七　　车2 进 8　　29. 仕五退六　　马8 进 7

30. 帅五进一　　车2 平 4

红缺士难守，主动认输。如接走车五平六，则车6进7，马七进五车4平5，帅五平六车6退1，马三退五车6平5杀。

第5局　赵国荣先负吕钦

（1996年6月11日弈于上海）

1. 兵七进一	炮2平3	2. 炮二平五	象3进5
3. 仕六进五	卒7进1	4. 马二进三	马8进7
5. 车一平二	车9平8	6. 车二进四	炮8平9
7. 车二平六	马2进1	8. 马八进九	车1平2
9. 车九平八	卒1进1	10. 炮八进四	车8进6
11. 炮五平六	车8平7	12. 相七进五	车7平6
13. 车六进一	炮3退1	14. 车六平九	车2进2
15. 车九平六	炮3平7	16. 兵九进一	卒7进1

这是第3届嘉丰房地产杯赛对局，红采取挺兵转中炮局的补仕变例，黑故意不进右车，让红伸左炮封车而暴露出右马弱点，黑立即挥车过河，吃兵压马对攻。红为了贪吃黑边卒，运车往返失去步数，吕钦抽闲运炮左翼保卒渡河。如图243，这步冲卒巧手开始了黑反击的计划。如红接走炮八退三，则车6退2，车六平四马7进6，兵九进一卒7进1，马三退二炮7平1，马三退二炮7平1，黑较优。

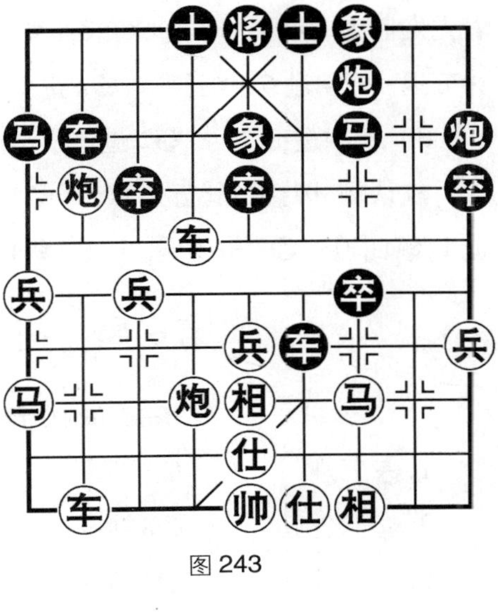

图243

17. 兵九进一	卒7进1	18. 兵九进一	卒7进1
19. 兵九进一	车2平1	20. 炮六进七	车1平2

21. 炮八平九　车2 进 7
22. 马九退八　车六平五
23. 马八进七　车5 平 2
24. 炮六退二　象5 进 7
25. 炮六平一　象7 退 9
26. 车六进二　马7 进 8
27. 马七进六　马8 进 6
28. 马六进五　马6 进 4
29. 仕五进六　炮7 进 8

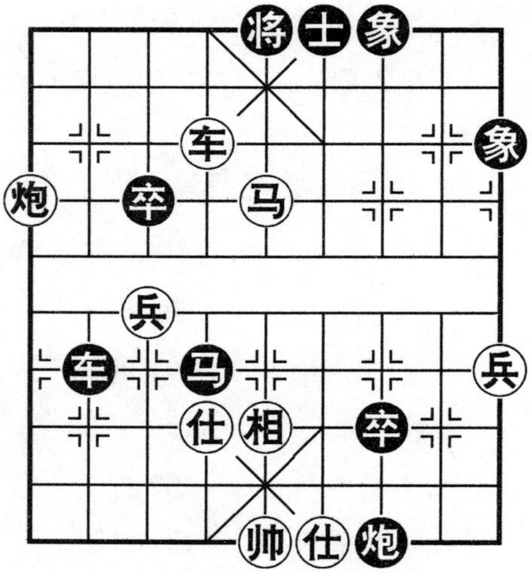

图 244

双方兑子后，红破一士，黑卒过河，各有顾忌。红急于跃马，黑马亦得机过河，于是平静的局势又出现对攻。如图 244，红伏马五进七士6 进5，车六进一再沉底炮或吃士的攻着。但未想到吕钦突然弃炮轰相，这一妙着先发制人，立即入局。如红接走相五退三，则车2 进 3，帅五进一车2 退 1，帅五退一马4 进 6，帅五平六车2 进 1 杀。

30. 仕四进五　车2 进 3

红认输，因接走仕五退六，则马4 进 6，帅五平四车2 平 4，帅四进一车4 退 1，帅四退一卒7 进 1，相五退三车4 进 1 杀。

第 6 局　苗永鹏先负吕钦

（1996 年 10 月 28 日弈于宁波）

1. 兵三进一　炮8 平 7　　2. 炮八平五　象3 进 5
3. 仕四进五　马8 进 9　　4. 炮二平四　车9 平 8
5. 马二进三　卒3 进 1　　6. 马八进七　马2 进 3
7. 车九平八　车1 平 2　　8. 马三进四　炮2 进 4
9. 马四进五　马3 进 5　　10. 炮五进四　士4 进 5
11. 相三进五　卒9 进 1　　12. 兵七进一　卒3 进 1

13. 相五进七　车8 进 4　　14. 炮五退二　炮7 进 3
15. 相七退五　炮7 进 1　　16. 车一平四　车8 平 4
17. 炮四平一　车2 进 3　　18. 炮五平二　车2 平 3
19. 车四进四　车3 进 3　　20. 炮一平四　炮2 退 2
21. 车四退一　炮7 进 1　　22. 炮二退一　车4 平 8
23. 车四进六　士5 退 6　　24. 炮二平七　炮7 平 9

这是 1996 年全国象棋个人赛对局，双方演成挺兵对卒底炮阵势，红采用补士变例造成双车晚出，被黑伸右炮封车成反先之势。红通过兑子，使车路得以疏通，并多吃一士，但右翼呈空虚状态，吕钦见有隙可乘，灵活地平边炮。如图 245，准备沉炮成势，这一步巧手加强了中局的对攻力量，给红以重大威胁。

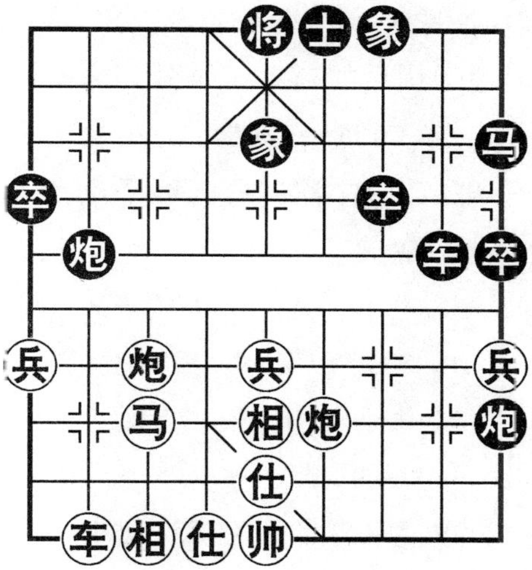

图 245

至此红如接走仕五退四，则炮9 进 2，相五退三炮2 平 5，仕六进五车8 平 7，帅五平六车7 进 5，黑有攻势。

25. 炮七进一　炮9 进 2　　26. 炮七平五　象5 退 3
27. 马七进六　炮2 平 7　　28. 马六进五　象7 进 5
29. 马五退三　象5 进 7　　30. 车八进三　车8 进 5
31. 仕五退四　马9 进 8　　32. 炮四进四　马8 进 7
33. 车八进三　将5 进 1　　34. 车八进二　将5 进 1
35. 车八退三　象7 退 9　　36. 相五退三　炮9 平 7
37. 仕四进五　炮7 平 4　　38. 炮四退六　炮4 平 6
39. 仕五退四　卒7 进 1　　40. 车八平五　将5 平 6

41. 炮五平四　将6退1
42. 炮四退二　象3进5
43. 车五进一　将6平5
44. 炮四平五　卒1进1

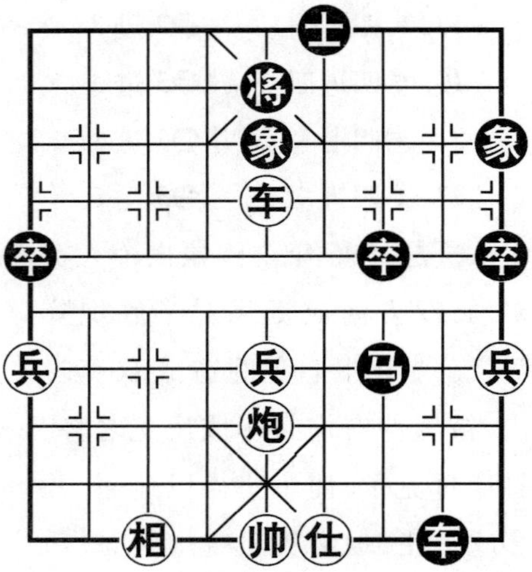

图246

红运车双炮从正面攻杀，黑以车马炮在侧翼还击，双方互不示弱。兑炮后进入残局阶段，争夺兵卒显得重要，当红车同时捉住黑象卒时，吕钦灵机一动，挺卒弃象，这是埋下伏兵的巧手。如图246，红如接走车五进一，则将5平6，炮五平四马7进8，炮四平九车8平6，帅五进一车6平3，黑大优。

45. 炮五平九　马7进9
46. 车五平四　车8退3
47. 车四退四　马9进7
48. 车四退一　车8平7
49. 帅五平六　卒7进1
50. 炮九进三　马7退8
51. 相七进五　卒7平8
52. 炮九平五　象5退7
53. 兵五进一　车7平1
54. 炮五平七　车1平4
55. 车四平六　车4平5
56. 炮七退四　车5进1
57. 车六进七　将5退1
58. 车六进一　将5进1

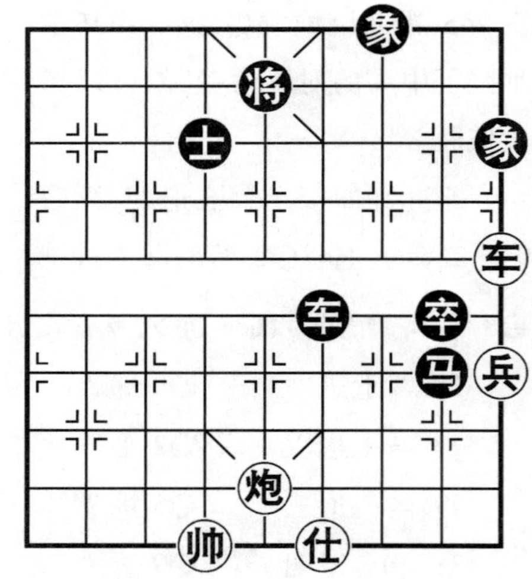

图247

59. 炮七平五　将5平6
60. 车六退一　士6进5
61. 炮五平四　车5退2
62. 车六退三　士5进4
63. 车六平一　将6平5

64. 炮四平五　车5平6

双方又经过一番混战，互扫兵卒，形成红车炮兵对黑车马卒，但红只剩单士难防。正当红摆中炮叫将之际，吕钦顺水推舟，移车吃仕巧手，从而奠定胜局，红难应付。如图247，红如接走帅六平五，则马8进6，帅五平六车6平4，炮五平六车4进3杀。

65. 车一平五　将5平4　66. 车五退三　车6进4
67. 帅六进一　车6退3　68. 车五平六　马8进6
69. 帅六退一　马6进7

红丢仕难守，主动认输。

第7局　阎文清先负吕钦

（1995年5月7日弈于峨眉）

1. 兵七进一　炮2平3　2. 炮八平五　炮8平5
3. 马二进三　马8进7　4. 车一平二　卒3进1
5. 马八进九　卒3进1　6. 车九平八　车9进1
7. 仕六进五　马2进1　8. 炮二进四　车9平4
9. 车二进五　车4进2　10. 兵三进一　车1进1
11. 兵三进一　车4进1　12. 马三进四　车4平7
13. 车八进五　车7平8　14. 车八平二　炮3进1
15. 炮五平三　炮5进4　16. 相七进五　炮5平7
17. 车二退二　车1平8　18. 车二平三　车8进2
19. 车三平五　马7退9　20. 车五进三　象7进5
21. 相五进七　卒7进1

这是1995年全国象棋团体赛对局，由挺兵对卒底炮开局转为列炮阵势。中局阶段，红子力活跃，车占中路控制局面，随时摆当头炮加强攻击，盘河马待命过河。吕钦面临此种形势，不慌不忙，挺起7卒。如图248，这步巧手兑车，将化解红方攻势，而且保持多一卒之利，为残局打下良好基础。

22相七退五　　车8平5
23. 马四进五　　卒1进1
24. 马九进七　　炮3平1
25. 炮三进一　　马9进8
26. 马五退六　　士6进5
27. 炮三平五　　卒7进1
28. 马七进八　　卒7平6
29. 炮五进二　　卒6平5
30. 马八进九　　卒5平4

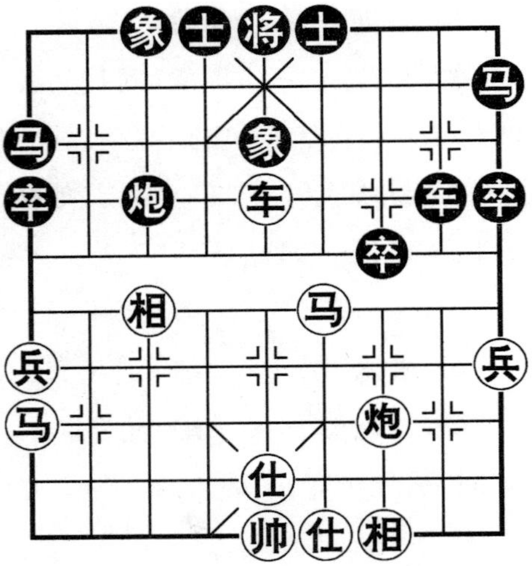
图248

兑车后进入残局，现在再兑一马，但兑子方式不同则效果也不同。此着如改象3进1，则马六进七象1退3，马七退九炮1进3，黑仅多一卒，红有求和之可能。现在吕钦用卒吃马巧手，结果形成多双卒的大优局面，奠定胜机。

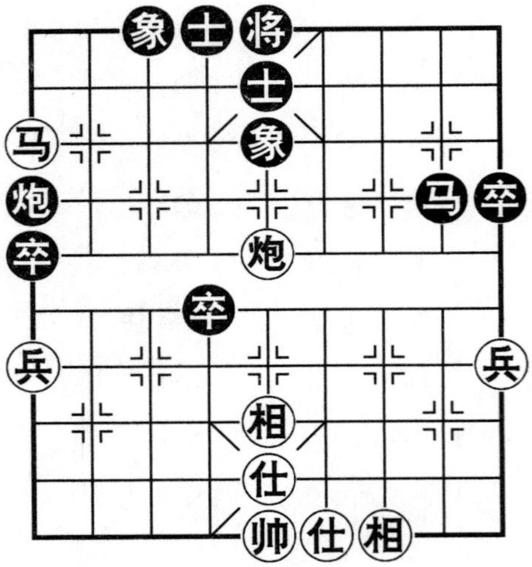
图249

31. 马九退七　　卒4进1
32. 马七退八　　炮1进3
33. 马八退六　　炮1平9
34. 马六进四　　马8退6
35. 马四进二　　炮9平2
36. 马二进四　　卒9进1
37. 炮五退一　　卒9进1
38. 炮五平四　　马6退8
39. 马四进三　　将5平6
40. 马三退四　　将6平5
41. 马四进三　　将5平6
42. 马三退四　　将6平5
43. 马四退三　　炮2退1
44. 炮四平五　　马8进7
45. 马三进四　　炮2退1
46. 相五进七　　卒9平8

47. ㊗三进五　❸2平9　48. ㊈五进四　❹8进1
49. ㊈四进五　❹8平7　50. ㊝五平一　❺5进6
51. ㊉四退五　❹7平6　52. ㊉五进六　❺6退5
53. ㊉六退四　❻7进5　54. ㊉四进二　❻5进4
55. ㊝一退三　❹1进1　56. ㊝一平四　❻4退5
57. ㊈五进六　❺5进6　58. ㊉二进三　❼5平6
59. ㊈四退五　❹1平2　60. ㊗七退九　❹2进1

黑双卒过河，已成胜势，下略，结果黑胜。

第8局　洪智先负吕钦

（1997年5月8日弈于上海）

1. ㊀七进一　❸2平3　2. ㊝八平五　❸8平5
3. ㊉二进三　❻8进7　4. ㊍一平二　❹3进1
5. ㊉八进九　❹3进1　6. ㊍九平八　❻2进1
7. ㊝二平一　❶1平2　8. ㊍八进九　❻1退2
9. ㊍二进四　❸3进7　10. ㊈六进五　❸3退2
11. ㊈五进六　❸3平5　12. ㊝一平五　❻2进3
13. ㊍二平七　❻3进4　14. ㊍七平六　❻4退2

这是1997年全国象棋团体赛对局，双方演成挺兵对卒底炮转列炮局，黑开右车主动邀兑，虽然损失步数且左车晚出，但取得炮轰底相的对攻机会。当红升车巡河吃回黑卒时，吕钦巧退右马，如图250，红车就不便再捉马，如接走㊍六平八，则❻2退4，㊍八平三❸5退1，㊍三进二❶9进2，㊉九进七❶9平8，黑接有平炮打车的反击手段，红右马无根易受攻。

15. ㊍六平三　❸5平1　16. ㊍三平八　❻2退4
17. ㊉九进七　❶9进1　18. ㊍八进三　❺6进5
19. ㊉七进八　❸1退1　20. ㊀五进一　❽7进5
21. ㊉三进五　❶9平6

22. 马五进七　　车6进5

23. 仕六退五　　马4进3

24. 车八进一　　车6平2

尽管红有一定先手，在左翼展开攻势，但巡河车徒劳往返，损失了步数，而且未及时跳马连环，被吕钦抓住机会平车牵制车马。如图251，至此红如接走车八平九，则车2退2，马七退六卒7进1，车九平六马3进2，马六进八车2进2，车六退二车2平5，仍属黑略优。棋局后来演变表明，吕钦平车牵制之巧手，在中局夺优方面起到重大作用。

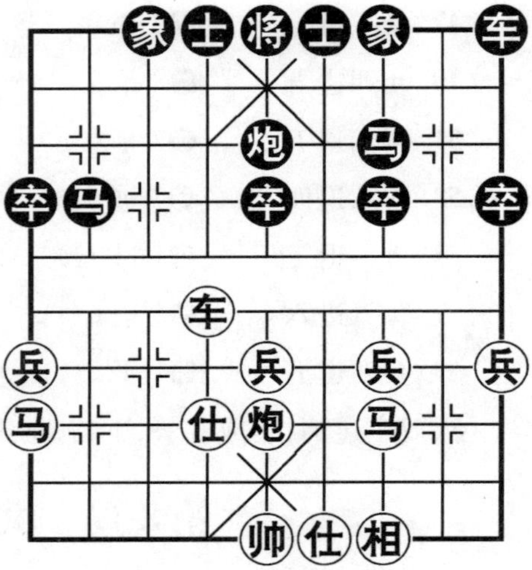

图250

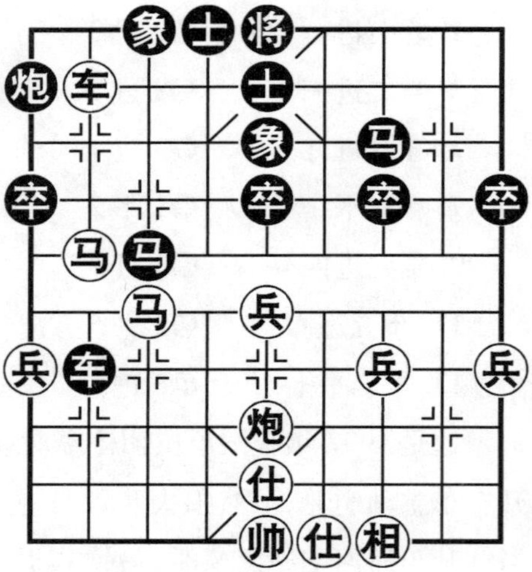

图251

25. 炮五平七　　炮1进1

26. 相三进五　　炮1平4

27. 车八进一　　马3进5

28. 马七进八　　将5平6

29. 前马进六　　士5进4

30. 炮七退二　　马5进7

31. 相五退三　　卒7进1

32. 炮七平六　　后马进8

33. 马八进七　　车2退6

34. 马七进八　　马7退5

35. 马八退七　　马5退3

36. 炮六平九　　马8进9

37. 马七退八　　马9退7

38. 炮九进六　　卒9进1

39. 炮九平六　　马7进8

40. 相三进五　　马8退6

41. 相五进七　　士4退5

42. 炮六退一　　卒9进1

43. ㊁九进一　卒5进1　44. ㊂八退七　马3退2
45. ㊃七退五　卒7进1

形成黑双马三卒士象全对红马炮兵单缺相的胜势残局。下略,结果黑胜。

(十)飞　相　类

第1局　于幼华先负吕钦

(1987年2月10日弈于北京)

1. 相三进五　炮8平4　2. 马二进三　马8进7
3. 车一平二　卒7进1　4. 兵七进一　车9平8
5. 马八进七　马2进1　6. 兵九进一　炮2平3
7. 马七进八　炮4进3　8. 炮二进二　炮3平5
9. 车九进三　马7进6　10. 仕四进五　车1进1
11. 马八退七　车1平2　12. 炮八平九　炮4退4
13. 车九平六　卒7进1

双方以飞相对过宫炮开局,不久黑反架中炮,企图谋取中兵,红升边车保兵,又退左马巩固阵势。

吕钦加强反击,弈出冲卒过河的巧手,准备移炮左翼攻马。如红接走炮二进三,则马6进8,炮二平九炮4平8,车二平三马8进7,车三进二炮8进8,黑弃子有攻势。

14. 兵三进一　炮4平7　15. 炮二平一　车8进9
16. 马三退二　车2进3　17. 兵三进一　马6进7
18. 马二进一　卒9进1　19. 兵三平四　马7退6
20. 炮一平三　炮7平9　21. 炮九进四　士6进5
22. 兵五进一　炮5进3　23. 炮三进一　马6退5

24. 炮三退五　　卒3 进 1

25. 车六平三　　卒3 进 1

26. 车三进六　　士5 退 6

27. 马一进三　　炮5 平 1

28. 马七进五　　卒3 进 1

29. 马五进四　　车2 退 1

30. 炮三平二　　炮9 平 8

31. 马四进二　　炮8 平 6

32. 炮九退一　　卒5 进 1

33. 马二进四　　车2 平 6

34. 炮二进九　　车6 退 1

35. 炮九平一　　炮6 平 9

36. 车三退一　　士6 进 5

37. 车三平一　　车6 平 8

38. 车一平二　　车8 平 9

39. 兵一进一　　车9 退 2

40. 马三进二　　马1 进 3

41. 马二进三　　炮1 退 4

42. 车二退二　　炮1 进 3

43. 车二平四　　马5 退 7

44. 车四平七　　炮1 平 9

45. 炮二退五　　炮9 平 7

46. 炮二平七　　象3 进 5

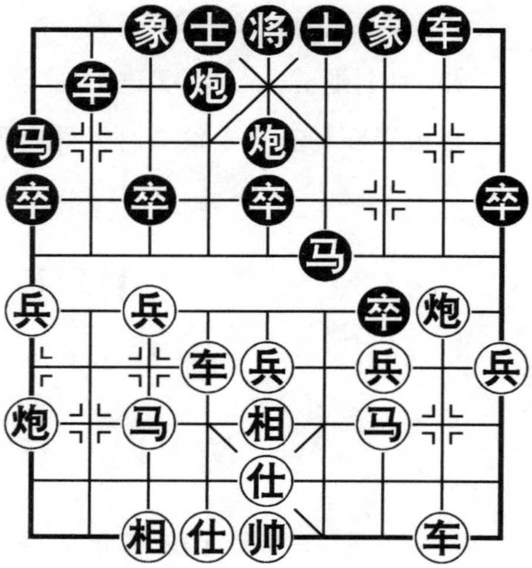

图 252

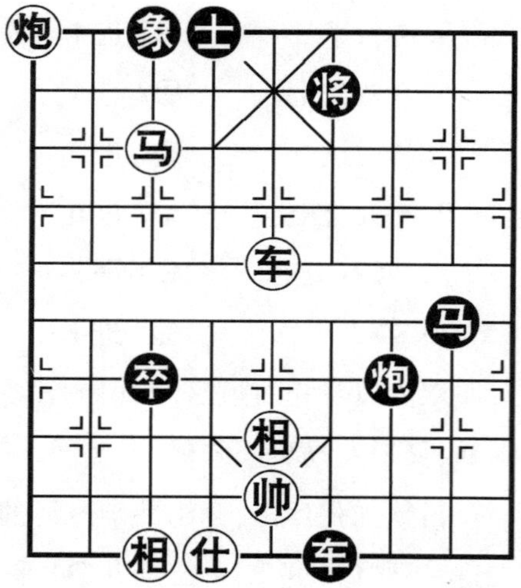

图 253

47. 炮七平九　　车9 进 5

48. 炮九进五　　象5 退 3

49. 车七平五　　车9 退 3

50. 车五进二　　将5 平 6

51. 马三退四　　马7 进 8

52. 马四进五　　炮7 进 2

53. 马五退六　　车9 进 7

54. 仕五退四　　车9 平 6

55. ㊓五进一　　❺8进6　　56. ㊕五退三　　❻6进1

57. ㊃六进七　　❺6进8

在对攻过程中，双方都曾出现错着，弈至图253时，红再次失误跳钓鱼马，吕钦见时机已到，跳马过河妙着，伏马8进7攻杀或马8进6叫将抽车。

至此红如接走马七进六，则将6退1，相五进三马8进7，帅五平六车6退1，仕六进五马7进6，帅六进一卒3平4，帅六平五车6退1杀。

58. 马七进六　　将6退1　　59. 马六退七　　象3进5

60. 马七进六　　象5退3　　61. 帅五平六　　卒3进1

62. 仕六进五　　卒3进1　　63. 帅六进一　　马8进6

黑马叫将抽车，红认输，因接走车五退二，则炮7平5，仕五退四炮5平4杀。

第2局　赵国荣先负吕钦

（1995年1月11日弈于广州）

1. 相三进五　　炮8平4　　2. 马二进三　　马8进7

3. 车一平二　　卒7进1　　4. 兵七进一　　车9平8

5. 马八进七　　象3进5　　6. 车九进一　　士4进5

7. 车九平六　　马2进1　　8. 车六进四　　炮2退1

9. 炮二进五　　卒3进1　　10. 炮八进五　　卒3进1

11. 炮二平五　　象7进5　　12. 炮八平五　　将5平4

13. 车二进九　　马7退8　　14. 车六平七　　马8进7

15. 相五进七　　炮2进2　　16. 车七进二　　卒1进1

17. 相七退五　　炮2进4　　18. 车七平九　　车1进2

19. 炮五平九　　马7进6　　20. 炮九退一　　炮4平3

21. 炮九平一　　炮3进4

双方演成飞相转屏风马对过宫炮直车阵势，当黑设计打死车计划时，红

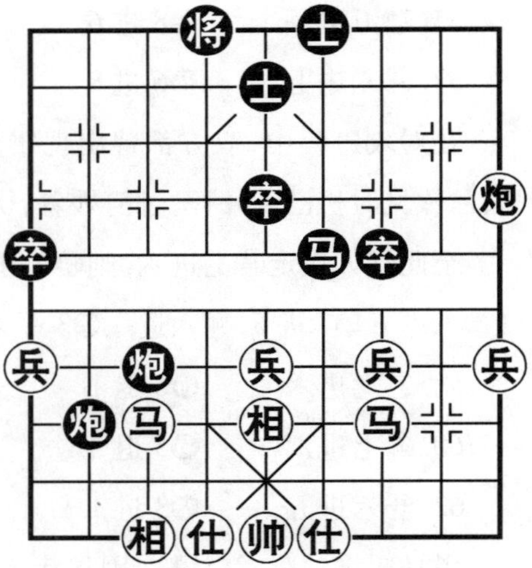

图 254

双炮轰象弃子抢先，接着吃回一子。吕钦在缺象的形势下，利用子力活跃的优越条件，巧手进炮压马，如图 254，准备跳马过河咬马，展开反击。以后主要抓住红马呆滞的弱点，运炮攻击，扩大先手，夺取优势。所以进炮压马是一步具有战略意义的巧手。

22. 兵五进一　马6 进 4
23. 马三进五　炮2 退 5
24. 仕四进五　炮2 平 6
25. 炮一进三　将4 进 1
26. 炮一退五　马4 进 2
27. 兵三进一　炮6 平 3
28. 帅五平四　卒7 进 1
29. 相五进三　马2 退 3
30. 马七退九　马3 进 4
31. 马五退六　后炮平 6
32. 帅四平五　炮3 退 4
33. 炮一平二　炮6 进 6
34. 炮二退三　炮6 退 2
35. 兵一进一　炮3 平 5
36. 马九进七　卒5 进 1

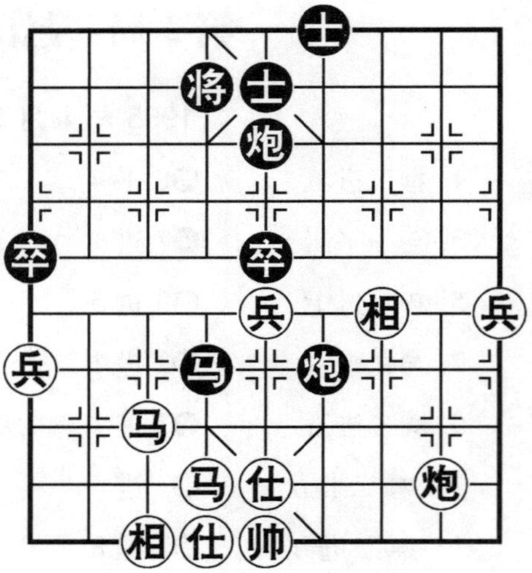

图 255

由于红多相多兵，黑不宜久战，便调运炮马骚扰，但马炮棋无卒难成势，当弈至 36 回合时，如直走炮5 进 3，则马六进五炮5 平 9，马五进六，这样红马跃出有对攻机会。吕钦灵机一动，挺中卒妙着，如图 255，如红不敢吃卒，则黑卒过河助战。其实红仍应兵五进一马4 进 6，炮二平四炮6 进 2，马六进五马6退4，马五退四马4退5，相三退五炮5平1，马四进五马5进4，马五进六马4退3，大体和势。

37. 马七进六　卒5进1　38. 马六进七　炮5平3
39. 马七退九　士5退4　40. 炮二进二　炮6退3
41. 相三退五　将4平5　42. 炮二退二　炮6进3
43. 马六退八　炮3进6　44. 炮二进二　马4退6
45. 炮二退一　炮3平2　46. 马九退七　卒5平4
47. 马七退八　马6进8　48. 兵九进一　将5平6

双方在纠缠过程中，红着法保守，退马底线受困，黑处处发动攻势，弈来积极。如图256，吕钦移将助攻妙着，准备摆中炮奠定胜势。如红接走仕五退四，则马8进6，帅五进一炮6平3，相五退三炮3进2，帅五进一马6退8，仕四进五马8退6，帅五平四炮3退4，前马退六炮3平6杀。

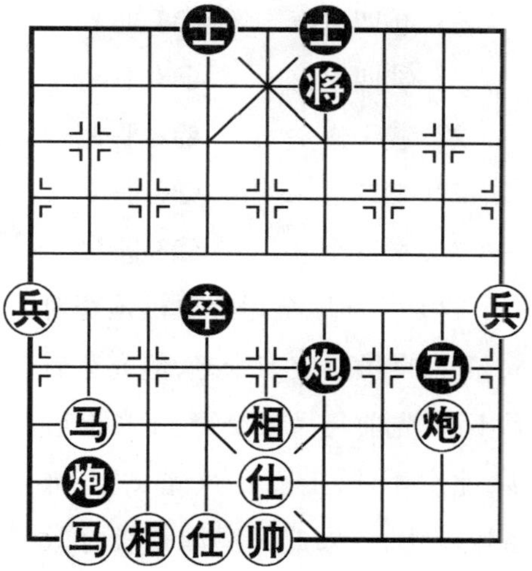

图256

49. 前马退六　炮6退1
50. 相五退三　卒4进1
51. 马六进八　炮6平5　52. 仕五退四　马8进6
53. 帅五进一　马6退7　54. 炮二进三　马7进5

红认输，因接走相七进五，则马5进7，帅五平六马7进6杀。

第3局　王嘉良先负吕钦

（1987年4月12日弈于福州）

1. 相三进五　炮8平6　2. 马二进三　卒7进1
3. 兵七进一　马8进7　4. 马八进七　马2进3
5. 马七进六　象3进5　6. 车一平二　车9进1

7. 炮二进五 炮6平8　8. 车二进七 车9平7
9. 炮八平七 车1平2　10. 车九平八 炮2进5
11. 马六进七 马7进6　12. 车二平四 马6进7
13. 兵七进一 车7平4　14. 马七进九 车2进2
15. 炮七进五 车4平2　16. 兵七平八 炮2平7
17. 炮七退四 马7进5　18. 相七进五 前车平1
19. 车四退五 炮7进1　20. 兵五进一 车1平4
21. 炮七平五 士4进5　22. 炮五进三 炮7平8
23. 仕四进五 车4进1　24. 车四进四 将5平4
25. 车四平二 炮8平6　26. 兵五进一 炮6退6
27. 兵一进一 车2平3　28. 车八进四 象5退3
29. 车二退二 炮6平4　30. 兵九进一 象3进1
31. 炮五平九 车3进6

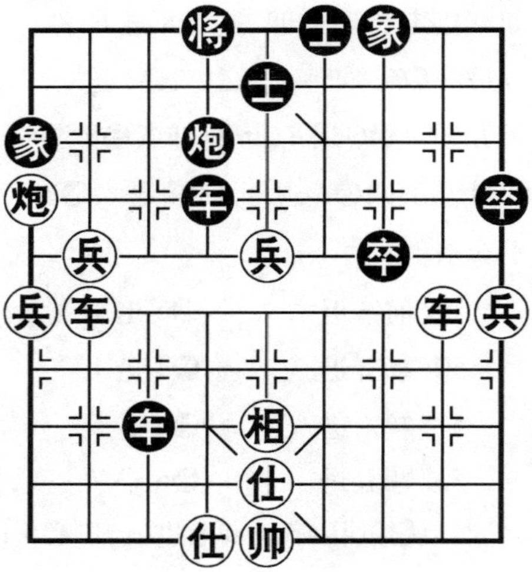

图257

这是第6届全运会象棋预赛对局，王嘉良虽然宝刀未老，但究竟后劲不济，先前与吕钦交锋，王负多胜少，此次相遇，王嘉良执先飞相，准备较量功底，果然开局取得较好效果。中局阶段虽失一相，但有双兵过河亦感满意。如图257，吕钦在不利的形下只能背水一战，进车捉相巧手，因吃相后破除红重要防线，就有许多对攻机会，否则在少卒情况下坐以待毙。另外黑也不能车4平1贪吃炮，因红兵八进一捉死车。

32. 兵八进一 车4进3　33. 车二平六 车4平8
34. 车六平二 车8平7　35. 兵八平七 车3平5
36. 车八进五 将4进1　37. 车二退四 炮4平5

38. 兵五进一　车7平4　39. 兵七平六　炮5平3
40. 炮九平七　卒7进1　41. 车八退二　炮3平6
42. 车八进一　将4退1　43. 车八进一　将4进1
44. 车八退一　将4退1　45. 车八进一　将4进1
46. 炮七退五　炮6进2　47. 车二进五　炮6平5
48. 车八退四　炮5平3　49. 车八进一　炮3平5
50. 车八退一　炮5进1　51. 车八进三　将4退1
52. 车八进一　将4进1　53. 车二平八　车5平2

在对攻过程中，赛场气氛十分紧张，双方都有一些差错，王嘉良曾放过了取胜的机会，接着又调双车至左翼叫杀，如图258，吕钦立即平车抽将，妙着兑车解危。至此红如误走仕五退四，则车4平5，炮七平五车2退3，车八退四炮5平3，车八退五炮3平9，炮五进一车5进1，仕四进五炮9平1，黑多子大优。

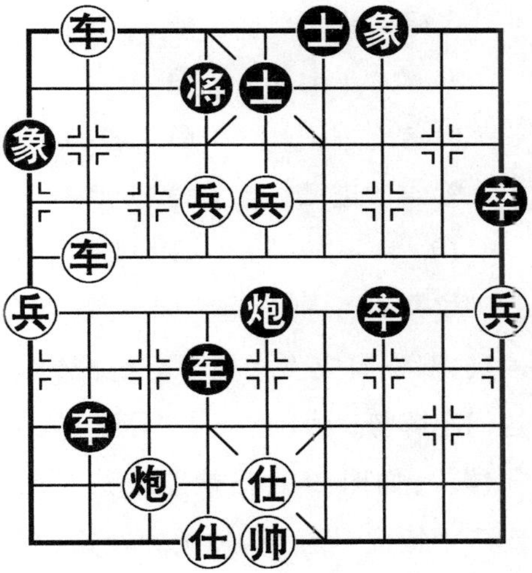

图258

54. 仕五进六　车2退3
55. 车八退四　车4进1
56. 车八退一　卒7平6　57. 帅五进一　象1退3
58. 车八进五　卒6进1　59. 车八退五　炮5退1
60. 车八进一　炮5进1　61. 车八平五　炮5平2
62. 车五平七　卒6进1　63. 车七进三　将4退1
64. 车七进一　将4进1　65. 车七退五　炮2退3
66. 帅五退一　卒6进1　67. 仕六进五　车4进1
68. 车七进四　将4退1　69. 车七进一　将4进1
70. 车七退七　炮2进6　71. 仕五退六　卒6进1

红认输，因接走帅五平四车4进1杀。

第4局　赵庆阁先负吕钦

（1987年11月22日弈于番禺）

1. 相三进五　　炮2平6
2. 车九进一　　马2进3
3. 车九平四　　士4进5
4. 马八进九　　象3进5
5. 兵三进一　　马8进9
6. 马二进三　　车1平2
7. 炮八平七　　车2进4
8. 兵七进一　　卒3进1
9. 车四进三　　卒9进1
10. 兵一进一　　马9进8

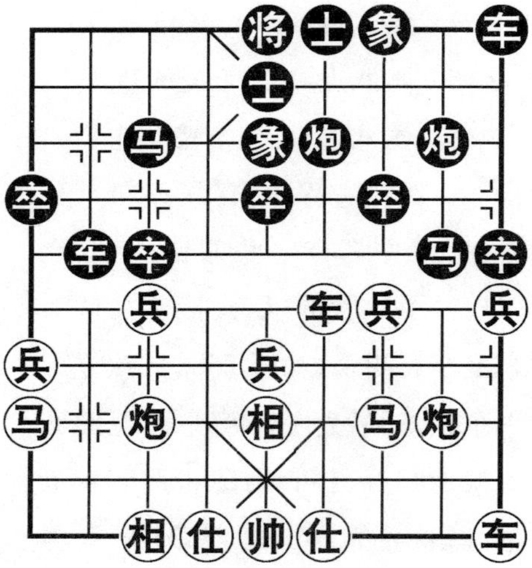

图 259

这是第6届全运会象棋决赛对局，双方演成飞相横车对过宫炮巡河车阵势，由于红车占据河口并非佳位，如图259，吕钦跃出边马咬车巧手抢先，以后经过子力交换，黑取得兵种优势并有边卒渡河占优，为以后中残局奠定良好基础，是有深远意义的。

11. 车四进一　　炮8进5
12. 车四平二　　车2进3
13. 车二退三　　车2平3
14. 兵七进一　　卒9进1
15. 车二进三　　车3退3
16. 车二平七　　象5进3

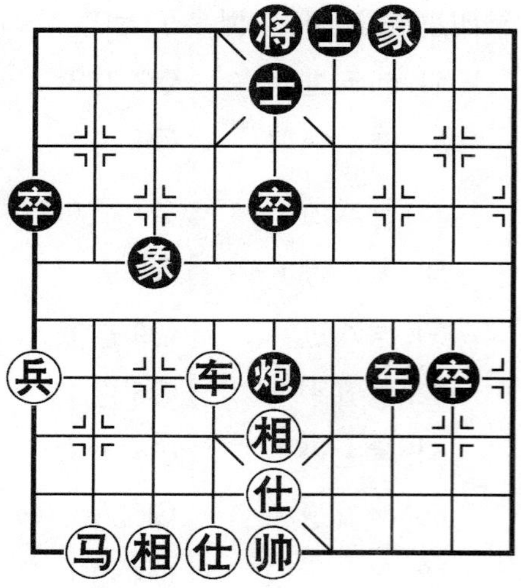

图 260

17. 马三进四　炮6平5　18. 车一平二　车9进4

19. 马四进三　炮5进4　20. 仕四进五　车9退1

21. 车二进三　马3进4　22. 马三进二　车9进1

23. 马二退三　车9退1　24. 车二进二　卒9平8

25. 车二平一　车9平7　26. 车一平六　车7进2

27. 帅五平四　车7平6　28. 帅四平五　卒8进1

29. 车六退二　车6进1　30. 马九退八　车6平7

兑子后局面简化，黑多双卒但车炮被牵，如图260，吕钦巧手平车，明为叫杀，实则生根，便于挥炮打兵，争取实现多三卒优胜残局。否则红马八进七捉死炮便成和棋。

31. 帅五平四　炮5平1　32. 车六进三　卒5进1

33. 车六平九　卒8进1　34. 马八进七　炮2平6

35. 车九平五　卒8平7　36. 帅四平五　卒7进1

37. 仕五退四　卒7平6　38. 仕六进五　炮6进3

如图261，黑车炮卒从侧翼联攻，吕钦看决战条件成熟，毅然挥炮砸士，这步妙着是弃子入局的关键，由此奠定胜局。

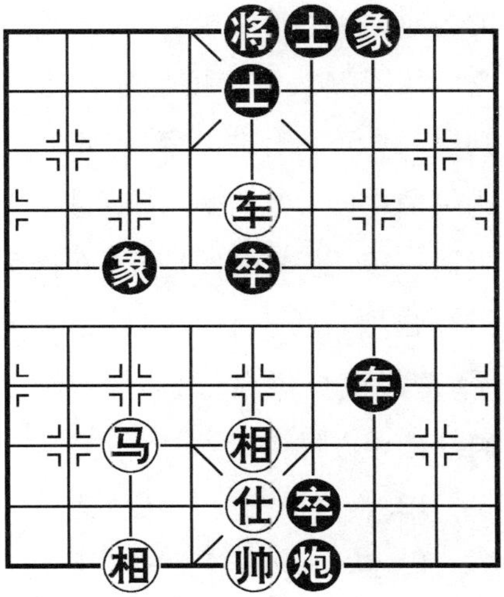

图 261

39. 仕五退四　车7进3

40. 帅五平六　车7平6

41. 帅六进一　车6平3

42. 马七进八　车3平2

43. 车五平八　车2退1

44. 帅六退一　卒6平5

45. 车八进三　士5退4

46. 车八平六　将5进1　47. 马八退七　后卒进1

48. 车六退三　象7进5　49. 相五进七　车2平3

50. 马七退五　车3平5　51. 车六退四　车5退2

形成黑必胜残局，红认输。

第5局　崔岩先负吕钦

（1997年10月6日弈于漳州）

1. 相三进五　炮8平5　2. 马二进三　马8进7
3. 车一平二　车9平8　4. 马八进七　卒7进1
5. 兵七进一　炮2平3　6. 马七进六　马2进1
7. 炮八进四　车1平2　8. 炮八平五　士6进5
9. 炮二进四　卒3进1

这是1997年全国象棋个人赛对局，双方由飞相对左中炮起手，演变成屏风马对五三炮阵势，红急于伸炮过河打卒，暴露了子力位置的弱点，吕钦抓住机会，挺3卒送吃。如图262，诱红接走兵七进一，则车2进5，兵七进一车2平4，兵七进一马7进5，兵七平八马5进6，马三退一车4进3，仕四进五马6进5，黑有强烈攻势大优。吕钦此着巧手，造成渡卒机会，以后黑靠此卒破红仕相占优。

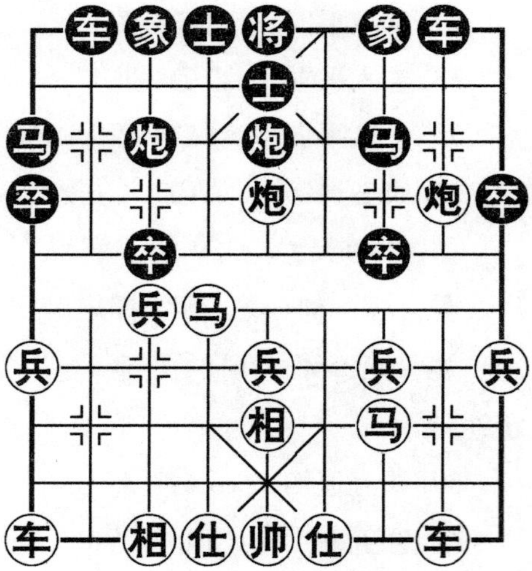

图262

10. 炮五平三　卒3进1　11. 马六进四　车2进4
12. 马四进三　炮3平7　13. 车九进一　卒3进1
14. 车九平四　车2平5　15. 车四进五　卒3平4
16. 炮二退一　卒7进1　17. 炮三平二　车8平9
18. 车四平三　卒4平5　19. 仕四进五　卒5进1

黑卒过河吃中兵，打通中线，发挥当头炮的威力。如图263，吕钦冲卒破相妙着，弃炮抢攻，是全盘夺优的关键。至此红如接走相七进五，则炮5进5，仕五进六炮7平5，后炮退四卒7进1，车三退三车5平7，车三平五车7进3，黑得子大优。

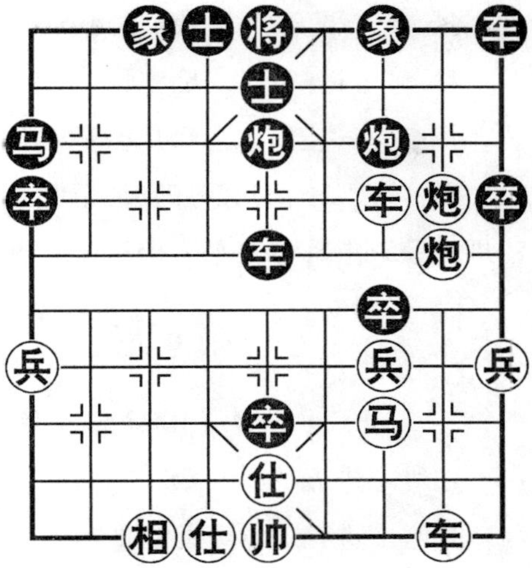

图263

20. 车三进一　　卒5进1
21. 仕六进五　　车5平7
22. 车三平五　　象7进5
23. 兵三进一　　车7进1
24. 马三进五　　车7平5
25. 车二进三　　马1进3
26. 后炮平四　　车9平8
27. 炮四退三　　马3进2
28. 炮四平五　　车5平6
29. 炮五平六　　车8进2
30. 相七进五　　车6退2
31. 马五进三　　车6平5
32. 相五进七　　车8平7
33. 马三退四　　马2进3
34. 炮二退二　　车7平8
35. 兵九进一　　车8进2
36. 炮六平五　　车5进3

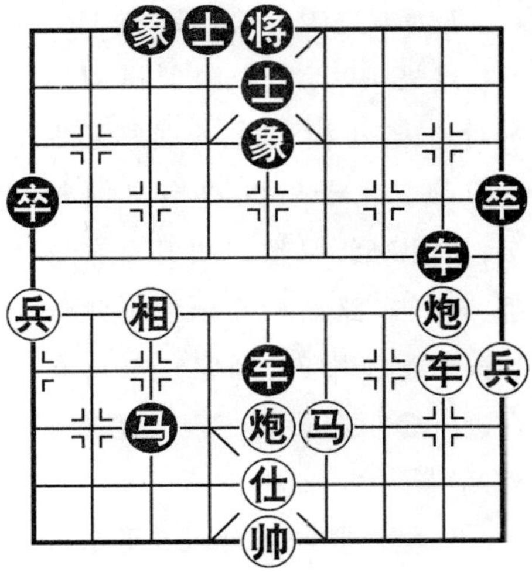

图264

虽然双方强子大体相当，但红单仕相，黑有双车占优。如图264，吕钦进车巧手，双车欺单车，红不敢兑车而退，则黑车占领卒林线扩大优势，从此红更无力支撑，败势已定。

37. 车二退二　　车5平6　　38. 炮五平六　　车6退1

39. 炮二退一　车6平3　40. 车二平三　车3平1
41. 炮二平五　车1进4　42. 仕五退六　车1平4
43. 帅五进一　车8平5　44. 马四进三　车4退2
45. 马三进五　车4退3

黑再破红仕相，胜势已成，至此红认输，因接走帅五进一，则车4平5，车三进二车5进2，车三平五马3退5，黑胜定。

第6局　李来群先负吕钦

（1993年4月23日弈于南京）

1. 相三进五　马2进3　2. 兵七进一　炮8平5
3. 马二进三　马8进7　4. 车一平二　车9平8
5. 炮二进四　炮2进7　6. 车九平八　车1平2
7. 炮八进四　车8进1

这是1993年全国象棋团体赛对局，红飞相开局，黑跳马还中炮应战。兑子后红双炮过河封车，如图265，吕钦走出升左车巧手，疏通车路曲折亮出。至此红如误走炮二平五，则炮5进4，仕六进五车8进8，马三退二马7进5，黑得子优。

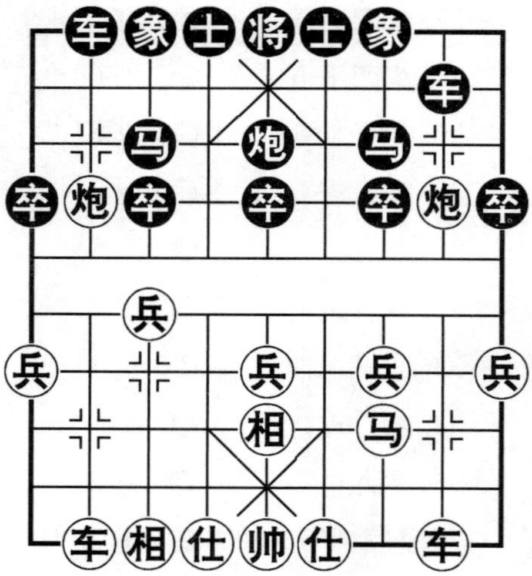

图265

8. 车二进一　车8平6
9. 车八进三　车6进6
10. 车二平三　炮5进4
11. 车八平五　车2进3　12. 兵三进一　车6退3
13. 炮二退六　象3进5　14. 马三进二　卒5进1
15. 马二进三　车2进1　16. 车三平六　马3进5

17. ㊟六进五　车6退1　18. 炮二平三　卒5进1
19. 车五进一　车2进2　20. 马三退二　车2平7
21. 兵三进一　车6进5　22. 车五平三　车7退1
23. 相五进三　车6平7　24. 相七进五　马5进7
25. 车六平七　后马进5　26. 车七平九　马5进4
27. 马二进一　马4进6　28. 仕四进五　马7进5

兑车后，红保留兵种齐全，而且平车横扫黑卒，似乎获得优势而产生麻痹大意情绪。吕钦趁机跃马过河，如图266，跳中马巧手，等待机会，红应接走车九平五车7退3，炮三平四马6进7，炮四进一车7平6，帅五平四，黑暂无杀着。可惜红大意走出漏着致败。

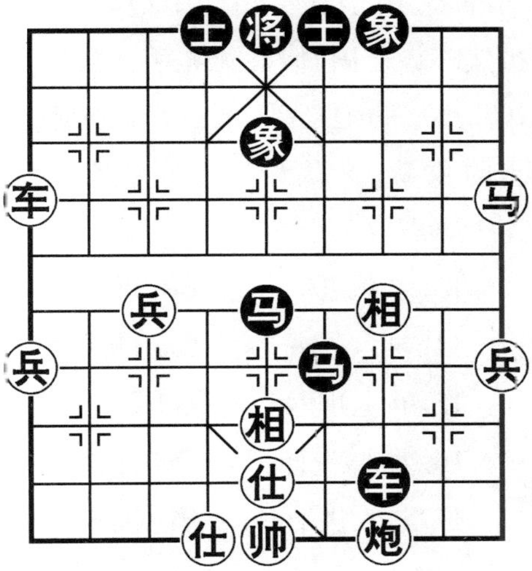

图266

29. 炮三平四　马6进4

红认输，因接走仕五进六马5进4杀。

（十一）中炮对其他类

第1局　李艾东先负吕钦

（1991年10月22日弈于大连）

1. 炮二平五　马8进7　2. 马二进三　车9平8
3. 兵七进一　卒7进1　4. 马八进七　马2进3

5. 炮八进二　象7进5
6. 车一平二　炮2退1
7. 车二进四　炮8进2
8. 炮五平六　卒3进1
9. 相七进五　卒1进1
10. 仕六进五　炮2平3
11. 兵七进一　炮8平3
12. 车二平六　后炮平6

这是1991年全国象棋个人赛对局，双方演成中炮巡河炮对屏风马阵势，由于红主动卸中炮联相，虽然阵势稳固，但已无先手。如图267，黑平肋炮巧手，既避开红炮砸士的攻着，又伏马7进6咬车的先手。

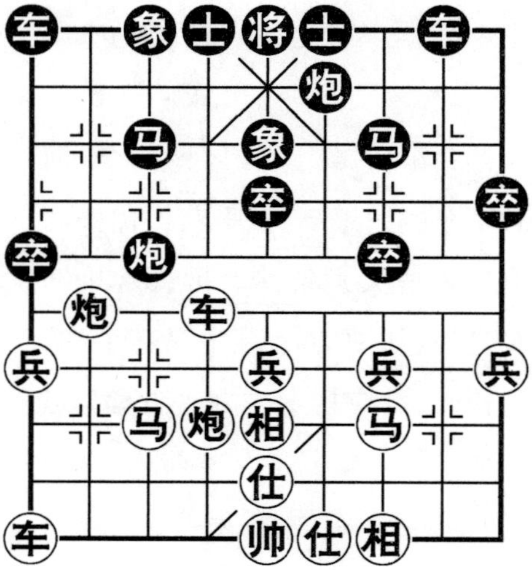

图267

13. 车六进三　炮6进1
14. 车六进一　士6进5
15. 马七进六　车1平2
16. 炮八平七　车8进3
17. 马六进七　马7进6
18. 车九平六　炮6退1
19. 车六退五　马6进7
20. 马七进五　象3进5
21. 炮七进三　炮6进7
22. 兵五进一　马7退5
23. 车六平五　卒5进1
24. 炮六平七　炮3平2
25. 后炮平八　车2平3
26. 炮七退三　炮6退6
27. 炮八平七　车3平2
28. 车五平八　车2进3

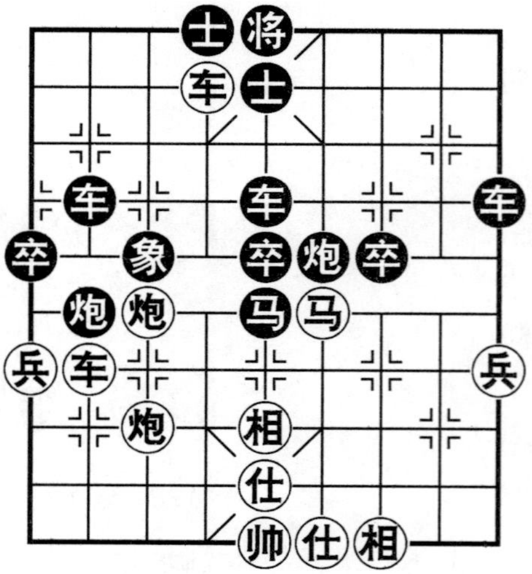

图268

29. 车六进四　炮2 进 1　30. 前车进一　车8 平 5
31. 马三进四　炮6 进 2　32. 车六进三　象5 进 3

中局阶段，红得象黑多卒，各有顾忌。如图 268，黑双车联结，护卒保马，构成坚固防线，飞象拦炮巧手，使红难找进攻途径。双方纠缠下去，黑多卒将逐渐显示优势。

33. 马四退三　炮6 退 3　34. 车六退三　炮6 进 3
35. 车六进三　炮6 退 3　36. 车六退三　象3 退 5
37. 后炮平九　马5 退 3　38. 炮九进三　卒5 进 1
39. 马三进二　士5 进 6　40. 马二进四　炮6 进 3
41. 车六平四　士4 进 5　42. 炮九进一　马3 退 1
43. 兵九进一　卒5 平 4　44. 炮七退二　卒4 进 1
45. 炮七进二　车2 平 3　46. 兵九进一　车3 进 2
47. 兵九进一　卒4 平 3　48. 车八退三　车3 平 4

黑多子多卒，红认输。

第 2 局　徐天红先负吕钦

（1991 年 1 月 13 日弈于广州）

1. 炮二平五　马8 进 7　2. 马二进三　车9 平 8
3. 兵七进一　炮8 平 9　4. 马八进七　车8 进 5
5. 相七进九　卒7 进 1　6. 车九进一　士4 进 5
7. 炮八进二　车8 进 1　8. 车一平二　车8 进 3
9. 马三退二　象3 进 5　10. 兵三进一　卒7 进 1
11. 炮八平三　马7 进 8　12. 车九平四　马2 进 3
13. 炮三平二　炮9 平 7　14. 车四进四　马8 退 9
15. 炮二进三　车1 平 4　16. 仕四进五　车4 进 3
17. 马二进三　卒5 进 1　18. 马三进二　车4 平 8
19. 车四退一　卒9 进 1　20. 炮五平二　车8 平 4
21. 车四进一　车4 平 5　22. 马七进六　车5 平 4

23. 马六退七　车4平5　　24. 马七进六　车5平4
25. 马六退四　炮2进3　　26. 车四平五　炮2平8
27. 马四进二　马3进5　　28. 马二进四　炮7进6
29. 车五平八　车4退2　　30. 前炮退一　炮7平9
31. 前炮平七　炮9进1　　32. 相三进一　车4进1
33. 相一进三　象5退3　　34. 炮二平三　象7进5
35. 炮三平六　象5进7　　36. 车八进四　车4进2
37. 车八平七　士5退4　　38. 炮七平八　车4平6
39. 炮六平五　象7退5

如图269,这是第11届五羊杯对局,双方以中炮七路马对三步虎骑河车开局,红一直掌握先手,并取得多兵优势。但中局考虑兑子时,由于计算失误,以为弃马后可摆中炮打死黑马追回一子,不料如图269,吕钦落象踩车巧手,红不能挥炮打马,由此黑马逃脱多子,这是全盘局势的转折点。

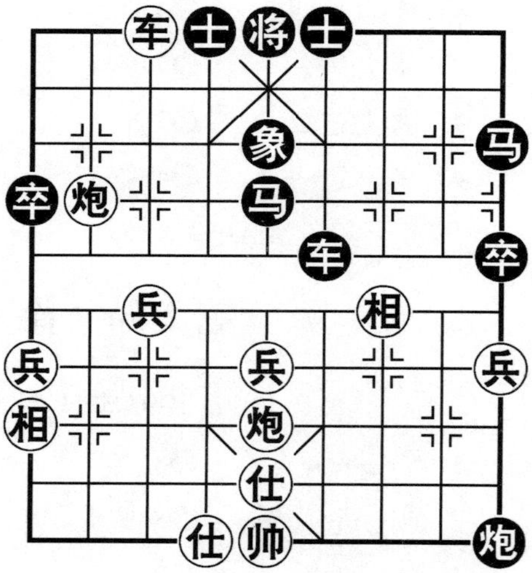

图269

40. 车七退一　马5进4
41. 炮五进五　车6平2
42. 炮八进二　马4进6　　43. 帅五平四　马6进8
44. 车七平四　马9进7　　45. 炮五平三　士6进5
46. 炮八平七　士5进6　　47. 炮七退三　车2退1
48. 车四退一　士4进5　　49. 车四退二　车2退1

黑多子大优,红认输。如接走炮三进二,则将5平4,车四平二车2平6,炮七平四马8进7,帅四进一后马退9,车二平三马7退8,帅四退一马8退6,炮四退一车6进3,黑多子胜定。

第3局　徐天红先负吕钦

（1997年5月18日弈于通州）

1. 炮二平五	马8进7	2. 马二进三	车9平8
3. 兵七进一	卒7进1	4. 马八进七	马2进3
5. 炮八进二	马7进8	6. 马七进六	象3进5
7. 车九进一	车8进1	8. 车一进一	马8进7
9. 炮五平七	车1进1	10. 相三进五	炮8平7
11. 车一平二	炮2退2	12. 车九平四	车8进7
13. 车四平二	炮2平3	14. 炮八退一	车1平4
15. 车二进三	马7进9	16. 炮八退二	车4平2
17. 炮八平四	马9退7	18. 炮四平三	车2进3
19. 车二进三	炮7进1	20. 车二退一	炮7退1
21. 车二进一	炮7进1	22. 车二退一	炮7退1
23. 车二进一	炮7进1	24. 车二平三	马7进9
25. 炮三平四	炮7进4	26. 炮七平三	车2平4
27. 马六退四	马9退7	28. 炮四平三	马3退5
29. 车三平二	车4平6	30. 马四进三	象5进7
31. 后炮进二	象7退5	32. 兵五进一	车6进2
33. 前炮进一	炮3平1	34. 车二退一	炮1进6
35. 后炮平一	车6平9	36. 炮一进四	马5进7
37. 车二进一	马7进6	38. 炮一平七	马6进7
39. 兵五进一	马7退5		

这是通州杯华东华南象棋国际特级大师对抗赛对局，双方以中炮巡河炮横车对屏风马外肋马布局，中局兑子后，黑兵种齐全较为优越。如图270，吕钦没理会红中兵渡河，巧手退中马叫杀，展开三子联攻，如红接走仕六进五，则炮1进3，相七进九车9平2，帅五平六卒5进1，炮七平五士4进5，炮五

退二卒5进1，亦黑优。

40. 仕四进五　　炮1平5
41. 车二平四　　车9进3
42. 车四退七　　车9平6
43. 帅五平四　　炮5退2
44. 炮三平四　　卒1进1
45. 炮七进二　　士4进5
46. 炮七平八　　炮5平2
47. 炮八平六　　炮2平4
48. 炮六平八　　卒1进1
49. 炮八退三　　卒1进1
50. 兵七进一　　炮4退3
51. 兵七进一　　炮4进3
52. 炮四进一　　马5进7
53. 兵七平六　　炮4进1
54. 炮四平七　　马7进8
55. 帅四平五　　炮4平5
56. 炮八退三　　卒1平2
57. 炮七退四　　马8退7
58. 炮八平九　　卒5进1
59. 炮九进七　　卒2平3
60. 炮七平八　　炮5平2
61. 炮九退六　　马7退6
62. 炮九进一　　炮2进2

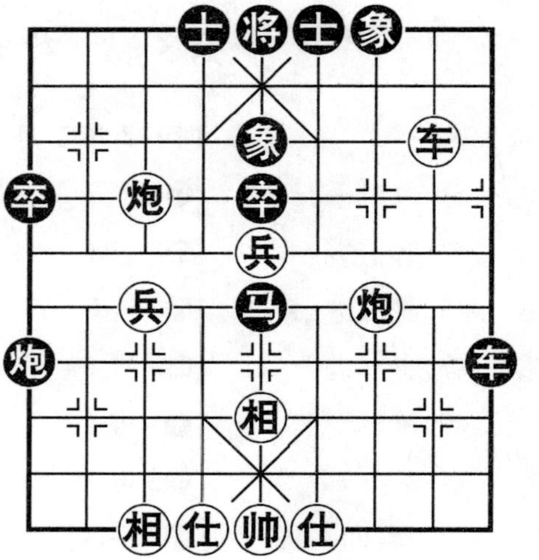

图 270

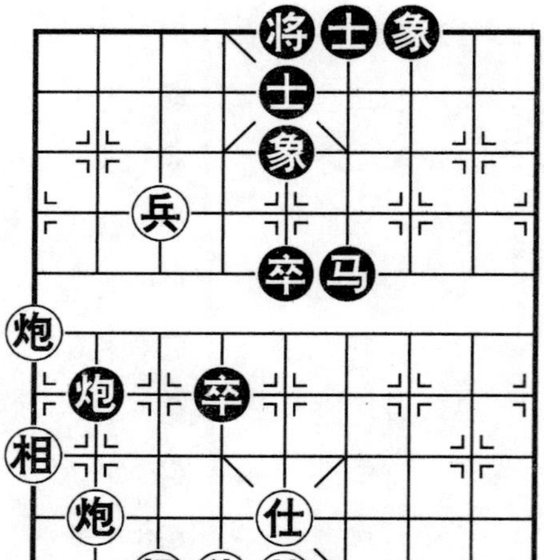

图 271

63. 相五进七　　卒3平4
64. 兵六平七　　炮2退2
65. 相七退九　　炮2进1

再兑车后，形成红双炮车仕相全对黑马炮双卒士象全的残局，黑可胜可和。如图271，吕钦巧手进炮塞相眼，使红无法阻止黑中卒渡河，这样就增加了取胜的可能性。

66. 炮八平七　卒4平3　67. 炮七平六　卒5进1
68. 炮六进四　士5进6　69. 炮六平八　士6进5
70. 炮八退一　卒5平4　71. 兵七进一　卒3进1
72. 帅五平四　炮2平5　73. 炮八进五　将5平6
74. 炮九进五　将6进1　75. 兵七进一　士5进4
76. 炮八退一　将6退1　77. 炮八进一　将6进1
78. 炮八退六　马6进8　79. 炮九平六　卒4平5
80. 仕五进四　士6退5　81. 炮六平九　马8进7
82. 帅四进一　卒3平4　83. 帅四平五　卒5平6
84. 帅五平四　马7进8　85. 帅四退一　炮5平9

黑伏马后炮杀,红认输。如接走帅四平五,则卒4进1,仕四退五炮9进3,仕五退四马8退7,仕四进五马7进9,帅五平四卒6进1,炮九退六卒6进1,仕五进四马9退7,帅四进一马7进8杀。

(十二)起马对挺卒类

第1局　陈孝坤先负吕钦

(1996年5月22日弈于成都)

1. 马八进七　卒3进1　2. 兵三进一　马2进3
3. 马二进三　车1进1　4. 炮二平一　马8进7
5. 车一平二　车9平8　6. 炮八进四　马3进2
7. 车九进一　车1平3　8. 炮八平三　卒3进1
9. 兵七进一　车3进4　10. 车二进四　象7进5
11. 车九平四　车3退1　12. 马七进六　车3进5

这是1996年全国象棋团体赛对局，双方布阵不落常套，黑通过冲3卒兑兵亮车，对红左马相有一定的牵制作用，当红跃出左马暴露左翼空虚时，吕钦抓住时机，弃马吃相妙着。如图272，黑待红吃马后，再退车捉死红马，这样破相为中残局攻杀创造有利条件。

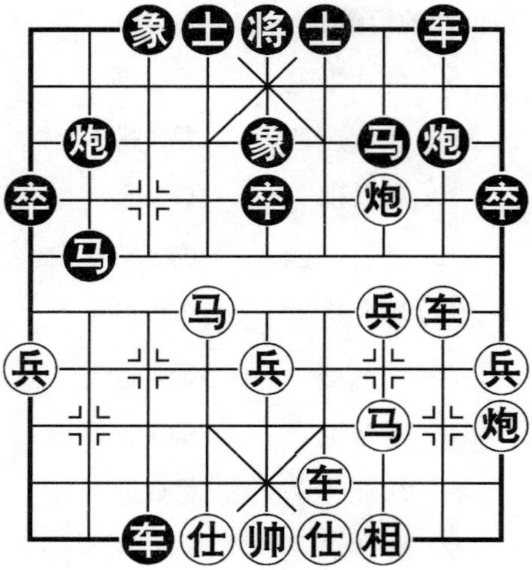

图272

13. 马六进八　车3退5
14. 兵三进一　象5进7
15. 车二平四　车3平2
16. 炮一平二　车8平9
17. 前车进一　炮8进2
18. 车四平八　炮8平2
19. 车四进三　象7退5
20. 车四平七　士6进5
21. 兵九进一　前炮进5
22. 帅五进一　前炮平1
23. 炮二进四　卒5进1
24. 相三进五　车9平8
25. 车七平二　炮2进3

红以双炮封住黑车马的出路，吕钦感到只靠双炮的力量无济于事，决定走出骑河炮的巧手。如图273，准备强渡中卒打车，如红接走车二退四，则车8平6，黑车亮出有攻势。

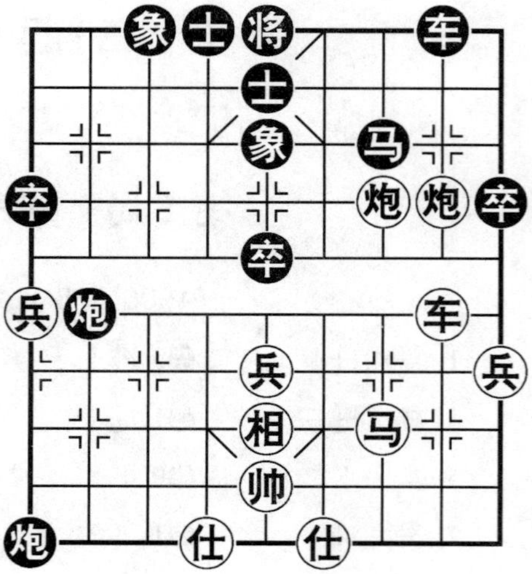

图273

26. 车二平八　车8进3
27. 马三进二　马7进5
28. 帅五平四　马5进7
29. 车八平四　炮1平2
30. 仕四进五　卒9进1

31. 炮三进二	卒5进1	32. 兵五进一	炮2退4
33. 相五进七	马7进5	34. 炮三退六	马5进3
35. 车四退一	炮2进3	36. 仕五进六	马3进4
37. 仕六进五	车8进2		

黑多子大优，红认输。因接走炮三平五，则车8平5，车四平七马4退2，车七退二马2退3，车七平八车5进2，黑胜定。

第2局　翁德强先负吕钦

（1998年10月29日弈于泰州）

1. 马二进三	卒7进1	2. 兵七进一	马8进7
3. 马八进七	车9进1	4. 炮二平一	马7进6
5. 车一平二	炮8平7	6. 车二进六	马2进3
7. 车二平四	马6进7	8. 炮一进四	象3进5
9. 车四平三	马7退6	10. 车九进一	炮7平6
11. 车三平四	士4进5	12. 炮一平三	车9平7
13. 车九平六	卒7进1	14. 炮三进三	车7退1
15. 车四退一	卒1进1	16. 炮八平九	车1平2
17. 车六平八	卒7进1	18. 马三退五	炮2进4
19. 马七进六	车7进5	20. 马五进七	炮2平3

这是第10届亚洲赛对局，双方由起马对挺卒起步，演变为屏风马对横车阵势。中局阶段红贪吃象被黑渡卒欺马。弈至图274时，吕钦利用红未联相的弱点，抓住战机平炮压马兑车，以后可获得炮轰底相的攻势，这步巧手是中局占优的转折点。

21. 车八进八	马3退2	22. 车四平六	炮3进3
23仕六进五	炮3平1	24. 相三进五	卒7平6
25. 炮九平八	炮1退2	26. 炮八进四	马2进3
27. 马七进八	卒3进1	28. 马八进七	卒3进1
29. 相五进七	炮1平7		

30. 相七退五　　卒6平5

31. 炮八退四　　卒5进1

32. 炮八平三　　车7进2

33. 车六平九　　象5退7

34. 车九平四　　炮6平7

35. 马六进八　　马3退2

36. 马七退六　　马2进4

37. 帅五平六　　车7平8

38. 车四平三　　炮7平4

39. 帅六平五　　炮4平5

40. 帅五平六　　车8进2

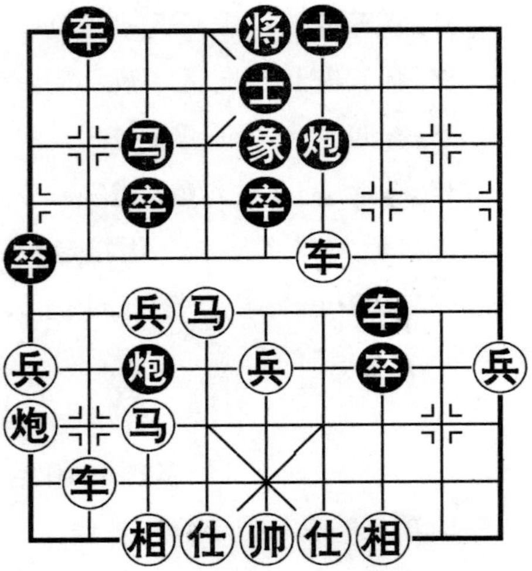

图274

经过兑子，黑取得兵种优势，而且过河卒再破一相，红已经陷入困境。如图275，红移帅避免黑大胆穿心杀，但未能摆脱败势。吕钦乘胜追击，沉底车妙着准备破心士，红如接走帅六进一，则车8退3，帅六退一车8平4，帅六平五卒5平4，马六进四车4退2，马八退六车4平3，马四进五车3平7，马五退七，兑马后黑构成必胜残局。

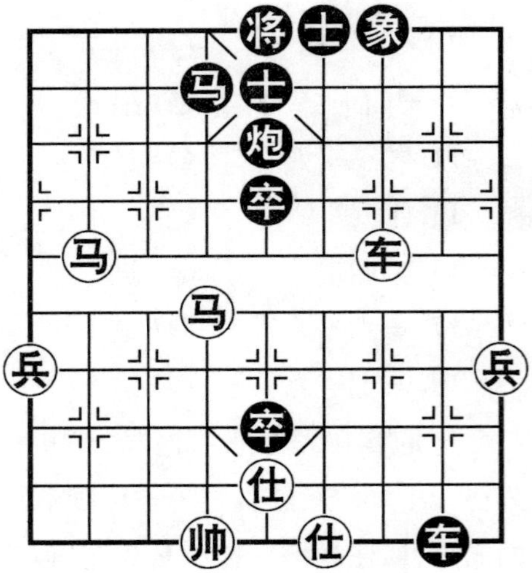

图275

41. 兵九进一　　卒5进1

42. 车三平四　　炮5平6

红认输，因接走马六退七，则炮6进7，马七退五炮6退1杀。